数字经济背景下的劳动关系治理研究

主编　徐璐

中国工运研究所

中国工人出版社

目录

理论篇

数字经济背景下劳动关系分析及和谐劳动关系构建
…… 刘　静（3）
数字经济背景下我国劳动基准立法的思考
…… 白　雪（15）
数字经济下的非标准劳动关系特征及其规制
…… 黄建明　陈新成（26）
浅析数字经济下新就业形态群体劳动关系
…… 范思婕（36）
从务实与创新的角度论劳动关系
…… 刘贵红（44）
数字经济背景下灵活就业者就业保障问题研究
…… 黄家焱（55）
平台从业者劳动关系认定困境及出路
…… 刘梦璇（63）
共享经济下“网约工”劳动关系的认定
…… 李宗泰　林少卿（71）

数字平台下的劳动控制与劳动者自主性
…………………………………………………… 代栓平　王禹涵（80）
工会构建和谐劳动关系的新思路
——基于电子劳动合同
……………………………………………………………… 廖继东（92）
论不完全符合确立劳动关系情形的立法路径选择
……………………………………………………………… 邱　婕（101）

制度篇

交通运输新业态的劳动视角分析
……………………………………………………………… 王　锦（121）
新就业形态劳动者权益维护：意义、困境与路径
……………………………………………………………… 李　阳（130）
关于加快数字经济劳动关系立法的思考
…………………………………………………… 何应洋　钮友宁（138）
浅谈数字经济给劳动关系和劳动法治带来的机遇和挑战
……………………………………………………………… 徐　靖（145）
工会参与新就业形态劳动者职业伤害保护研究
……………………………………………………………… 刘文彪（153）
新时代　新用工　新关系　新法制
——数字经济下的劳动关系与劳动法治思考
……………………………………………………………… 邵建华（161）
数字经济下的“女性友好”和工会的作为
……………………………………………………………… 殷江波（168）
新形势下做强做优新就业形态劳动者维权服务的实践与思考
……………………………………………………………… 陈　晶（174）

关于加强快递从业人员权益保障的思考
…………………………………………………… 李　涛　王　丽（182）
新就业形态职业伤害保障路径探索
——以试点情况为视角
………………………………………………………… 曾佳魁（190）

实践篇

数字经济下的工会基层工作研究
………………………………………………………… 裴新岗（203）
外卖配送不需要劳动管理吗？
………………………………………………………… 窦学伟（214）
数字经济产业工人服务高质量发展的研究
………………………………………………………… 张花妹（224）
从典型案例看数字经济下劳动关系确认的顶层设计和实践探索
………………………………………………………… 马　京（241）
数字经济背景下温州市工会法律服务创新研究报告
…………………………………………………… 曾刚毅　孙正义（255）
关于维护新就业形态劳动者劳动保障权益　促进新就业形态
持续健康发展的思考
……………………………………………… 黄茂兴　张宝英　张花妹（269）
关于数字经济下切实保障快递物流从业人员劳动经济权益的探索与思考
——以三明“3+3+3”做法强化快递员权益保障和关心关爱工作机制建设
为例
………………………………………………………… 刘有端（283）
数字经济下平台劳动者权益保障调查研究
………………………………………………………… 纪荣凯（295）

数字赋能提升工会劳动关系治理能力现代化研究报告
…………………………………………… 吴红列　黄　镇　木春琳（305）
智慧工会：工会业务与技术发展趋势探讨
…………………………………………………… 孙　晓（313）

后　记 ………………………………………………………………（322）

理论篇

数字经济背景下劳动关系分析及和谐劳动关系构建

（刘静，陕西省总工会）

近年来，数字经济的迅猛发展影响和改变着人们生活、生产和生态的诸多方面。2017 年政府工作报告中首次提出，“推动互联网 + 深入发展，促进数字经济加快成长，让企业广泛受益、群众普遍受惠”。数字经济，已成为正处于转型升级关键期的中国经济的重要支柱。数字经济浪潮下大量新职业快速涌现，逐渐成为吸纳就业的沃土，缓解了经济下行压力带来的就业不足的问题，发挥了就业蓄水池和稳定器作用。同时也应看到，数字经济催生出的新就业形态劳动者存在劳动关系模糊等法治建设发展滞后和权益维护不足等现实问题，本文就数字经济下平台经济发展对我国劳动关系影响及新业态劳动者权益保障存在问题及原因分析，提出构建和谐劳动关系建议。

一、我国数字经济发展及催生的新职业

（一）数字经济在我国迅猛发展

2016 年 G20 杭州峰会上，发展数字经济作为中国创新增长的主要路径被首次提出。根据《二十国集团数字经济发展与合作倡议》的界定，数字经济是指以使用数字化的知识和信息为关键生产要素、以现代信息网络为重要载体、以信息通信技术的有效使用为效率提升和经济结构优化的重要推动力的一系列经济活动。云计算、大数据、物联网、人工智能、区块链等数字技

术群是数字经济最广泛的推动力量，不断催生新产品、新模式、新业态，并且与实体经济深度渗透融合，使其他生产领域产生颠覆性变革。数字产业化和产业数字化加快推进，数字经济已经成为我国最具活力、增速最快的新动能。经《中国数字经济发展与就业白皮书（2018）》对数字经济进行测算，我国数字经济总量从2008年的4.8万亿元提升至2017年的27.2万亿元，GDP占比从2008年的15.2%提升至2017年的32.9%。根据中国信息通信研究院研究报告《全球数字经济新图景（2020年）》的相关数据，2020年数字经济增加值为39.2万亿元，GDP占比达38.5%。预计2025年，我国数字经济增加值将达到60万亿元，GDP占比至少可达到50%。以上数据表明，数字经济已经成为我国经济的重要支柱，成为拉动经济增长的重要力量。《中华人民共和国国民经济和社会发展第十四个五年规划和2035年远景目标纲要》提出了加快数字化发展，建设数字中国的总要求，指出“迎接数字时代，激活数据要素潜能，推进网络强国建设，加快建设数字经济、数字社会、数字政府，以数字化转型整体驱动生产方式、生活方式和治理方式变革”。一个全新的数字经济时代正向我们大踏步走来。

（二）数字经济催生出的新职业

架构在一系列新技术基础之上的数字经济，呈现平台化、数据化、普惠化三大特征。依托“云端网”新基础设施，互联网平台创造了全新的商业模式，供求双方信息沟通成本降低，促成劳资双方协作的形成。各种类型、各种行业中小企业通过接入平台获得直接服务消费者的机会。同时，数字技术带来的实时交互能力加速了职业的大众化，伴随着新产业、新业态、新模式的快速发展，新就业形态应运而生。新就业形态以灵活就业为主要形式，让许多青年人、女性、大学生等群体自愿或者主动选择职业，尤其是一些自雇灵活就业模式更能为从业者带来内心满足感，从业的自主性和工作时间的灵活性以及追求高度的自我成就导向等能吸引更多劳动者。随着国家对灵活就业的不断鼓励和支持，许多新兴灵活就业模式也被“转正”成为新职业。2015年，我国对1999年版《中华人民共和国职业分类大典》完成新版修订，并自2015年以来颁布了四批56个新职业（见表1）。

表 1　2015—2021 年我国发布的新职业

<table>
<tr><th>批次 / 时间</th><th>新职业</th><th>特征</th></tr>
<tr><td>第一批（13 个）
2019 年 4 月</td><td>人工智能工程技术人员、物联网工程技术人员、大数据工程技术人员、云计算工程技术人员、数字化管理师、物联网安装调试员、建筑信息模型技术员、电子竞技员、电子竞技运营师、无人机驾驶员、农业经理人、工业机器人系统操作员、工业机器人系统运维员</td><td rowspan="4">（1）产业结构升级催生高端专业技术类（如人工智能工程技术人员等）
（2）数字技术赋能引发传统职业变迁类（如无人机驾驶员等）
（3）信息化广泛应用衍生类（如数字化管理师等）</td></tr>
<tr><td>第二批（16 个）
2020 年 2 月</td><td>智能制造工程技术人员、工业互联网工程技术人员、虚拟现实工程技术人员、连锁经营管理师、供应链管理师、网约配送员、人工智能训练师、电气电子产品环保检测员、全媒体运营师、健康照护师、呼吸治疗师、出生缺陷防控咨询师、康复辅助技术咨询师、无人机装调检修工、铁路综合维修工、装配式建筑施工员</td></tr>
<tr><td>第三批（9 个）
2020 年 7 月</td><td>区块链工程技术人员、城市管理网格员、互联网营销师、信息安全测试员、区块链应用操作员、在线学习服务师、社群健康助理员、老年人能力评估师、增材制造设备操作员</td></tr>
<tr><td>第四批（18 个）
2021 年 3 月</td><td>集成电路工程技术人员、企业合规师、公司金融顾问、易货师、二手经纪人、汽车救援员、调饮师、食品安全管理师、服务机器人应用技术员、电子数据取证分析师、职业培训师、密码技术应用员、建筑幕墙设计师、碳排放管理员、管廊运维员、酒体设计师、智能硬件装调员、工业视觉系统运维员</td></tr>
</table>

资料来源：根据人力资源和社会保障部官网资料整理而得

新职业是社会分工深化的产物，与经济社会发展、数字技术创新融合广泛应用、产业结构升级、人民日益增长的美好生活需要密不可分。以互联网赋能连接供给和需求两端的新就业形态蓬勃发展，如网约配送员、全媒体运营师、互联网营销师等新职业应运而生；在智能机器人、无人驾驶、计算机视觉等前沿技术推动下，人工智能工程技术人员、人工智能训练师、智能制造工程技术人员等由此出现；区块链在数字货币、金融、征信、会计审计、供应链、仓储物流、医疗等众多领域的广泛应用，催生了区块链工程技术人员、区块链应用操作员等新职业；云计算催生了云计算工程技术人员等新职业；大数据的广泛应用，催生了诸如大数据工程技术人员、算法工程师、前端开发工程师、信息安全测试员等新职业的兴起。这些新职业的产生对于进一步推动数字经济高速增长和扩大就业提供了重要的推动力。

二、新就业形态下劳动力市场的特征及其对劳动关系的影响

新业态和新商业模式催生出的新就业形态，促使劳动关系产生新变化，具有灵活用工的特点。互联网平台企业打破以往劳资双方需要建立固定劳动关系、签订劳动合同、履行社会保障的用工方式，带来更为灵活的组合方式。研究新就业形态劳动关系必须以劳动力市场研究作为前提，本文以网络平台的灵活就业为主要研究对象予以说明。

（一）网络平台劳动力市场特征

网络平台劳动力市场产生于互联网时代，兴起于分享经济理念，岗位创造依赖于产业信息化、资源共享化以及工作灵活化。其特征（见表 2）主要表现为：一是岗位创造更为充分。网络平台劳动力市场信息充分，供求及时对接、有效配置资源，大大降低了搜寻成本、联系成本和签约成本等交易成本，补充了固定场所劳动力市场的岗位创造的不足。二是网络平台劳动力市场的劳资双方，在法律规则下不是单一对应，不能通过合同管理的方式维持长期稳定的权属关系。三是就企业而言，网络平台劳动力市场的企业对劳动力的拥有及控制弱化，“不求所有，但求所用”，重视劳动者的专业性在任务中的作用。四是对劳动者而言，就业以灵活性为诉求目标，以契约虚拟化、工作时间灵活化、雇佣关系多重化、工作与闲暇一体化、工作空间任意化、职业生涯碎片化为特征。五是从政府治理的角度而言，劳动关系协调机制不再是向劳方倾斜，而是力求建立和谐共赢的劳资协调机制。

表 2　网络平台劳动力市场特征

	网络平台劳动力市场特征
产生条件	互联网时代，信息化、分享化、灵活化

续 表

	网络平台劳动力市场特征
岗位供给	供给信息充分；非正规、灵活就业岗位
契约关系	多重劳动关系；分享参与型；短期灵活的权属关系
企业方	“不求所有，但求所用”，强调使用参与者的专业性
劳动者	参与企业产品与服务的设计、生产和销售
政府治理	相关的劳动法律体系尚未建立，还在探索中
劳动关系	强调参与主体的灵活性和分享性，收入、时间方面更加灵活自由，平衡工作与生活

（二）网络平台就业对劳动关系的影响和发挥的作用

网络平台劳动力市场作为影响劳动关系变化的主要因素，对劳动关系运行环境产生多种影响，并对整体劳动关系产生积极作用。

1. 对劳动关系运行环境产生影响

（1）平台上经营主体小微化

平台上的经营模式是平台 + 小企业 / 个人。一方面，互联网平台型企业数量越来越多；另一方面，平台上的经营主体越来越小微化。以阿里巴巴的大淘宝系统为例，截至 2015 年，平台上的经营主体已达到 1100 多万家，而每个淘宝店平均雇佣员工仅 1.6 人，每个天猫店平均雇佣员工仅 6.9 人。

（2）网络平台主体多元化

传统经济模式下，劳动关系主体限于用人单位、劳动者双方和劳务派遣用工，同时立法已经明确定性彼此间的劳动关系。平台市场主体呈现出的多元化，导致劳动关系更加复杂。比如说，当平台经营者为个人时，活动主体表现为平台企业、平台企业员工、平台从业人员以及服务接受者四个方面。当出现劳动纠纷时，劳动关系认定困难成为导致劳动争议案件量上升的主要原因。据北京市朝阳区人民法院统计，自 2015 年 1 月至 2016 年 8 月，共受理了 140 件与互联网有关的劳动争议案件，其中极为典型的案件有 118 件。这些案件的争议焦点主要集中在双方是否存在劳动关系上。

（3）平台用人单位非正规化

按照现行的法律法规，自然人从事网络商品交易不用办理工商登记，只需要向依托的平台提交真实信息即可。由此导致身处监管体制外的非正规经济组织大量出现，给实施劳动合同制度特别是开展劳动保障监察带来了困难。

（4）降低劳动关系稳定性

平台用人单位的非正规化和小微化的特性，致使平台企业在整体蓬勃发展的同时容易昙花一现。以互联网金融平台为例，截至 2016 年 6 月，全国互联网金融平台累计有 4127 家，但其中停业及问题平台就有 1778 家，约占总数的 43%。平台型企业快速更替的现实状况必然降低劳动关系的稳定性。

（5）促进了灵活用工发展

平台岗位的低就职门槛、入职的便利性和充分的就业岗位，扩大和发展了兼职劳动、非全日制用工等灵活就业形式的应用。根据国家统计局 2015 年对北京、广州、深圳、杭州、武汉、成都 6 个城市"优步"创业平台吸纳就业情况的抽样调查，优步平台兼职司机占比达 80.7%，专职司机占比仅为 19.3%。

（6）劳动过程监督的数字化

在传统经济下，劳动者的劳动受雇主或用人单位监督。数字经济下，数字平台通过数据和算法介入劳动过程，利用数字技术对从业者的劳动过程进行遮蔽监管，将劳动过程嵌入数字化的劳动服务绩效和质量控制体系中，使得原本难以监管的劳动过程变得易于监管。

2. 网络平台就业对劳动关系运行产生的积极作用

（1）扩大就业效应

在网络平台劳动力市场，由于就业时间和方式具有灵活性和多重性以及就业观念的改变，网络平台就业对传统劳动力市场起到岗位创造作用。据中国信息通信研究院发布的《中国数字经济发展与就业白皮书（2019）》的数据：2018 年我国数字经济领域就业岗位为 1.91 亿个，占当年总就业人数的 24.6%，同比增长 11.5%，显著高于同期全国总就业规模增速。据《中国分享经济发展报告（2016）》的数据，仅2016年，我国分享经济提供服务者人数约为6000万人，比上年增加1000万人，分享经济平台的就业人数约为585万人，比上年增加85万人。网络平台劳动力市场的极大包容性，使越来越多的劳动者正转入这个领域。

（2）劳资诉求的满足

网络平台劳动力市场以灵活用工的时间保障用工稳定，以契约的多重性，降低了解除冗余劳动力的用工成本。同时，灵活就业岗位的供需两旺及平台用工的长足发展也折射出劳动者对灵活性的诉求。灵活就业满足了劳动者工作与生活的平衡状态。网络平台劳动力市场为那些短期寻求相对高收入的劳动力群体提供了就业机会，成为解决失业的“缓冲器”。从以上方面来看，网络平台劳动力市场实现了一种合作共赢、利益共享的劳动关系。

（3）提高劳动者收入

一是较低的就业门槛，吸纳其他行业的专职就业者以兼职的方式获取收入，缩小行业间工资收入差距；二是网络平台就业的灵活性为女性兼顾工作与生活提供平衡的路径，给予女性、流动人口、失业人员及学生平等的就业机会，缩小不同群体间收入差距。

三、平台经济劳动者权益保障存在的问题及原因分析

新就业形态劳动者已经成为我国劳动者大军的重要力量，成为工人阶级的组成部分，对推动经济发展和社会进步起到积极作用。但在工资收入、社会保障、劳动保护、职业培训等涉及劳动者权益实现方面仍然存在以下几个问题：

（一）法律法规存在一定的滞后性

在新业态模式下，劳动关系日趋多样化、复杂化，劳动合同、劳务协议、平台“注册”等多种新型用工形式并存。我国对劳动关系的认定依据是《劳动法》《劳动合同法》及《关于确立劳动关系有关事项的通知》规定，由于新就业形态劳动者用工主体多元，管理方式上从属关系弱化，导致从业者

与企业从属性界限模糊，新业态劳动者与平台的关系很难被认定为劳动关系，当其发生劳动纠纷后，大多数新业态劳动者不在劳动保护法律的适用范围，使其难以维权。另外，一些用工企业凭借自己的强势地位，使用各种方法避免与劳动者直接订立劳动合同。

（二）劳动保护相关法律法规约束力不足

我国《劳动法》规定，“国家实行劳动者每日工作时间不超过八小时、平均每周工作时间不超过四十四小时的工时制度”，“因特殊原因需要延长工作时间的，在保障劳动者身体健康的条件下延长工作时间每日不得超过三小时，但是每月不得超过三十六小时”。《国务院关于职工工作时间的规定》规定，“职工每日工作 8 小时、每周工作 40 小时”，强调“任何单位和个人不得擅自延长职工工作时间”。由于现行的劳动保护法律法规执行不严，新业态劳动者中存在 996 工作制、无节制加班等违法行为。

（三）社保制度不完善，社保权益受损

一是社保覆盖率低。按照《社会保险法》和《社会保险费征缴暂行条例》规定城镇职工社保以劳动关系存在为前提，劳动关系无法建立的新就业形态劳动者就无法享受城镇职工社会保险待遇。二是工伤认定困难。按照现行法律法规的规定，除挂靠或违法发包、转包、分包等情形外，原则上认定工伤要以双方存在劳动关系为前提。劳动关系认定难直接导致工伤认定在第一步就受阻。新业态劳动者大多从事户外劳动，风险系数较高，若工作中发生伤害时无法享受到工伤保险的保障。

（四）现行的劳动基准无法执行

新业态从业者中普遍存在工作时间长、劳动强度大等问题，使劳动者在工作过程中承受着巨大的身体负担和精神压力。传统劳动关系中的劳动基准在《劳动法》《劳动合同法》《国务院关于职工工作时间的规定》等法律法规中予以确立，极大地保护了劳动者的合法权益。数字时代工作时间灵活调配、按单取酬等使得现行的劳动基准在新就业形态劳动者中无法适用。劳动

基准的缺位是新业态从业者受困于平台制约，导致过劳等极端情形出现的重要原因。

（五）新业态劳动者的民主权益无法实现

数字经济数据赋能给予了平台强势的地位，平台为了追求效益的最大化单方面制定劳动定额和完成定额的刚性约束以及未完成定额的惩罚规则。新业态劳动者的弱势地位只能受制于大数据、算法的派单规则、提成比例和奖惩规定等，劳动者被困在算法和系统里。民主管理和集体协商制度在新业态企业尚未落实，导致传统劳动关系下的民主管理权利虚化和闲置。

四、维护新就业形态劳动者权益，构建和谐劳动关系建议

新业态劳动者权益实现，构建数字经济时代新职业新型和谐劳动关系是一个系统工程，需要从国家、工会、平台企业和劳动者自身方面作出积极努力。

（一）国家层面应加强数字经济下适应劳动关系变化的法治建设

1. 建立劳动关系“三分法”

进一步健全劳动法律法规，促使现行的“劳动二分法”发展为“劳动三分法”。我国现行法调整劳动的制度框架是“民法—劳动法”，民法调整平等主体之间的独立性劳动，劳动法调整用人单位与劳动者之间的从属性劳动，据此，该观念可称为“劳动二分法”。在“劳动二分法”下形成了“要实现劳动保障只能认定劳动关系”的默示前提。然而，数字技术催生出的众包劳动并不符合劳动关系的从属性标准，应建立适应新业态劳动者劳动关系的“劳动三分法”。《关于维护新就业形态劳动者劳动保障权益的指导意见》（以下简称《指导意见》）提出，符合确立劳动关系情形的，企业应当与劳动者订立劳动合同，依法履行用人单位义务。不完全符合确立劳动关系情形但企业对劳动者进行劳动管理的，指导企业与劳动者订立书面协议，合理确定企业与劳动者的权利义务。这就出现了“符合劳动关系”“不符合劳动关系”

以及二者之外的“不完全符合劳动关系”的“劳动三分法”。在劳动法律没有修改的大背景下，《指导意见》回应了新就业形态劳动者权利保障的现实需求，是一次很有益的尝试。

2. 明确劳动基准法定化

新就业形态劳动者工作时间长、劳动强度大等涉及权益保障的突出问题，迫切需要建立适应新就业形态劳动者的劳动基准。一是引导平台企业与劳动者协商确定劳动报酬、休息休假、职业安全等保障事项。二是支持和鼓励产业工会与企业或行业协会协商制定行业劳动定额标准、公示标准等规范，同时在工作时间、报酬、休息休假等方面确定最低保护标准。

3. 探索有针对性的社会保险制度

如开放灵活就业人员在就业地参加基本养老、医疗保险的户籍限制；支持和引导新就业形态劳动者根据自身情况参加对应的社会保险；鼓励平台通过购买商业保险提升平台灵活就业人员的保障水平。

4. 加强对新就业平台的执法监管

一是制定平台竞争监督管理的相关规定，严格监管市场秩序，严禁不正当竞争，保障市场的总体稳定。二是推进大数据互联网监管，利用大数据、人工智能等信息手段实现信息溯源、监测分析，及时发现并纠正违法行为。三是建立协同监管机制，加强职能部门的协同作用，形成监管大格局。

（二）发挥工会组织作用，实现新就业形态劳动者体面劳动

1. 加强源头参与，推动劳动领域立法

工会参与新业态劳动者权益法律法规政策的制定，参与立法机关的立法调研、提供工会掌握的新业态劳动者权益维护数据及相关研究成果，为完善相关法律提供建设性方案。

2. 加快推进新业态企业和劳动者建会入会

一是发挥重点行业、头部企业在建会中的示范作用，带动货运挂靠企业、快递加盟企业、外卖送餐代理商等相关企业规范建立工会。二是积极推行网上申请入会、集体登记入会、流动窗口入会等便捷入会方式，简化入会程序。通过单独建会、联合建会、行业建会等多种方式，不断拓展入会渠

道。三是推动快递和网约订餐平台公司及配送站点工会小组建设等。

3. 发挥工会职能，维护新业态劳动者合法权益

一是密切关注新业态劳动者群体权益状况，开展调研，在新业态劳动者权益保障方面发声。二是在计件单价、抽成比例、劳动定额、休息休假等方面开展集体协商，签订行业集体合同。三是通过职代会、行业恳谈会等民主管理形式听取劳动者意见和诉求。四是发挥劳动争议多元化解机制作用，预防和化解矛盾纠纷。五是利用工会 App 和网上工会，简化维权步骤，提供线上法律咨询等法律服务，进一步延伸维权触角，让维权服务触手可及。

4. 大力开展针对新业态劳动者的专属服务

一是将意外致困的新业态劳动者纳入困难职工帮扶范围。二是在新业态劳动者中开展职工互助保障工作，提高其抵御风险的能力。三是紧扣新业态行业特点，开展职业培训和技能提升，探索开展劳动竞赛和技能大赛。四是在工会“四送”工作中给予倾斜。五是加强爱心驿站、工会服务点建设，为劳动者提供暖心服务。

（三）落实企业社会责任，筑牢社会形象

平台企业应强化自身责任，兜牢劳动报酬、劳动时间、劳动安全、社会保障等权益底线，承担对劳动者的信息保护、合理工时、免遭工资拖欠、工作安全等义务。同时，平台企业应加强其劳动者安全生产管理，提供基本的职业安全保护设施和定期安全培训，以提高从业者工作安全保障水平。

（四）新业态劳动者增强自身维权意识

首先，劳动者要增强自身法治意识，注意收集并妥善留存自己与用人单位之间的工资支付凭据、考勤监督记录、工资拖欠证明等可以表明自己与用人单位有劳动关系的证据以及劳动权益受到侵害的材料。其次，新业态劳动者应保持终身学习心态，充分利用互联网等学习渠道，积极学习新技能，不断提高自身核心竞争力，秉承专业和创新精神，实现自身价值。

参考文献：

［1］纪雯雯 . 数字经济下的新就业与劳动关系变化［M］. 北京：社会科学文献出版社，2019.

［2］戚聿东，丁述磊，刘翠花 . 数字经济时代新职业发展与新型劳动关系的构建［J］. 改革，2021（9）.

［3］王文珍，李文静 . 平台经济发展对我国劳动关系的影响［J］. 中国劳动，2017（1）.

［4］互联网金融平台累计停业超 40% 国外认可中国互金企业［EB/OL］.http://finance.sina.com.cn/roll/2016-07-18/doc-ifxuaiwa7180131.shtml

［5］国家信息中心信息化研究部，中国互联网协会分享经济工作委员会 . 中国分享经济发展报告（2016）［R/OL］. https://www.sohu.com/a/147496915_743069

数字经济背景下我国劳动基准立法的思考

（白雪，陕西省总工会权益保障部）

劳动基准是国家通过法律规范强制规定的劳动者的劳动条件和劳动待遇的最低标准，是劳动法的重要组成部分，是劳动关系调整体系中最重要也是最基础的环节。在数字经济蓬勃发展的当下，新就业形态劳动者已成为我国劳动力大军中不可忽略的组成部分，劳动关系弹性化日趋明显，加之劳资双方经济实力不对等、集体协商作用发挥不充分等客观情况，对我国劳动基准立法提出更高要求和挑战，在“基本劳动标准”已列入十三届全国人大常委会立法规划的背景下，劳动基准立法研究更具有现实意义和迫切需要。

一、我国劳动基准立法的现状及评析

劳动基准也叫劳工标准或劳动标准，是现代劳动法三大制度板块的有机组成部分。具体言之，就是国家站在保障劳动权和促进劳动关系稳定和谐的立场上，对劳动者在职业劳动中应该享受或获取的利益确立一个标准并强行予以推行的劳动法律机制。劳动基准法（Labor Standards Law）是指关于工资、工作时间、职业安全卫生等劳动条件的法律规范总称。在劳动法体系中，劳动基准法处于最基础的地位，发挥着“奠基石”的作用，对于保障劳动者的生存利益有着极为重要的法律意义。[①]

① 林嘉、陈文涛：《论劳动基准法的法律效力》，《清华法学》，2014年第4期，第6—7页。

（一）我国劳动基准立法现状概述

在我国目前劳动法律法规体系中，关于劳动基准的立法散见于各类法律、法规、规章及政策性文件之中。以《宪法》中“保障劳动权、休息休假权等公民基本权利”为统领，《劳动法》在劳动基本法层面上规定了劳动基准的内容，虽然涉及工作时间和休息休假、工资、劳动安全卫生、女职工和未成年工特殊保护等方面，但内容多为原则性规定，很少涉及劳动基准具体问题。除劳动安全卫生有专门的《安全生产法》《职业病防治法》等法律外，其他劳动基准的各项具体制度主要以行政法规或部门规章的形式进行规制，例如《国务院关于职工工作时间的规定》《关于工资总额组成的规定》《最低工资规定》等，现有劳动基准规范的效力层级不统一。此外，除效力遍及全国范围的劳动基准规范外，地方立法机关和地方政府还在本辖区内制定地方性法规和行政规章以确定本行政区域内的劳动基准（见表 1）。

表 1　现行劳动基准法律规制及效力层级

规范内容	效力层级	主要法律文件
劳动报酬	部门规章	《关于工资总额组成的规定》（1990 年），《工资支付暂行规定》（1994 年），《最低工资规定》（2004 年）
工作时间和休息休假	行政法规	《国务院关于职工探亲待遇的规定》（1981 年），《国务院关于职工工作时间的规定》（1995 年），《职工带薪年休假条例》（2007 年），《全国年节及纪念日放假办法》（2013 年）
	部门规章	《企业职工患病或非因工负伤医疗期规定》（1994 年），《关于企业实行不定时工作制和综合计算工时制的审批办法》（1994 年），《企业职工带薪年休假实施办法》（2008 年）
劳动安全卫生	法律	《矿山安全法》（2009 年），《安全生产法》（2021 年），《职业病防治法》（2018 年）
	行政法规	《使用有毒物品作业场所劳动保护条例》（2002 年）
	部门规章	《用人单位劳动防护用品管理规范》（2018 年）
特殊群体保护	法律	《未成年人保护法》第六十一条，《妇女权益保障法》第二十二条至第二十九条
	行政法规	《禁止使用童工规定》（2002 年），《女职工劳动保护特别规定》（2012 年）
	部门规章	《未成年工特殊保护规定》（1994 年）

（二）我国劳动基准立法存在的问题

1. 劳动基准规范内容与数字经济发展不相适应的问题

因“三新”经济的发展模式区别于传统工业模式，以传统劳动关系模式规范的劳动基准已无法继续适用于新业态劳动者。新就业形态的用工灵活多样性和碎片化特征，不仅使工作时间、工作地点、休息休假、劳动报酬与传统劳动关系大不相同，就连同为新业态劳动者所在行业的差别也较为明显。以快递小哥与外卖骑手对比为例，快递企业实行计件工作制，件数越多工资越高，以牺牲休息休假来工作成为快递行业常态。而外卖平台对骑手送餐时间有严格把控，在规定时间内没有完成送餐将直接影响骑手单笔收入，平台规定的送餐时间主要由大数据运算而来，无法综合考量各种影响送餐时间的主客观因素，劳动生产安全问题成为平台算法中的核心问题，生活中外卖骑手无视交通安全也是无奈之举。劳动基准的规范应是根据社会经济的发展而涵盖更广泛的内容，应是动态的，然而现行的劳动基准规范却没有与时俱进，相对数字经济发展明显滞后。

2. 劳动基准规范效力参差不齐，地区差异明显的问题

从法律位阶来看，只有劳动安全卫生和特殊群体保护方面的劳动基准有相关法律规定。例如《安全生产法》和《职业病防治法》，但它们并不是专门的劳动基准法，只是在内容上有相关条款涉及。而《未成年人保护法》和《妇女权益保障法》只有原则性规定。现行有效的行政法规中，劳动基准规范也并不多见。现实中，保底性劳动基准规范很大程度上依赖部门规章和地方性立法甚至规范性文件。不难发现，我国劳动基准立法体例面临法律位阶总体较低、效力参差不齐的问题。

低层次的法律位阶不仅会造成法律效力低、约束力受限、实施效果欠佳等问题，还会产生明显的地区差异。以女职工劳动保护为例，现行有效的关于女职工劳动保护的行政法规 1 个，地方性法规 2 个，地方政府规章 21 个，地方规范性文件 9 个。不同省份在女职工保护方面内容规范大致相同，条款内容多有重复，但同一权益规定又有所区别。以女职工产假为例，《女职工劳动保护特别规定》中产假天数为 98 天，各地在此基础上均有所增加，但

湖南、山东有“符合法定生育条件的，依法享受奖励产假60天”的相关规定，而男方护理假（照顾假）福建（15天）、山东（7天）有所不同。类似像“生育假”这种几乎不受地区发展影响的因素，在现行劳动基准规范中的明显差异显然不合理且有失公平。

3. 劳动基准规范内容弹性不足，劳动监察难以实施的问题

现行劳动基准中内容陈旧、弹性不足问题较为突出。以休息休假为例，涉及该内容的相关行政法规最早有《国务院关于职工探亲待遇的规定》（国发〔1981〕第36号）。30年过去了，固定工概念已不复存在，交通条件也显著改善，但相关规定依然有效，与社会发展情况不相适应。而我国工时制度是实务中面临质疑最多的基准制度，且制度设计过于单一，缺乏适应性。关于延长工时制度“每日不超过3小时，每周不超过36小时”的规定，劳动监察部门难以完全依法执行。然而，立法并未设置任何例外情形，也未能给集体谈判或劳动者的个人选择预留适当空间，在实践中未免过于僵硬。[①]

劳动监察执法是通过履行其职能，对违反劳动基准的行为进行查实和惩处，以此来督促用人单位遵守劳动法律规范。因此，劳动监察执法是劳动基准实施的重要保障。但现实中，有些劳动基准规范内容缺乏弹性，不具有可操作性，即便有劳动者将企业的违法行为诉诸监察，其权益也无法得到相应保障。

二、我国劳动基准立法的理念选择探讨

不管形式如何，劳动基准法实质上是一种运用强制性调整的倾斜立法，“以国家公权力介入课以雇主一定作为或不作为的义务”“以强制性手段达成平衡要求，再以罚则等种种措施，促使雇主严格遵守”。[②]在数字经济蓬勃发展的语境下，劳动基准的立法理念直接影响到千千万万的劳动者的权益保障，特别是新就业形态劳动者。同时，也对劳动基准立法的适度性提出了很

---

① 陈文涛：《论劳动基准在劳动关系法律调整模式中的定位与协调——以国家强制与集体自治、个体自治的关系为视角》，《社会法评论》，2016年第11期，第10—11页。

② 林丰宾：《劳动基准法》，三民书局，2004年版，第12页。

高的要求。对立法理念的选择笔者从以下几个方面进行研讨。

（一）弹性与安全兼顾

数字经济背景下，劳动关系弹性化的趋势日益明显。弹性化意味着政府对于劳动关系的介入干预减少，法律上的约束相对宽松，企业享有更多的用工自主权，从而增加经营的灵活性和自由度。但是，在这种劳动关系弹性化趋势下，更加不能忽视劳动者合法权益保护和劳动力市场的安全，不能以数字经济发展为由去降低劳动基准的适用条件和范围。劳动基准立法应当兼顾弹性与安全，既不能完全无视劳动关系弹性化趋势，也要以安全为边界，保持劳动基准的底线思维。

（二）管制与放松平衡

以增强劳动力市场的灵活性为目标，多数国家和地区都在大力推行劳动弹性化改革，劳动法放松管制成为客观趋势。劳动基准立法，一定要处理好管制与放松之间的辩证关系，“有所为有所不为”。面对劳动关系弹性化时代下的放松管制趋势，劳动法的回应不应当是降低或解除劳动保护的基准，而应是在统一基准外增加选择自由，满足劳动者重视劳动条件规范的自我决定以及多样化的选择自由的需求。[①]

（三）传统业态与新业态并重

随着数字经济的纵深发展，平台用工形式日趋活跃，新就业形态劳动者成为劳动力市场上不可忽略的组成部分。与标准劳动关系劳动者相比，新就业形态劳动者因多样化、灵活化、碎片化的用工模式，从属性弱化，劳动关系难以界定。我国现行劳动基准规范基于劳动关系的明确性而存在，而现实中新就业形态劳动者的权益因劳动关系难以界定而得不到相应保障。应当纠正现行立法以标准劳动关系为基础的立法框架，坚持传统业态与新业态并重，以平等待遇原则为指导，在关乎新就业形态劳动者生存权和发展权的底

---

① 江峰、刘文华:《劳动基准法律规制研究》,《中国劳动》，2017 年第 4 期，第 20 页。

线性劳动基准上，法律规制不但不能削弱，反而应当加强。

（四）统一性与差异性相结合

劳动基准立法应充分考虑到我国不同地域在经济社会发展方面的差异性现实，既要在国家立法层面完善劳动基准体系，制定科学权威统一的劳动基准法。同时需要照顾不同经济发展水平，不同地域人文状况的差异性，给地方配套立法留下必要的空间，坚持统一性与差异性相结合。

（五）稳定性与持续性相结合

劳动基准立法既要具备法定性、保底性、强制性的特征，同时也要考虑有相应的调整机制。规定调整劳动基准的启动条件、调整程序、可以调整的事项和调整幅度范围，从而保证劳动基准既能够因经济社会变化作出及时调整，又具有内在的稳定性与持续性。

三、关于我国劳动基准立法路径思考

（一）系统整合：立法体例选择的思考

由于我国目前在劳动基准方面的规定散见于劳动法律、法规、规章及政策性文件之中，且大部分已不能满足新就业形态和数字经济发展需要。自党的十八大以来，国家层面高度关注构建和谐劳动关系的问题，十八大报告中第一次明确提出了“健全劳动标准体系”的目标，中共中央、国务院《关于构建和谐劳动关系的意见》也强调指出，加快完善基本劳动标准、依法保障职工取得劳动报酬、休息休假、获得劳动安全卫生保护、享受社会保险等基本权益，加强构建和谐劳动关系的法治保障。十三届全国人大常委会将“基本劳动标准”列入立法规划，我国劳动基准立法问题再一次成为劳动法领域立法者和法学家关注的议题。如今，站在立法考量的“岔路口”上，首先面对且无法回避的问题就是立法体例的选择和确定。

纵观世界各国的劳动基准立法体例，主要可以分为综合立法和分散立法两种模式。综合立法体例，即制定劳动基准的专门法典，内容涵盖工资、工时、休息、休假、特殊群体保护、劳动安全卫生保护等多个方面。例如，日本的《劳动基准法》（专门性综合立法）和俄罗斯的《俄罗斯联邦劳动法典》（法典化综合立法）。当然在有一部综合性劳动基准法为主干的前提下，不排除日后制定个别单行劳动基准法律为辅助。分散立法体例，是劳动基准的法律规范包括在其他立法之中，或者就某一方面制定单行法律规范。例如德国，劳动基准法律规范规定在大量单行法律中，各州政府还可以根据联邦的法律制定更为具体的实施细则。① 分散立法体例在满足立法需求和立法条件成熟的情况下亦可做梳理和规整而转化成综合立法体例。其优势在于统一的立法宗旨和法律原则，使劳动基准法呈现出较强的逻辑性、综合性和体系性，而分散立法体例下劳动基准的规定可以更为细致具体，可操作性较强，可有所侧重、弹性灵活以更好地满足立法需求。②

尽管学界对立法体例采取综合性或分散式有所争论，笔者认为，综合性立法体例更符合我国劳动基准立法的现实需要。劳动法体系包括劳动关系协调法、劳动基准法和劳动保障法。目前，劳动关系协调法已形成以《劳动合同法》《劳动争议调解仲裁法》为核心的劳动法律保障机制，劳动保障法也随着《社会保险法》的颁布实现了体系化立法。作为“与劳动关系协调法处于同等重要地位”的劳动基准法也应采取综合立法的模式，集中规范劳动基准事项，在相同原则下进行立法，既能增强劳动基准的统一性和各基准之间的协调性，也能在内容上广泛覆盖，提升法律位阶效力。

（二）适度借鉴：相关制度衔接的思考

1. 立法中应对“新就业形态”进行充分考量

在劳动基准立法中应当充分考量“新就业形态”是因为其本身突破了传统“用人单位—劳动者”的劳动关系模式，呈现出用工灵活度强、行业准入

① 刘金祥、高建东：《我国劳动基准立法体例的反思和路径选择》，《中国劳动》，2016 年第 11 期，第 17 页。

② 刘汉伟、刘金祥：《我国劳动基准立法体例探究》，《华东理工大学学报（社会科学版）》，2017 年第 1 期，第 86—87 页。

准出门槛低、劳动关系复杂多变的特点。新就业形态劳动者通过平台提供劳动，可自主决定是否工作、工作时间地点以及工作量，使得劳动关系从属性弱化，超出了现行劳动法的调整范围。我国目前整个劳动法体系基本是围绕“标准劳动关系”而进行的规制，自然将新就业形态劳动者排除在外，劳动基准制度基本属真空状态。具体体现为平台用工既无行业性的劳动定额，也无可执行的劳动强度控制标准，意思自治空间较大。平台在追求最优劳动效率下实行“最严算法”，导致劳动强度突破合理边界，劳动用工风险外溢至交通安全等公共领域。当然 2021 年以来，相关部委已出台文件加强对新就业形态劳动者的权益保障，随着多项监管政策的实施，“最严算法”已被否定，代之以“算法取中”。但多数规范性文件中只有原则性规定，并不真正涉及劳动基准的具体规范和内容。①

以“基本劳动标准”列入立法计划为契机，将新就业形态用工也纳入劳动基准法规范范畴是题中应有之义。在制度建构路径选择上也应充分考量新就业形态用工的从属性减弱之特点。例如，新就业形态职业伤害保障试点对“是否存在劳动关系”进行区分，标准劳动关系劳动者适用现行《工伤保险条例》，而新就业形态劳动者适用该职业伤害保障办法。由此可见，政策已在职业安全保障方面将新就业形态用工作为独立的劳动形态，开启了现行劳动法范围外的试点探索。劳动基准在从属性劳动下是对雇主拘束劳动过程的控制，而在平台用工下既有对平台算法正当性与合理性的规制，更有对从业者非理性放任自主性的控制。因此，新就业形态用工的劳动基准与标准劳动关系的劳动基准在基本逻辑上不同，应在劳动基准立法中选择“独立专章”的制度建构路径。②

2. 立法中对相关条款进行“弹性化”设计

“现代社会的发展，客观要求传统的标准职场秩序逐渐向多样化劳动转变，劳动条件面临更加的弹性化。”③随着数字经济持续发展，新就业形态用工模式逐渐改变着我国劳动力市场。近年来，共享经济、共享用工、共享员

---

① 王天玉:《平台用工劳动基准的建构路径》,《政治与法律》，2022 年第 8 期，第 36 页。
② 王天玉:《平台用工劳动基准的建构路径》,《政治与法律》，2022 年第 8 期，第 47 页。
③ 黄越钦:《劳动法新论》，中国政法大学出版社 2004 年版，第 244 页。

工等新兴事物的出现，要求我们在进行劳动基准立法时不得不考虑条款“弹性化”设计，以应对多变的社会经济发展需求。我国工时制度就因制度规定单一、缺乏适应性而受到质疑。不仅如此，法律本身的滞后性特征也要求劳动基准条款设计“弹性化”。域外弹性协调的立法方式，给我国劳动基准法立法提供了很好的借鉴思路。概括而言有三种模式可供选择：①

一是设定必要的排除性规定。例如，日本《劳动基准法》中关于工作时间、休息休假的规定，不适用于从事监视或断续性劳动者，但须经行政审批。劳工部门在审批时也采取严格限制解释的态度。鉴于特殊工种工作内容的特殊性，不必恪守一般的标准工时限制，如间断工作岗位、监视类岗位普遍被各国排除。这对我国工时立法具有借鉴意义。

二是赋予集体合同对特定条款的变更权。原则上劳动基准具有强制性限制，集体协商的内容不应对于劳动基准，但法律设计例外性条款。这项制度的法理基础是“集体协议或团体自治的各方比立法者更为清楚如何安排才对双方更合适”。该条款对“新就业形态”劳动者劳动基准设计提供了参考思路，能够更好地平衡劳动者权益保障、企业经营效益、社会经济发展等多方利益。

三是赋予劳动关系主体特定选择权。特定选择权的适用，是指将特定劳动基准的事项决定权交由劳动者、用人单位自行决定行使，这一选择权体现的是劳工对基准性权利有限的处分自由，例如，对休息休假的选择权。

（三）尝试突破：保障制度落实的思考

1. 柔性机制的引入——加强工会监督权落实

劳动基准法律规范是国家通过公权力保障劳动者权益，而工会则是通过社会力量实现劳动者的权益保护。工会的监督方式相较于国家公权力的强制执行是一种柔性保障机制。现实中劳资实力悬殊使得劳动法体系整体采取倾斜保护原则，企业一旦有违反法律的行为，动辄以国家公权力强制介入，容易造成劳资关系的紧张局面。而相较于劳动监察的行政执法，工会劳动法律监督方式较为柔和，在劳资关系间起到“润滑剂”和“稳定器”的作用，长

① 陈文涛：《论劳动基准在劳动关系法律调整模式中的定位与协调——以国家强制与集体自治、个体自治的关系为视角》，《社会法评论》，2016 年第 11 期，第 13—22 页。

远看更利于劳动者权益维护、企业发展和社会稳定。

“维护职工合法权益，竭诚服务职工群众”是工会的基本职责。监督权是工会依法享有的重要权力。工会监督权在现行劳动基准法律规范中亦有明确规定。而工会劳动法律监督是各级工会组织依法对劳动法律的执行情况进行有组织的群众监督活动，是我国劳动法律监督体系的重要组成部分，是对政府部门劳动监察的重要补充，可以有效配合协助劳动行政执法，使劳动纠纷早发现、早化解，避免矛盾扩大激化，有效防范和化解劳动关系领域政治风险。

《劳动保障监察条例》对工会用人单位遵守劳动保障法律、法规和规章的情况进行监督有明确规定。2021 年 3 月，全国总工会出台的《工会劳动法律监督办法》，对工会劳动法律监督内容的规定也基本覆盖我国现有劳动基准规范。目前，全国已有 11 个省（市）相继出台了工会劳动法律监督专项地方性法规，以地方性法规的形式加强和规范了工会劳动法律监督工作。多地地方性法规对在工会工作中形成的典型经验——工会劳动法律监督“一函两书”制度予以立法规范，大大增强了工会劳动法律监督工作效果。建议在劳动基准立法的“法律监督”章节中予以考虑，对工会劳动法律监督权予以确认的同时，预留制度接口，以便更好地发挥工会的监督作用。

2. 刚性机制的约束——增加拒绝劳动抗辩权

我国现行劳动基准的实施保障方面，对行政强制的依赖性较强。以《劳动法》为例，在“工作时间和休息休假”“工资”和“劳动安全卫生”等具体章节从正面规定了用人单位的禁止性义务，但在“法律责任”一章中，条文仅规定了“对女职工或者未成年工造成损害的，应当承担赔偿责任”。对于用人单位不依法支付劳动者延长工作时间工资报酬的，《劳动法》仅规定了行政处罚和劳动者的投诉权利，但条文中并无明确的拒绝加班权利。大多数情况下，在用人单位违反法律基准规定时，劳动者只能依据《劳动争议调解仲裁法》《劳动保障监察条例》寻求事后的公权力救济，法律条款中缺少劳动者针对用人单位违法行为得以主张的保护性权利，这使得劳动者在面临侵害时，维权成本大，往往处于十分被动的地位。

从现行劳动基准法律规范来看，劳动者救济权利的方式仅限于申请劳动监察、劳动仲裁等，而且请求赔偿损失的范围也十分狭窄。《劳动法》第九十一条中的“责令支付赔偿金”，在性质上仅属于行政处罚措施，需要劳动监察部门依职权做出，而劳动者并不能在劳动争议中作为权利主张。劳动者仅依赖公权力救济的方式，往往不尽如人意。因为公权力救济毕竟需要付出高昂的时间、人力等成本，得到的救济是事后弥补，甚至严重滞后。建议立法考虑赋予劳动者拒绝提供劳动、保有工资请求权等对抗性权利，方能确保自我保护的紧迫性需要。[①]

---

① 林嘉、陈文涛：《论劳动基准法的法律力》，《清华法学》，2014 年第 4 期，第 12—15 页。

数字经济下的
非标准劳动关系特征及其规制

（黄建明，福建省数字经济产业工会；陈新成，福州市总工会）

数字经济蓬勃发展背景下，依托互联网平台用工的新就业形态，有效解决了传统用工模式无法克服的市场痛点，并在扩大就业、增加居民收入等方面发挥了重要作用，但由于用工模式多样复杂，非标准劳动关系从业人员大幅增加，给劳动者权益保障带来了挑战，作为工业革命产物的劳动关系治理体系出现不适，劳动关系理论和社会保障法律制度面临解释力和解决力不足的挑战。从“认定劳动关系—兑现劳动权益保障”，到“搁置劳动关系争议—解决突出保障问题”，再逐步到“创新劳动关系新分类—提供全谱系基准保障”，监管理念和方向需要转变。自 2021 年人社部等八部委联合发布《关于维护新就业形态劳动者劳动保障权益的指导意见》以来，中央到地方各级政府相继出台了一系列政策，支持新业态规范健康发展，强化新就业形态劳动者权益保障工作，取得了积极成效，但这类群体的劳动规制政策供给上仍然存在缺口。新生事物需要在发展中规范，在规范中提升，从混沌到澄清的演变需要一个过程。本文在参阅文献、开展调研的基础上，梳理数字经济背景下新业态非标准劳动关系的新特征，试着分析可能存在的制度供给缺口并提出规制建议。

一、数字经济及其影响

（一）数字经济的内涵

数字经济被认为是继农业经济和工业经济之后的一种主要经济形态。数字经济一词最早在《数字经济：网络智能时代的希望与威胁》一书中被提出，目前较为通用的定义是2016年G20杭州峰会发布的《二十国集团数字经济发展与合作倡议》中对于数字经济的阐释：以使用数字化的知识和信息作为关键生产要素、以现代信息网络作为重要载体、以信息通信技术的有效使用作为效率提升和经济结构优化的重要推动力的一系列活动。[①] 我国高度重视数字经济发展，数字经济已成为我国经济增长的新引擎和稳定扩大就业的助推器。据中国互联网络信息中心发布的第45次《中国互联网络发展状况统计报告》，我国数字经济规模已达31.3万亿元，位居世界前列，占国内生产总值（GDP）的比重达到34.8%。[②] 数字消费增长迅速、数字贸易提质升级、数字企业领跑全球、数字技术助推国家现代化治理。

（二）数字经济对就业领域的影响

在就业领域，数字经济为人们提供了更多自主择业、灵活就业的机会，起到了就业"蓄水池"和"稳定器"的作用，在解决社会特定群体就业方面起到了积极作用。在此背景下兴起的新就业形态（伴随互联网技术进步和大众消费升级出现的去雇主化、平台化从业模式），其虚拟化的劳资关系、跨时空的劳资联结方式，提供了更为自由的时间和更为宽泛的空间，让更多劳动者能够结合自身的兴趣、技能和资源，通过灵活就业、弹性就业的方式参与到数字经济活动中。由于用工形式灵活、工作时间自由、供求匹配便捷，吸引了众多劳动者特别是以农民工为代表的低端劳动力以及从制造业和

---

① 纪雯雯：《数字经济下的新就业与劳动关系变化》，社会科学文献出版社2019年版。

② 涂永前、何礼苗：《数字经济、灵活就业及社会保险法的回应》，《重庆理工大学学报（社会科学）》，2020年第9期，第102—111页。

传统服务业游离出来的失业者。可以说数字经济发挥了稳定就业存量、创造就业增量、催生新型用工管理模式的作用，推动劳动就业形态发生革命性的变化。

二、数字经济背景下，新就业形态中的非标准劳动关系

（一）新就业形态中的劳动关系分类

按照和平台之间的关系，负责平台日常运维的劳动者，与平台签订正式劳动合同，属于标准劳动关系范畴，符合现行劳动法和劳动保障制度制约范畴，能够享受正常的社会保障待遇。而通过平台收集发布的信息，完成平台发布的工作任务取得劳动报酬的就业群体，其劳动关系复杂多元，不仅存在标准的劳动关系，劳务派遣、外包、众包等形态的非标准劳动关系（包括不完全符合确立劳动关系）和非劳动关系（民事关系）也普遍存在。以外卖（商超）配送平台为例，朴朴配送与骑手签订合同，为标准劳动关系；永辉超市更多通过外包方式将配送业务外包；美团和饿了么则主要通过加盟性质，将配送业务分包给配送加盟商；专送骑手与加盟商签订协议，同时接受平台的规则管理；而众包骑手则是通过在平台注册后兼职自行接单。非标准劳动关系又被称为新型用工模式、灵活用工方式，是当前关注和研究的重点。

（二）非标准劳动关系

按照概念认定和引用的不同，非标准劳动关系有多重划分方式，按照劳动就业形态，可定义为自雇佣、灵活就业、非标准就业、灵活用工等；按照雇佣方式，可分为承包制、劳务制、委任制、短期或临时制；按照工作时间，有全日制、部分时间、钟点工时、任务工时等。非标准劳动关系的特征主要表现为工作时间灵活、工作地点不固定和合同关系不明确。对于非标准劳动关系尤其是外包、众包等情形（劳务派遣已有相对明确的法律规范），劳动者虽未与平台及其关联企业之间签订正式劳动合同，雇佣关系被

模糊化，呈现去雇主化、去组织化的特点，但平台通过技术优势、数据资源和算法规则，仍然对劳动者有较强的控制力，弱人身依附性、强劳动和经济控制，其与标准劳动关系之间存在共通性，但同时也存在明显的区别，无法简单适用《劳动法》，也无法适用有劳动关系强保护、无劳动关系弱保护的“二分法”劳动者权益保护机制。对于这部分群体和平台之间的关系，是认定为劳动关系还是合作关系？社保缴纳主体如何界定？权益保障责任边界如何厘清？这些问题都成为亟待解决的难题。一味地要求平台承担责任，势必会阻碍平台的健康发展，松之任之，则会损害劳动者的利益，最终也会影响平台的持续发展。

（三）非标准劳动关系兴起原因

一是数字经济技术发展的促进作用。互联网、大数据、人工智能、云计算等新兴技术广泛应用，利用技术、通过数据、借助平台联结供给者和消费者，使得企业的边界变得模糊，原来需要通过雇佣、组织劳动才能完成的，如今交由“社会人”即可完成。二是平台企业发展的必然选择。按照交易成本理论，企业的规模与企业组织内交易成本及市场交易成本相关，若企业组织内交易的成本超出在市场中执行同样交易的成本时，企业的规模就面临限制。随着“众包”“玩工”等新劳动形式的不断发展，相对企业组织内交易成本而言，市场交易成本大幅降低，企业能够在不扩大甚至缩小规模的前提下具备更强的竞争力。其原因有三点：一是数字平台能够提供高效的搜寻服务，寻找完成某项工作任务所需的信息、人员以及资源的效率显著提升，进而大大降低企业的搜寻成本。二是数字平台能够建立起相对有效的双向选择机制和信用保障体系，从而降低企业为生产活动所付出的谈判成本、保密成本和合同监管成本等。三是数字平台能够将生产或服务的不同环节配给不同主体进行协作生产，从而降低各环节之间的协调成本。[①] 以网约车平台企业为例，滴滴出行、曹操出行等企业在创业初始阶段，都持有车辆招募司机，属于重资产型，但随着业务拓展、市场规模不断扩大，重资产型运营模式内部

① 刘伟杰、周绍东：《非雇佣数字劳动与“数字化个体”——数字经济下资本主义生产关系的嬗变及启示》，《西部论坛》，2021年第5期，第34—44页。

管理、交易成本太大，逐渐朝轻资产型方向转变，将车辆、司机管理服务外包出去，由专门的车辆管理公司和司机管理公司分别负责将车辆租给司机、和司机签订协议并管理司机，同时为了尽可能扩张市场获取利润，也允许司机自持车辆加盟。

（四）非标准劳动关系从业群体特征

根据在福州市开展的问卷调查结果，结合查阅相关文献数据，总结该群体显现以下几个特征：（1）以年轻男性为主，学历低且流动性大。以外卖配送员、货车司机、网约车司机和快递员为代表的非标准劳动关系平台从业者中，男性占比超 91%，其中年龄 20—40 岁的有 61%，仅以当前平台工作为全部收入来源的劳动者占比高达 93%，不难看出他们的收入十分依赖平台。大专以下文凭的占近 80%，从事职业时间不超过 3 年的占 51.3%，在同一家公司工作时间超过 3 年的不足 40%。（2）收入相对较高且工作时间长。调查显示，收入在 5000—10000 元的占 70%，月休息天数不足 4 天的高达 71%，日平均工作时长超过 8 小时的达 77%。相较传统就业模式和传统的灵活就业来说，这一部分群体的收入相对来说比较高一些，一方面是因为数字化技术提高了资源配置的效率；另一方面是这部分群体为了获取更高的收入，往往选择更长的工作时间，但是这种通过主动延长工作时间获取较高收入的模式，显然不可持续。（3）社会保障不足且缺乏维权渠道。首先，参加职工养老保险和医疗保险的比例低于传统的就业模式。参加两类保险的比例分别为 39.3% 和 61.2%，而传统的工厂工人分别为 65.2% 和 75.7%。其次，在工作过程中发生工伤的情况比例较高，但是工伤保险参加比例却较低，以外卖配送员为例，经常有小伤的比例为 11%，与传统的制造业工厂工人 5% 相比，明显高出不少，但是其工伤保险的参加率仅为 13%，远低于传统的工厂工人。此外，调查数据显示，42% 的职工经常遭受不合理的投诉，59.13% 的职工被恶意差评后缺乏合理顺畅的申诉渠道，94.86% 的职工希望加大职业技能培训和就业指导等帮扶力度。

三、传统的劳动规章制度供给缺口

传统的灵活用工早已经存在，但是由于规模上并不庞大，未引起社会的广泛关注，对于传统的灵活就业劳动规章制度的研究和探讨相对较少。随着数字技术的兴起、数字经济的发展，依托于平台就业的新就业形态非标准劳动关系就业群体规模逐渐壮大，传统的建立在标准工厂制基础上的劳动规章和政策难以适用，在劳动关系认定、劳动权益保障、工会组织和服务覆盖等方面的诉求呼声越来越高。

（一）劳动关系认定难

数字经济背景下新就业形态中的非标准劳动关系固有的特点与传统就业模式完全不同，但在实质上又并未跳脱传统就业模式的框架，现行的劳动法律和规章制度无法完整解决其若即若离的状态。传统的劳动关系建立在劳动者和用人单位之间签订正式的劳动合同之上，劳动者在工作时间、工作地点、工资待遇等方面接受用人单位的管理，服从用人单位制定的规章和制度，具有较强的人身从属性、组织从属性和经济从属性。而数字经济背景下新就业形态中的非标准劳动关系从业者，在劳动过程中，工作时间虽然也受一定的规制，但是相对自由，工作地点分散化有别于传统的工厂制劳动，具有较弱的人身和组织从属性，但在薪酬待遇和劳动过程上接受平台严格的算法控制，经济从属性仍然较强，对于其是否与平台存在劳动关系存在一定争论。

其与平台之间的关系，目前主要有三种观点，第一种观点认为这只是一种密集型劳动用工方式在权利对等上的失衡，平台隐蔽的管理方式并不能改变其存在劳动关系的事实；第二种观点认为不存在劳动关系，从服务直接受益者来看，平台更像信息服务的中介，双方更符合合伙关系；还有一种认为劳动关系或合伙关系都不准确，应当借鉴国外的认定方式，以类雇员的形式来看待这种用工方式。而在具体的法律实践中，针对要求判定劳动关系的劳动争议案件，劳动者要求判定与平台企业之间存在劳动关系的诉求也较少获得支持。

此外，在非标准劳动关系中，往往牵涉多个企业主体，如美团、饿了么外卖配送骑手与平台企业、配送加盟商或代理商都存在关系，有的甚至涉及多个外包公司，有的在跑专送（与加盟商签订协议）的同时，也兼职在平台注册接收众包业务；网约车司机与平台企业，以及车辆管理公司、司机管理公司等线下运营公司之间都存在关系，如何认定其与诸多企业主体之间的关系，也成为一大难题。

（二）劳动者权益保障不足

1. 工作时长上

我国现行的劳动法明确规定，劳动者每天工作时间不超过 8 小时，平均每周工作时间不超过 44 小时，有延长工作时间的每天不得超过 3 小时，每月不超过 36 小时，在节假日期间应当安排休假。[①] 但是这些规定都是基于对用人的约束而设定的，在数字经济背景下的新就业形态劳动过程中，尤其是对于众包用工模式下的劳动者而言，劳动者在自身的工作时间和休息休假安排上具有较强的自主性，而平台往往通过薪酬制度、绩效体系的设计，诱导劳动者主动选择更长的工作时间，以获取更多的劳动报酬，劳动法规定的工作时长标准在这些群体中难以发挥有效作用。

2. 工资标准上

传统的就业关系中，劳动者的工资按照规定不得低于地方、行业的最低工资标准，全日制和非全日制分别参照月最低工资标准和小时最低工资标准，对于计件工资，劳动法也规定应当合理确定劳动定额和计件的报酬标准。然而在数字经济下的新业态非标准劳动关系就业方式中，薪酬收入往往根据任务完成情况来确定，与工作时长并非有直接的正相关关系，以外卖配送为例，更多的是采取按单计价的方式，订单的计价规则和方式又牵涉时间段差异、天气影响、距离长短等因素，而等待接单时间并未被考虑在内，无论是按小时最低工资标准，还是计件最低工资标准都难以简单设定统一的规

① 丁守海、夏璋煦：《数字经济下灵活就业的规制问题研究》，《理论探索》，2022 年第 1 期，第 114—119 页。

范，平台的薪酬体系难以通过传统的劳动得到有效的约束和规范。

3. 社会保险上

现行的职工社会保险制度中，职工养老保险、医疗保险由用人单位和劳动者共同承担，灵活就业人员参加养老保险和医疗保险的途径虽然畅通，但是由于费用完全由劳动者个人承担，对劳动者而言是一笔不小的开支和负担，参加的意愿和比率并不高。虽然城乡居民养老保险和医疗保险覆盖范围不断扩大，但是其保障水平较低，难以满足需求。而工伤保险的制度体系设计完全基于传统的劳动关系认定，用人单位全额负担与其明确存在劳动关系的劳动者工伤保险费用，对于灵活就业人员来说，由于没有明确的用人单位，根本无法参加工伤保险。虽然有的地方也进行了探索和试点，但是无论从法理支撑上，还是保障的可持续性上，都难以较好地解决数字经济背景下新就业形态中的非标准劳动关系从业人员的需求，尤其是伤害保障需求性较强的外卖配送员、快递员等从业人员的需求。

（三）工会组织和工会服务有效覆盖难

传统的工会组织，更多的是依托用工单位建立，职工的会员关系随劳动（工作）关系流动，实行一次入会、动态接转的方式进行管理。然而数字经济背景下的新业态非标准劳动关系，其劳动（工作）关系难以清晰明确界定，虽然新修订的《工会法》进一步明确了新就业形态劳动者建会入会的权利，在实际操作层面，全国总工会到各级地方工会推动各平台企业建会工作也取得了一定进展，但是平台企业工会的会员往往局限于与平台存在标准劳动关系的职工（负责平台日常运维的与平台签订正式劳动合同的劳动者），平台关联企业（加盟商、代理商、外包公司等）建会工作仍然存在较大的阻力，通过传统方式推动企业建会有效覆盖新就业形态非标准劳动关系从业者的成功案例并不算多。各级工会也在积极探索打破传统的科层制工会组织模式，依托主管部门和行业协会力量，推进组建行业性工会联合会，并鼓励直接通过行业性和区域性工会联合会直接吸收新就业形态劳动者入会，但是吸收入会之后的会员规范管理和可持续服务仍然存在较大瓶颈，在工会经费来源、会费收缴管理、工作人员力量等方面都存在制度和操作上的障碍，也难以有效组织起能反映劳动者呼声、改变劳动者困境的工资集体协商。

四、新就业形态中的非标准劳动关系规制策略

从“认定劳动关系—兑现劳动权益保障”，到“搁置劳动关系争议—解决突出保障问题”，再逐步到“创新劳动关系新分类—提供全谱系基准保障”。当下数字经济背景下的新就业形态非标准劳动关系，应从包容、鼓励和观察转向规范、引导和监督，唯有如此方能实现经济效益和社会效益的最大化。

（一）坚持顶层设计和基层探索相结合，健全劳动关系法律框架

在顶层设计上，在现有劳动“二分法”框架下，适时考虑探索新增适应新型用工方式的劳动类型，对新就业形态下的非标准劳动关系明确界定为“类雇员”，并厘清相关平台企业、关联企业、劳动者自身、政府的责任，将其纳入劳动保护的范围，逐步搭建“民法（非劳动关系）—类雇员法（非标准劳动关系）—劳动法（劳动关系）”的劳动保护法律框架。[①] 而在法律框架完善之前的基层实践中，注重结合具体实际情况综合考虑其劳动关系的认定，力求在保护劳动者权益和不伤害平台企业发展潜力之间，达到最优平衡。

（二）坚持社会保险和商业保险并重，织牢劳动者伤害保障网

进一步健全针对非标准劳动关系从业人员的社保体系，是增进该群体福祉、保持队伍稳定、促进社会安定的关键环节。从目前各地开展的职业伤害保障试点工作，以及浙江、广东等地探索建立以自愿选择为原则的单项参加工伤保险机制等做法来看，这两种探索方向，单独参加工伤保险虽然有可取之处，但是由于新就业形态劳动过程中劳动时间认定、企业主体确定上都存在难点，如等待接单过程中是否为劳动时间？同时在多个平台接单，发生工

① 王天玉：《互联网平台用工的“类雇员”解释路径及其规范体系》，《环球法律评论》，2020年第3期。

伤时企业主体如何认定？所以在实际操作过程中存在瓶颈。可以考虑进一步扩大职业伤害保障试点范围、细化试点内容，鼓励探索区分职业差别，实行差别费率，逐步建立起劳动者、平台企业及其关联企业共同分担，政府给予补贴的职业伤害保障体系。此外，应鼓励商业保险公司有针对性地开发多层次、多样化、普惠性的专属保险产品，探索推出扫码投保、链接投保等线上投保方式，提供更加综合、全面的保险保障服务，鼓励通过政府便民服务平台和保险机构服务平台（包括 App 或微信公众号等）提升投保理赔便捷性和满意度。

（三）坚持服务优先和扩大覆盖同步，推动劳动者建会入会

坚持以职工为中心、竭诚服务职工的理念，打破固有思维，扩大物理空间意义上的“职工之家”覆盖范围的同时创新方式，以互联网思维打造适应数字经济劳动形态的“网上职工之家”，打破时间、场所和管理关系，在服务内容、服务方式和服务范围上进行创新和拓展，通过服务的有效覆盖让劳动者感受到工会的温暖和关怀，增进对工会的认知和认同，进而提高入会意愿。此外，工会应积极争取党委政府、相关职能部门的支持，坚持“重点单独建、行业覆盖建、区域兜底建”等模式，推动相关平台企业及其关联企业建会和劳动者入会，同时应借助信息化手段创新入会方式，尽可能简化入会程序，进一步畅通劳动者入会的渠道。

（四）坚持底线思维和协商机制不动摇，保障劳动者基本权利

坚持底线思维，发挥行业主管（监管）部门作用，进一步加强指导，鼓励行业协会、行业龙头企业牵头通过更深入细致的调研和分析，在新就业形态劳动者集中的行业或区域制定劳动定额指导标准、薪酬体系标准和合理化的奖惩制度，先从行业标准和行业规范着手，再逐步完善现有的劳动规则细节，从而保障非标准劳动关系从业人员的基本权利。应注重依托交通、邮政等主管部门和相关行业协会力量，发挥区域或行业性工会组织集体协商职能，推动平台企业、关联企业与就业者就劳动报酬、支付周期、休息休假和职业安全保障等事项开展协商，保障劳动者基本权利。

浅析数字经济下新就业形态群体劳动关系

（范思婕，宁德市蕉城区总工会）

进入信息时代以来，数字技术的快速发展和广泛应用衍生出数字经济，在产业链、供应链、价值链和创新链的高质量就业格局中发挥重要作用，引发了社会和经济的整体性深刻变革。近年来，随着数字经济的快速发展，孕育了丰富多样的行业与岗位，越来越多的劳动者从传统就业部门转向新经济领域，从而催生出大量灵活就业人员和多种新就业形态，顺应了企业大网络平台、轻资产化的发展要求，满足了供给侧结构性改革以及产业转型升级导致的再就业需求，为保障城乡劳动力就业创业创造出更大的发展空间。

一、新就业形态的发展背景

党的第十八届中央委员会第五次全体会议公报首次提出了“新就业形态”的概念。这一概念是从生产力和生产关系两个角度对中国劳动力市场在新一轮技术革命大背景下所引发的就业形态、工作模式巨大变革的高度概括。2020 年“两会”期间，习近平总书记指出：“疫情突如其来，‘新就业形态’也是突如其来。对此，我们要顺势而为，让其顺其自然、脱颖而出。”党的十九届五中全会提出了“促进平台经济、共享经济健康发展”的总要求。2020 年，国务院办公厅发布《关于支持多渠道灵活就业的意见》，鼓励个体经营发展，支持非全日制就业，优化人力资源服务，把灵活就业岗位供求信息纳入公共就业服务范围。2021 年 7 月，由人社部、中华全国总工会等八部门共同印发的《关于维护新就业形态劳动者劳动保障权益的指导意见》，明确要求维护好新就业形态劳动者的权益。可见，数字经济下以货车司机、网约车司机、快递员、外卖配送员等为代表的新就业形态群体作为我国职工队伍的新生力量，是今后就业领域的重点关注和发展对象。

二、新就业形态群体发展对工会工作的机遇和挑战

（一）发展机遇

1. 创造全新的就业机会

共享经济为新就业形态提供了经济模式的形式，新就业形态是共享经济运行的表现内容，二者通过网络平台得以互联。据国家信息中心《中国共享经济发展报告（2020）》公开的数据显示，2019 年我国共享经济参与者人数约 8 亿人，共享经济服务提供者人数达 7800 万人，平台企业员工数 623 万人。在市场占有量上，网约车客运量占出租车总客运量的比重为 37.1%，在线外卖收入占全国餐饮收入的比重为 12.4%。2020 年上半年，仅通过美团获得收入的骑手达 295.2 万人，同比增长 16.4%。在新的就业环境及就业观念的影响下，平台经济迅速发展，创造了大量就业机会，新就业形态群体数量大幅增加，且具有容量大、门槛低、灵活性强等特征，进一步降低了职工的失业率，增加了职工的就业选择。

2. 推动产业工人队伍发展

数字经济的发展将推动就业结构向高技术化、高技能化发展。根据《中国高技术产业统计年鉴》分析，随着经济发展水平的不断提升，高技术产业就业占比会不断提高，数字经济的发展程度也会更高。新就业形态领域对于技术技能方面的要求，可以不断提高工人素质，提升劳动者职业技能，从而推动产业工人队伍建设改革的进一步发展。

3. 营造良好的入会环境

新就业形态群体企业一般规模较大，人数较多。通过吸引建会入会，可以进一步打造工会品牌、提供工会服务、发挥工会作用、扩大工会影响，增

强职工群体对于工会组织的认知度。通过发挥好平台头部企业的示范带头作用，有利于推进平台企业、头部企业及其关联企业依法普遍建立工会组织，完善组织体系，营造积极建会入会的良好氛围。

（二）面临挑战

与此同时，由于新就业形态还处于发展探索阶段，将给工会在新就业形态群体的工作中带来新的挑战。

1. 人员流动性大，管理难度大

一是新就业形态群体对工会组织缺乏足够的认知，入会意识较薄弱；二是绝大多数的新就业形态企业属于全国连锁性质，在企业总部有建会，由直属进行管理，不愿意在所在地方建立工会；三是新就业形态群体主要以无固定用人单位的灵活就业为主，人员流动性大、职工就业自由度高、管理较零散，削弱了同一平台下的从业者之间组织化程度，工会难以将员工进行统筹组织凝聚力量。以上这些因素的影响，增加了在新就业形态劳动者群体中组建工会的难度，也使部分已建立的行业工会组织的维权职能、协调作用和纽带角色发挥不充分、不平衡。

2. 劳动关系较复杂，维权难度大

一是新就业形态群体灵活多样的合同形式，劳动关系难以界定，没有形成一个固定的用工模式，大部分平台的从业人员难以得到社会保障，且职业风险较高；二是新就业形态群体依托工会组织维护自身权益的意识不强，参与民主管理的意识不足，新业态领域权益未全面贯彻落实；三是新就业形态平台在劳动关系中事实上的优势地位，以及平台用工法治建设的滞后和局限，适应数字时代新就业形态的劳动法律制度尚未建立，使劳动保护不足，影响经济社会和谐、有序地发展。

3. 对传统工会角色的冲击

传统的工会建立于用人单位，保护范围仅限于与用人单位直接建立劳动关系的劳动者。但随着数字经济下新型灵活就业形式的日益发展，不仅给新时代劳动关系治理带来挑战，也给构建和谐劳动关系提出了新的课题。工会不能局限于传统的工作思维和工作方式，对于劳动者参加企业的劳动争议调解工作，解决劳动关系方面问题的角色塑造和保护的边界应进行新的探索。在新时期各种问题日益凸显的情况下，新就业形态从业人员亟须一个与管理者沟通的桥梁，以维护自身权益，而工会作为职工的“娘家人”，是最合适的平台。

三、现阶段工会对于新就业形态群体的主要做法

《关于维护新就业形态劳动者劳动保障权益的指导意见》的印发对于贯彻落实习近平总书记关于新就业形态、平台经济的重要讲话和重要指示精神，切实维护新就业形态劳动者劳动保障权益具有重要意义，对于充分发挥各级工会在维护新就业形态劳动者权益中的独特作用也具有重要指导意义。

（一）加强组织工作有效覆盖，积极推进建会入会工作

按照全国总工会要求，把推进新就业形态劳动者入会作为当前和今后一个时期各级工会的重点任务，以开展集中行动为重要抓手，引导新就业形态劳动者入会、推进基层工会组织建设。一是加强与市场监督管理局和工信局等部门的沟通协调，做好前期摸底排查和调研工作，对新就业形态群体企业及建会入会情况进行了解。二是通过开展领导蹲点调研、镇街工会专干下企业挂点等工作，并利用好本地主流媒体及各类工会宣传阵地等现代传播手段，以线上线下相结合的形式开展新就业形态群体入会宣传工作。三是积极开展“八大群体”入会爱心大礼包活动和“新就业形态劳动者入会集中行动”，提升入会认同感，增强新就业形态群体职工入会吸引力。四是加大改革创新和探索实践力度，破解制度性、政策性难题。与时俱进、改革创新，畅通新就业形态劳动者入会通道，加快推进“互联网 +”工会建设，开展网上入会试点工作，提高入会效率，鼓励创新机制发展。

（二）拓宽维权服务工作范围，积极引导职工依法维权

一是重视新就业形态群体职工权益保障工作，深入基层、深入一线，了解新就业形态群体职工思想动态及关心的问题，排查化解新业态职工队伍稳定风险点，帮助解决实际困难。二是做好法律政策宣传工作，加强部门联

动，组成公益法律服务队深入乡镇、社区、企业开展“尊法守法·携手筑梦”公益法律服务行动，开设普法讲座、发放法律宣传材料，为企业和劳动者提供劳动用工、法律咨询等服务，积极推动《民法典》《工会法》《劳动合同法》等与职工群众生产生活密切相关的法律法规，引导职工树立依法维权观念，合理表达诉求。三是做好常态化服务工作，关注新就业形态群体职工信访、困难职工帮扶慰问、金秋助学帮扶动态，做好“夏送清凉”高温慰问工作，帮助他们解决在工作生活中的实际困难。

（三）监督企业履行用工责任，积极参与劳动关系治理

一是根据不同行业和不同企业的特殊情况，通过集体协商推动确定合理的工作时间、计件单价、订单分配、劳动定额、进入退出平台、劳动保护、奖惩制度等内容，不断改善新就业形态劳动者的劳动条件，将集体协商作为改善新就业形态劳动者工作条件的重要途径。二是联合人民法院成立诉非联动中心总工会联络点，成立新业态劳动者工会法律服务工作站，合理配置调解资源，拓宽职工劳动矛盾纠纷解决方式的互通、联动、协调和保障渠道，提高维权效率，打通职工维权绿色通道，推动构建和谐劳动关系。三是督促平台企业建立健全新就业形态劳动者诉求表达和利益协调机制。落实以职工代表大会为基本形式的企业民主管理制度，在制定或修改涉及劳动者切身利益的规章制度或重大事项中，听取劳动者意见诉求，保障劳动者的知情权、参与权、表达权和监督权。四是落实安全生产责任，关注新就业形态群体职工生命健康权，参与人社部门安全生产检查，扎实做好新就业形态群体工会劳动保护工作；针对新就业形态劳动者工作劳动强度大、意外风险高等问题，为新就业形态劳动者购买人身意外伤害保险，进一步加强保险保障。

四、下一步工会工作方向

（一）加强理论内涵和实践工作研究

工会近年来不断加强对新就业形态劳动者的关注，但由于这一群体发展

时间较短，工会相关资料和工作经验不足，还有很大的探索空间。因此，要不断加强对数字经济下新就业形态群体的关注，深入企业开展调研和课题研究，深刻理解新就业形态的内涵和外延，把握不同类型行业的差别，掌握新就业形态劳动者在实际中所面临的突出问题，将理论与实践相结合，针对不同行业的特点和发展方向创新性高质量地开展工会工作。

（二）注重组织结构和权益保障服务

工会应在社会市场形态变化和进步中不断调整角色，适应新形势下的新要求。一是着眼于自身组织结构的革新发展，增加工会基层工作者的数量，投入更多人力物力到工会基层工作特别是新就业形态群体工作的开展中，畅通新就业形态劳动者入会通道。二是聚焦补齐劳动者权益保障短板、优化劳动者权益保障服务、完善劳动者权益保障工作机制，以共同推动建立健全新就业形态劳动者权益保障机制，在管理中抓好落实。三是加强对新产业和新技术的培训。针对新就业形态劳动关系的新问题，通过学习培训，加强与技术团队和人员的交流与合作，不断提升业务水平。

（三）积极推动和完善集体协商模式

以工会主导的行业性集体协商提升劳动者议价能力和空间，由企业方与职工方共同决定劳动标准，使劳资之间达成和解，从而推动新型灵活就业走上健康有序的发展轨道。通过进一步推进多层次多形式多元化的协商模式，加强企业方平台与劳动者的平等沟通，维护职工权益和职工队伍稳定，为新就业形态劳动者打造更加强大、更加温暖的权益保护伞，不断增强职工的获得感、幸福感、安全感。同时，也可以借助劳动行政部门等其他有执法权的部门力量监督劳动标准的制定过程，加大合作力度，开展常态化的沟通和对话，使新就业形态劳动者的基本权益得到进一步保障。

（四）创新推进“互联网 + 工会”建设

工会应结合新就业形态依托平台的特征以及互联网时代信息传播迅速快捷的优势，加强“互联网 + 工会”的创新应用，把握信息时代发展趋势。一是主动建设贴近职工群体的信息反馈渠道，建立良好的发声和意见反映机制，把问题解决在源头，把争议化解在一线。二是依托灵活用工平台大数据，探索出台适用灵活就业群体从业人员的薪酬标准、劳动时间、工时认定、工资发放、休息休假等适用部分劳动标准的基础性分类办法。三是坚持网上工会建设与线下工会改革联动推进、同步协调、紧密契合，实现工会工作以线下为主向线上线下互动融合的转变，完成“互联网 +”时代的工会转型升级。例如，通过微信公众平台互动或创建小程序，给新就业形态劳动者创造新的发声平台和机会。与此同时，也要注意在分析舆情信息的基础上，对关键节点、关键事件进行预判，发挥工会深入职工群体的优势，引导职工群体正确认识事态的发生和变化。

（五）探索与完善相关法律法规及制度

工会要调整适应数字经济下的新型劳动关系，明确政府、企业和劳动者的责任和义务，适时调整相关的法律法规，覆盖数字经济下的就业人群。一方面，通过完善平台规章制度、社会保障制度等，合理确定劳动者的工作时间，推动加快建立职业伤害保障制度，为劳动者职业伤害提供应有的保障。分类推进实施新就业形态群体的基本社会保险参保，建立多层次、多级档的缴费标准与可转移、可计算、可携带的社保权益记录，分阶段、分部分参加基本社保并缴费，依据缴费记录合并换算出最终社保待遇享受标准。通过试点解决社会保障的跨地区流动性问题，适应数字经济工作方式变化带来的人员流动性。另一方面，通过完善数字时代的劳动法律，规范平台权力，保障新就业形态劳动者权益，把企业对效率和效益的追求约束在劳动制度范围内。同时，增强法规的适用性和执行力，重点增加非标准就业群体的劳动权益保护供给，制定符合灵活就业特征的劳动法律标准体系。

参考文献：

［1］王伟进，王天玉，冯文猛 . 数字经济时代平台用工的劳动保护和劳动关系治理［J］. 行政管理改革，2022（2）.

［2］龚六堂．数字经济就业的特征、影响及应对策略［J］．国家治理，2021（3）．

［3］牛雪峰．“新就业形态下的劳动群体与工会工作”学术研讨会综述［J］．工会理论研究（上海工会管理职业学院学报），2021（1）．

［4］任国友．共享经济背景下网约工权益维护的工会对策［J］．山东工会论坛，2019（2）．

［5］唐鑛，郑琪．新就业形态中的劳动者权益维护与工会工作模式选择［J］．学术研究，2022（5）．

［6］白冰．新就业形态下工会角色的法治重塑［D］．兰州：兰州大学，2021.

从务实与创新的角度论劳动关系

（刘贵红，昆明市总工会）

一、问题的提出

劳动是产生社会财富的基石，必须有财富才能满足社会分配的需要。随着信息技术的发展，数字经济的体量在经济领域占比越来越高。以数字技术为支撑的新业态企业蓬勃发展。所有经济模式的发展都离不开人力资源，数字经济的来临不仅同样需要人力资源，而且深刻地改变了人们的就业观念和从业方式。因此，与数字经济联动的人力资源配置问题被推到了前沿，大量劳动者就业于数字经济平台，他们的职业模式，他们的劳动权益呈现出了与传统不同的全新的状态。如何确定劳动关系，如何确定社会保险关系，如何推动劳动标准的执行，成为当前劳动领域必须直面的社会问题。此问题的本质是以什么样的角度看待劳动关系问题，本文拟从务实和创新的角度展开讨论，结合实际工作作一些研究。

二、数字经济业态下劳动关系的现状

（一）数字经济已成为新经济发展的方向

以昆明市为例：随着供给侧改革，老旧产能、老旧业态的去化，一批以数字平台经济为特征的新业态企业不断产生壮大。目前，昆明市工会工作接触到的新业态企业中货车司机企业474家，建会企业325家，从业人数9142人，会员人数8357人；网约车司机企业31家，建会企业24家，从业人数3367人，会员人数3024人；快递企业295家，建会企业243家，从业人数36470人，会员人数15143人；网约送餐员企业47家，建会企业38家，从业人数2107人，会员人数1688人（不完全统计，实际数据更高）。以上数据表明在数字经济创新领域，新业态企业发展迅速，吸纳劳动者就业能力明显。

据云南网公布：2022年9月7日，昆明市交通运输新业态协同监管市际联席会议全体成员单位行政约谈了11家网络服务平台。其中7家非合规网约车平台被要求停止在昆明经营。从行业监管的数据可以看出数字经济发展的热度，同时也可以看出数字经济业态企业在市场准入方面也面临着新问题新情况。但以平台经济为代表的数字经济已成为国民经济的重要组成部分是毋庸置疑的。

（二）数字经济业态下劳动用工基本方式呈现新变化

数字经济模式下的新业态不是一个政策概念，更不是一个法律概念，而是对一种经济现象的时代性归纳。在数字经济业态下，有的业态古已有之，目前表现为突破了已有的市场准入制度在运营，如带车挂靠运营；有的业态具有创新性，现行准入制度还来不及覆盖，如兼职网约车运营；有的业态创新性明显，如平台整合餐饮外卖。新就业形态是对应数字经济新业态产生的就业现象，这一提法是对应以劳动法调整的劳动关系形态就业方式的比对，在这一比对中得出了数字经济业态企业用工方式主要表现为以下三种现象：

标准的劳动关系用工：对应劳动法律法规的调整，必须严格执行劳动法律法规，稍有越轨即可以违法认知进行规范，如建立劳动关系应当签订书面劳动合同，如不签订则产生事实劳动关系后果和相关法律责任。平台型企业的管理层基本属于标准的劳动关系用工。

介于劳动法律关系与其他法律关系之间的中间形式用工：这一形式依据当事双方的意思表示和管理模式可以得出不同的法律后果，如何进行规范具有法律执行方面的复杂性，如网约车司机带车挂靠于某企业的方式，根据双方约定和管理模式可能被认定为劳动关系，也可能被界定为其他法律关系，约定不明管理不科学就可能形成权益纠纷。平台企业的合作司机、合作人员即属于此类。平台型企业的业务执行层面用工都呈现这一现象。

可明确界定为非劳动法律关系的其他用工关系用工：如劳务关系、承揽关系、居间关系等，这些社会关系可明确对应相应的法律要件及法律规范要求，属于明确的民事法律关系。部分平台型企业的业务执行层面用工有这一特点，如新媒体、餐饮平台。

三种现象在数字经济新业态企业是交叉存在的，或相对倾向于某一种现象，或三种现象交错共存，这一情况表明了数字经济业态企业劳动用工问题的复杂性。

（三）数字经济业态下企业劳动用工方式法律定位

1. 劳动关系用工

符合劳动法律法规规范要件也必须适用劳动法律法规的用工方式，其特点就是必须签订劳动合同、缴纳社会保险、遵守工时制度等劳动标准。

2. 劳务派遣用工

这是一种异化了的劳动法律用工方式，其本质还属于劳动关系用工范畴，签订劳动合同、缴纳社会保险、遵守工时制度等劳动标准的要求与劳动关系一致，最大特点是劳务派遣单位与实际用工单位必须对劳动者的权益承担连带责任。

3. 业务外包用工

业务外包与劳务派遣在实际操作上极易形成混淆，但法律定性却存在极大的差异，业务外包的承包方和发包方是两个不同的平等法律主体，双方依法对自己的职工负责，不存在连带责任问题，但在具体实施中由于界限把握不准确等原因极易形成与劳务派遣及劳动关系的交叉，也是复杂劳动争议的发生热点，当前最大的隐患是一些简单组织起来承揽业务的企业主体非法用工情况突出，如承揽送餐业务的一些劳务公司不与劳动者签订劳动合同，不缴纳社会保险情况突出。

4. 合作用工（带资带产挂靠）

这是一种复杂的法律问题，不能简单地把带资（产）挂靠的合作视为劳动关系，也不能视为非劳动关系，到底属于什么法律关系取决于双方的约定，但缺乏法律指导和真实意思表示的双方合同（协议）往往模棱两可，没有法律价值，对用工双方都隐藏着相应的法律风险。

5. 业余时间兼职

有职业群体的兼职行为在劳动标准执行上没有法律规定，在工伤问题上有一定争议，这是一个巨大的法律调整空白。

6. 在校大学生兼职

在校生的就业行为是客观存在的，但目前只能从《民法典》等民事法律规范中寻求法律支撑，这一社会关系不属于劳动法律法规调整的范畴。

7. 其他情形

即劳动法律法规不能调整而又客观存在不能归集于非法用工行为的相关情形。

从对数字经济业态劳动用工方式法律定位分析和对应其用工方式的复杂性的现象来看，数字经济业态企业在劳动用工方面缺乏成熟的专业的管理方式，这一点对于数字经济业态的发展和劳动者权益的实现都是一种障碍。

三、从务实的角度看数字经济业态劳动关系

数字经济业态企业劳动用工之所以呈现当前这一状况，主要原因有以下三个方面。

（一）按照劳动法律关系用工，成本高、企业举步维艰

以现行劳动法为基础的劳动关系用工是最常见的传统的劳动用工方式，签订劳动合同、缴纳社会保险、遵守工时制度等劳动标准的法律硬性要求会极大地增加数字经济业态企业人力资源成本，降低其利润点，减弱数字经济业态创新存在的价值。数字经济业态企业主要是劳动密集型企业，用工灵活，用量较大，业态多样，随机性大，用工特点确实与劳动法律规定存在不

吻合的问题，为了优化人力资源成本，部分数字经济业态企业选择主动回避劳动法律关系用工。平台型企业的业务执行层面五花八门的用工现象的根源就在于这一点上。

（二）按照其他法律关系方式用工，法律模糊、操作艰难

以民法的或其他的法律方式用工，如何建立规范的法律范式缺乏专业的引导，不规范的合作模式又会造成意外事件下的高成本处置，形成用工的不可控法律风险。部分数字经济业态企业的劳务派遣用工就是顶着连带责任的风险转移社会保险责任，业务外包用工则名为业务外包实为劳务派遣，合作用工（带资带产挂靠）如带车挂靠的网约车司机其交通意外风险如何分担是一个复杂的法律问题，因此以这样的方式用工表面上节约了成本，实际上隐含着不小的风险。

（三）按照创新的方式用工，法律缺失、无法可依

因为找不到法律依据，后果不可预测，形成用工焦虑，造成数字经济业态企业在用工方面不知所措的问题。如接纳在校生勤工俭学就缺乏规模和常态化。

数字经济业态企业困惑于人力资源成本的法律规范问题，需要科学专业的服务，新就业形态劳动者的就业也需要专业合理的引导。但无论是企业还是劳动者更为需要的应该是明确的可操作的制度。

四、数字经济业态下劳动用工存在的问题

（一）数字经济业态企业劳动用工已突破了现行劳动法律法规的规则，但又不能简单以违法定性来处理

劳动关系和劳动标准是劳动领域的铁律，凡符合劳动法律标准的社会关系劳动法律法规自动适用。这造成一些承担不了这一法律义务的企业谋划规避法律义务，在数字经济业态领域这一情况更加严重，抵制劳动标准，抵制

工会建会，研究中间方案、寻求法外办法成为业内潮流。数字经济业态企业的业务外包、劳务派遣、带资（产）合作等用工方式就是这些问题的表现，简单阻止对数字经济业态的发展必然是一种损害。

（二）数字经济业态企业在劳动法律制度之外寻求合法的人力资源配置创新，缺乏科学合理的引导和服务

劳务派遣、业务外包、合作用工是植入了劳动关系用工因素的用工行为，但劳动法律法规的限制造成用人单位并不能简单以上述方式降低用工成本。一些企业的行为是以承担了某种风险的方式从表面上降低了人力资源成本，这就使得数字经济业态企业形成了管理压力和队伍不稳定的弊端。一些企业对于公共部门的防范和拒绝心理表现出的是他们的无奈，但更多的是表明专业的引导和服务缺失了，而这样的缺失其根源在于当前劳动法律制度下各方都没有完全的解决方案。

（三）数字经济业态企业在人力资源配置理念和方式上缺乏真正的创新

兼职社会人员、在校大学生是社会人力资源的重要组成部分，如何有效组织好这部分人力资源的劳动介入，在数字经济业态企业里表现得并不好。打擦边球式的创新做法也没有真正解决好企业人力资源的合法科学配置。一边是用工荒，一边是就业难，问题的根源在哪里？人力资源流转的法律依据主要是《民法典》和《劳动法》，如何合法地运用好这两个部门法是人力资源管理的专业问题，非专业人员是很难理解并适用的。供需双方的简单约定往往不能解决问题，寻求专业服务对于小标的商事行为而言成本又太高。数字经济业态企业用工囿于法律限制和观念限制，很难创新出合法又科学的方式。

（四）法律制度和管理部门的工作已经滞后

数字经济业态的发展正是“大众创业、万众创新”的生动体现，创新是生产力发展的源泉。平台经济的发展解决了大量就业，这是不争的事实，但

就业于这一领域的劳动者职业权益有哪些，如何来保障都没有可行的制度体系，循着劳动法的思路解决问题就只有限制和禁止，这显然和支持数字经济发展的共识是相反的。

五、以创新的视角再论数字经济业态企业劳动关系

数字经济业态下劳动用工问题是一个关乎数字经济业态发展和劳动者权益实现的社会治理重大问题。数字经济业态的发展解决了大量就业，形成了税收、创造了社会财富，这是经济发展的大趋势。但在劳动用工上缺乏科学有序的管理和引导（服务），必将影响数字经济业态的可持续发展，同时还存在损害劳动者正当权益的问题。现行劳动法理论及其法律制度在预防数字经济业态劳动争议和处置劳动争议方面都呈现出了被动和高成本低效率。

特择三个案例供读者体会分析：

案例 1：互联网平台用工应如何确认劳动关系

基本案情：申请人于 2018 年 1 月 18 日在美团众包 App 上注册成为美团众包骑手，与被申请人 A 公司签订了《劳务协议》，该协议中［审慎阅读］［签约］等条文采用加黑加粗字体进行了特别提示，该协议约定申请人知悉并充分理解与被申请人通过本协议建立的劳务关系；申请人同意与被申请人签订劳务合同，按照美团众包平台展示的劳务需求信息内容、要求、标准，自主选择接收服务事项，并在接单后及时完成劳务服务并收取劳务公司支付的劳务费或平台奖励（如有）。申请人送餐交通工具、手机等属申请人自行购买，并在工作中使用。申请人通过美团众包平台接收配送任务订单开展外卖配送工作，并按照劳务协议中众包骑手标准服务规范的要求完成送餐任务。申请人的报酬根据送单量由美团众包 App 支付到钱袋宝中，申请人对可提现的报酬金额以提现方式取得。2019 年 10 月 24 日，申请人在送餐过程中发生交通事故受伤。2019 年 12 月 9 日、2019 年 12 月 18 日，被申请人向申请人出具了两份《证明》，用于商业保险理赔。肇事司机向申请人赔付 8 万元，中国平安财产保险股份有限公司向申请人赔付 12 万元。

申请人请求：确认申请人与被申请人 2018 年 10 月至 2019 年 10 月 24

日期间存在劳动关系。

处理结果：驳回申请人的仲裁请求。

案例 2：网络主播与用工单位之间是否存在劳动关系

基本案情：申请人杨某称于 2020 年 7 月 31 日进入被申请人处工作，岗位为网络主播，工作时间为早上九点至下午六点，平均月工资 6158 元。2021 年 9 月，杨某身体健康出现问题，不适合继续从事直播工作，在工作期间被申请人没有依法为申请人缴纳社会保险，申请人于 2021 年 11 月 18 日提出辞职。

被申请人辩称双方并非劳动关系，只是普通的民事合同关系。首先，双方签订的合同是合作协议，而非劳动合同，双方并无签订劳动合同的合意。其次，根据申请人的收入来源、双方的收益分配来看，申请人的收入来源主要来自第三方的打赏，而非来自被申请人。最后，从申请人的工作内容以及双方的分工来看，被申请人仅对申请人的直播时间进行了要求，因申请人需要使用被申请人的直播间，为了方便分配直播间管理，才要求申请人上班前打卡，申请人与被申请人之间并不存在人身依附性。

申请人认为双方在实际履行合同中形成管理与被管理从属性较强的劳动关系。

申请人请求：依法确认解除申请人与被申请人事实上的劳动关系。

处理结果：裁决支持申请人请求。

案例 3：外卖骑手与餐饮管理公司是否存在劳动关系

基本案情：2020 年 10 月至 2021 年 8 月期间，郭某某在案外第三方某快餐配送站（以下简称快餐配送站）从事全职配送员工作，无基本工资，每月工资按单量计算，工资由被申请方湖州某餐饮管理有限公司（以下简称餐饮管理有限公司）按月发放，双方未签订书面劳动合同，餐饮管理有限公司也未为郭某某办理社会保险。某快餐配送站在市场监督管理局注册成立，其经营范围为“餐饮配送服务”。郭某某于 2020 年 10 月 15 日，通过手机 App“蜂鸟团队”注册成为骑手，通过“钉钉”App 加入了“湖州某餐饮管理有限公司”企业号，自 2020 年 11 月起，该企业号连续每月向郭某某推送“工资条”让申请人确认，确认后餐饮管理有限公司再通过支付宝转账到郭某某的支付宝上。2020年10月30日，郭某某与案外人第三方“快餐配送站”签署了《饿了么配送部——全职蓝骑士考核》，郭某某在工作时需自行携带送餐交通工具，并通过“饿了么”App进行接单、取单、送单，没有固定的上下班场所。2021年7月14日，申请人提交《员工离职申请表》，离职原因显示“换工作”，部门审批显示“鲁某某”（系快餐配送站站长）签字，总经理审批显示“朱某某”（系快餐配送站法定代表人）签字。

申请人请求：请求确认郭某某与餐饮管理有限公司存在劳动关系。

处理结果：裁定郭某某与餐饮管理有限公司不存在事实劳动关系。

劳动的意义在于创造财富，规范劳动关系的法律必须以预防和高效率处理劳动争议，促进劳动关系和谐，促进财富创造为目的之一，现行劳动法律确定的劳动争议“一调、一裁、两审”机制，其目的之一即在于此。但从上述数字经济业态企业劳动争议案件发案到处理的情况，再对照本文数字经济业态下劳动关系的现状来分析，企业和劳动者困惑于劳动关系问题动辄对簿公堂，其间时间、精力等各种资源的浪费不可谓不高，这样的状况不应该发生于创造财富的劳动领域。数字经济是新情况、新状态，面对新的问题，突破传统观念窠臼，构建新的制度机制已成为时代课题。

（一）重塑劳动关系理念

“纵观劳动法的发展历程，其实就是解决经济发展与劳动者权益维护矛盾的历史。”劳动的目的是创造财富，以组织劳动创造财富为目标的社会行为都应规范到统一的法律规范范畴内，不再拘泥于传统的劳动关系理念，适应数字技术时代的需要，建构符合经济发展规律的制度机制与概念，为新常态经济发展设计新的人力资源配置方案，这是时代的任务。

（二）确认多重劳动关系的合理性

劳动关系的人身属性在数字经济业态下正遭受着社会现实的无情冲击，这是社会发展的客观现实。过往，似乎并不否认双重劳动关系，但一对一的劳动关系在工作实务中是被制度化默认的。数字经济的到来，灵活就业方式已经形成了多重劳动关系，叠加的劳动行为需要新的制度来解决权利义务、休息休假、劳动安全等问题。因此，正视多重劳动关系，建立新劳动法律理论支撑和制度的工作亟须得到客观务实的对待与认可。

（三）建构新的劳动标准体系

灵活就业方式对一线管理工作提出了新的课题。可操作、可施行的新的休息休假、新的社会保险、新的工资制度、新的工时制度等相关制度的建立正在被倒逼。有利于新经济增长点的培育、有利于新就业的形成、有利于新财富的创造、有利于劳动者职业权益的实现等新机制正在为社会所期盼。

（四）建立工会维权和服务的新工作机制

维权和服务是工会的基本职责，面对灵活用工，工会要建立与之相适应的建会入会机制，工会经费收取机制，夯实工会开展工作的基础。建立灵活可行的工会监督机制、务实科学的工会参与协商机制，提高工会维权的能力和效率。努力形成以职工需求为导向的工会服务职工机制，构建工会服务职能，实现体系化、制度化工会服务工作格局。

六、结语

“换个角度看，放弃书面劳动合同的要求，以灵活的方式尊重劳动关系双方的意愿应该会更好，没有签订书面劳动合同并不等于没有约定劳动合同，劳动关系双方从善意出发以自由的形式约定双方的权利义务，有何不可呢？”10 多年前，已有论者因劳动合同推行工作的艰难而得出应反思劳动制度的观点，进而提出是否可以改进劳动关系概念及劳动合同方式的建议。数字经济的发展已切实冲击了传统的劳动关系理念，进一步增大的无劳动合同人群（劳动法律外就业人群）正在冲击劳动合同、社会保险、工时制度等制度支撑的中国劳动和社会保障制度，而我们尚未发育成熟的劳动和社会保障制度在百年未有的大变局下也正需进行完善和健全。这是危机也是机遇，作为 25 年来服务于劳动关系领域的一线从业者，写下此文提出改进劳动关系认定理念的一些意见，或许有违高庙之思维，况没有进行系统的数据分析，更多的观点来自长期工作的积累体会。意见太宏观，有放空炮的痕迹，但笔者深知，我们需要进一步的具体问题具体分析，如何改进劳动制度的方方面面还需更为深入的研究，同道者任重道远。本文更多的是摆明事实，抛出问题，引入思考，为进一步研究得出行之有效的方案贡献微末之力。

参考文献：

［1］徐智华 . 劳动法学［M］. 北京：北京大学出版社，2016.

［2］郑劼喆 . 昆明地区推行劳动合同制度面临的问题及对策研究［D］. 杭州：浙江大学，2009.

数字经济背景下灵活就业者就业保障问题研究

（黄家焱，福建金磊律师事务所）

一、相关概念界定

（一）数字经济及相关概念

数字经济是以新一代信息技术为依托，在农业经济、工业经济之后的一种新经济形态。其主要特征是：数据是重要生产要素，网络是重要载体，信息技术应用是其中最重要的推动力。数字经济是继农业经济、工业经济之后的主要经济形态，是以数据资源为关键要素，以现代信息网络为主要载体，以信息通信技术融合应用、全要素数字化转型为重要推动力，促进公平与效率更加统一的新经济形态。[①]

（二）灵活就业及相关概念

灵活就业是一种职业概念，也被称为灵活用工，它们分别是从劳动者和用人主体角度来描述劳动力市场灵活性的两个名词。因其灵活、弹性、非传统，亦被称为非正规就业。传统的就业模式一般有固定的期限，且有规定的上下班时间，而相较之下，灵活就业宽松的准入和退出机制使得灵活就业的

① 匡亚林、梁晓林、张帆：《新业态灵活就业人员社会保障制度健全研究》，《学习与实践》2021年第1期，第93—104页。

优势更为突出。从求职者的角度看，灵活就业门槛更低，获取就业的机会相对轻松，觉得不合适了也可以随时离职。从企业的角度看，不仅在选人用人方面更加灵活，怎么用人、用的时间长短等也相对灵活。① 因此，灵活就业为求职者和企业提供了更多可尝试的空间和可选择的机会。

二、我国数字经济下灵活就业与传统经济下灵活就业的比较

我国传统经济下的灵活就业其用工关系呈现非典型的劳动关系三角结构，即在雇主与劳动者之间介入第三方——如职业的中介机构、专门的人事代理机构、常见的劳务派遣机构、劳务外包机构等。生产资料是由雇主集中占有，且为实体形态，雇员只需提供劳动力即可。区别于传统经济下的劳动关系三角结构，在数字经济背景下的用工关系凸显两端结构——平台企业与劳动者；平台企业用工一般为单层次扁平结构，其合作者多为受其直接控制的个人；合作者组织的受雇者也受平台企业控制。平台企业拥有优势的信息形态生态资料，劳动者个人自供实体形态生产资料，但依赖于平台企业的信息，比如跑腿小哥、网约车司机等。

三、数字经济灵活就业现状分析

（一）数字经济灵活就业整体情况

数字经济和平台经济的快速发展，衍生出了新的就业空间，不仅如此还催生了许多新的就业模式，灵活就业便是其中一种，并且随着数字经济的发展，选择灵活就业的人数也在不断壮大。越来越多的年轻人作出了“打零工”的职业选择；因一些传统行业存在待遇低、工作时间长等问题，故使得人们更加渴望打破传统的就业方式，找寻更加多元化、工作形式灵活的就业模式，进而摆脱危机，达到实现自身的转型。因此，不论是外卖小哥，还是

① 曾湘泉、汪雯：《灵活就业的理论、实践及发展思路》，《中国社会保障》，2003 年第 6 期，第 18—19 页。

电商主播等灵活就业的人数都在持续的上升中。根据 2021 年国家统计局所披露的数据显示，截至 2021 年底，全国的就业人口达 7.5 亿人，其中灵活就业的人数已经超过 2 亿人。[①] 从上述的数据可以看出，灵活就业已经为大众所接受且已经成为就业模式的主流之一。

（二）数字经济灵活就业保障情况

在数字经济的背景下，共享经济平台作为新的用工模式，提供了多元化的就业模式，且具有鲜明的优点和特点，但新的问题与挑战也随之而来，其中突出表现在劳动者的基本权益保障层面。传统的用工模式下适用劳动者的法律法规，对于共享经济平台劳动者却不一定适用。共享经济平台上灵活就业者的权益保障问题目前是各国政府、学术界和业界关注的重点。目前，关于平台劳动者的伤害保障问题，一些地方政府已经出台了相关政策，比如广东、四川和浙江等地已经开始了试点职业伤害险。从其制度的设计思路来看，其特征主要表现在两方面：第一，平台劳动者的各项保险将不再束缚在一起，在我国传统的劳动关系用工模式中，根据社会保险医疗制度，缴纳的基本养老保险、医疗保险、工伤险、失业险以及生育险都是紧紧地束缚在一起。故此次试点的职业伤害险打破了传统的保险制度设计模式，专门为平台的劳动者设计了与工伤保险类似的职业伤害险，是政策上的一大突破。第二，除了政府在为平台劳动者保驾护航之外，各大平台也在根据自己的业务模式和商业模式，正在摸索希望能够找到一种不同于医疗保险的其他新模式。比如常见的滴滴平台正在探索按照第三支柱的制度模式，设计司机的养老保险和医疗保险新模式，这些创新的模式都将为未来社保政策的制定提供丰富经验。

（三）数字经济灵活就业保障政策

目前，关于平台灵活就业人员的职业伤害保障还存在一定空白，平台的就业人员与平台之间确认劳动关系时有较大的难度，而现行的保险制度，在

① 关博、朱小玉：《新技术、新经济和新业态劳动者平等参加社会保险的主要制约与建议：基于 320 名“三新”劳动者的典型调研》,《中国人力资源开发》,2018 年第 35 期第 12 版，第 88—94 页。

平台就业人员遭遇意外事故时，很难进行保障。故在面对越来越多的灵活就业从业者，人社部等部门联合出台了《关于维护新就业形态劳动者劳动保障权益的指导意见》，该意见明确如何保障新业态劳动者权益，并且以出行、外卖等行业新业态从业人员为重点，提出职业伤害保障试点工作。同时，各地政府也在积极地为灵活就业群众保驾护航，出台了一系列的相关措施。例如上海市出台《关于做好本市当前和今后一个时期稳就业工作的意见》，该意见明确提出，要推动灵活就业，加大力度落实各类灵活就业支持政策，试点开展平台网约劳动者职业伤害保障工作，探索建立灵活就业人员实名制管理制度。此外，辽宁省也出台了相关政策，辽宁省人社厅等 8 个部门制定出台了《关于维护新就业形态劳动者劳动保障权益的若干措施》，该文件主要从四个方面支持和规范发展新就业形态，切实维护新就业形态劳动者劳动保障权益，即指导企业依法规范用工、保障劳动者合法权益、优化劳动者权益保障服务、完善劳动者权益保障工作机制。数字经济的背景下，带来新的职业和新型的劳动关系，在政策层面也相应作出了许多积极的变化。从各地出台的政策可以看出在数字经济背景下衍生出的新型就业形态劳动者劳动保障权益已经逐步加强。当然，灵活就业人员参加社会保险制度以及如何参加住房公积金的制度在未来也将进一步健全。

四、案例研究——网络主播与签约公司是否存在劳动关系

（一）基本案情

2018 年，许某为了成为一名主播在 9 月与某广告传媒公司签订《主播经纪合约》，在合约中约定：许某成为该公司的签约艺人，其工作内容是通过网络进行线上直播，或者是在线下公共场合中进行演艺表演；但是其实际的工作地点为公司办公室，直播设备由公司提供；工资约定为保底薪资 4000 元 + 提成，合约范围内所产生的直播收益按许某 60%、公司 40% 的比例进行分成。同时约定在合约期内，许某不得自行委托代理人、经理人、经纪人，且其他从事类似工作的公司或个人代理不能与许某签约进行相关演艺

活动。签订合同后，许某便开始在平台上进行直播。直到2019年3月，许某以拖欠工资和未依法缴纳社保为由向某广告传媒公司申请辞职并提出经济补偿，某广告传媒公司不同意经济补偿。故许某经仲裁后提起诉讼，要求某广告传媒公司支付经济补偿。

（二）法院裁判

法院开庭审理后，驳回了许某的诉讼请求，法院认为，首先，许某与某广告传媒公司签订的合同名为《主播经纪合约》，且合同内容是关于“合作、经纪”等方面，该合约不具备劳动合同要素，双方没有建立劳动关系的合意。其次，在支付报酬方面，许某的收入主要来自第三方平台的粉丝打赏，直播的收益并不受某广告传媒公司的控制，且双方约定的直播收益分成也不同于普通劳动关系的工资发放方式。最后，许某在第三方平台从事网络直播，从其工作内容看并不属于某广告传媒公司的业务范围。因此许某与某广告传媒公司缺乏稳定的管理与被管理的隶属关系，不具备劳动关系的基本特征，故不宜认定双方之间存在劳动关系。而许某请求某广告传媒公司支付的经济补偿系以劳动关系为前提，故人民法院对许某的诉讼请求不予支持。

（三）案例启示

网络直播作为在数字经济背景下衍生出的新兴行业，涉及的主体包括但不限于直播平台、主播、中间公司等。各种网络平台也雨后春笋般出现，不同的平台其运营模式和用工模式各有千秋，区别于传统意义上的劳动关系，网络平台的劳动者通常没有固定的工作场所和工作时间，工作场所不固定，比如网络主播可以在家直播，也可以在街道上直播，工作场所比较流动化。工作时间安排自由化，如有的网络主播喜欢早上直播，有的网络主播在夜深人静的时候直播。但是随着网络直播产业的快速发展，网络直播人数快速上升，随之而来的网络主播与直播平台以及中间公司等主体之间的纠纷也日益增多。在审判实践中面临的首要问题就是如何认定各主体之间的法律关系。在司法实践中，判断主播与中间公司或网络平台是否存在劳动关系，仍应从劳动关系的有偿性、组织性和从属性三个本质特征出发，应根据不同平台及其自身的运营模式与实际用工特点，结合案件全部事实予以综合分析判断。

（四）目前诉讼现状

随着灵活就业的人数增多，随之而来的相关诉讼量也不断攀升，该类案件呈现四大特点：第一，认定劳动关系的案件在此类诉讼中占比大。往往用工的企业、平台为了降低用工成本，通常不与灵活就业人员签订书面劳动合同，但双方通常构成事实劳动关系，此种情况较为常见。第二，工伤保险待遇纠纷往往是分歧最大的地方。由于灵活就业人员的月收入较为不稳定，用工企业与劳动者就以工资标准为计算基数的工伤保险待遇意见分歧较大。第三，灵活就业人员的侵权责任承担主体认定存在一定的困难，其焦点主要集中在灵活就业人员和用工企业或平台是否构成劳动或劳务关系。第四，存在行民交叉的情形。在工伤保险待遇纠纷案件中，涉及确认劳动关系和工伤认定等情况，通常当事人对认定的结果不服而提起诉讼。

五、灵活就业者就业保障存在的问题及对策

（一）灵活就业者就业保障存在的问题

1. 社保政策不完善

从当前我国现行的社保制度来看，工伤保险的缴纳主体是企业，员工个人是不需要缴纳工伤保险的。而灵活就业的人员往往因为不仅服务于一个平台，与用工单位没有劳动合同关系，故大部分用工单位都不会为灵活就业者缴纳工伤保险。目前，我国有关于灵活就业人员的社会保险缴纳制度，但是灵活就业人员的缴纳保险范围并没有工伤保险这一险别，因此使得灵活就业人员缺少缴纳工伤保险的渠道，故当这些灵活就业人员因工受伤时，因没有缴纳工伤保险，会在赔偿待遇这方面存在障碍。且缴纳工伤保险的主体难以确定，许多美团的外卖骑手，不仅只服务于一个平台，其还同时在饿了么、达达等多个平台提供服务，网约车司机同时服务于滴滴、曹操出行等众多平台，而平台灵活就业人员与平台之间的复杂关系，使得确定工伤保险的缴纳

责任主体难以确定。

2. 职业伤害认定问题

我国认定工伤主要是根据《工伤保险条例》第 14 条的规定，即认定工伤主要遵循工作时间、工作地点和工作原因这三个要素，但是不同于传统的就业模式，灵活就业人员的工作时间与地点都比较随机且具有不确定性，三要素中的工作时间和工作地点很难认定。因此，应当将认定的标准适当降低，只要是工作原因受到的伤害就应当认定为职业伤害。①

（二）完善灵活就业者就业保障的对策

1. 进一步规范和促进灵活就业的政策选择

我国现行的法律存在滞后性，灵活就业人员的社会保险制度缺失。首先，应该将灵活就业人员的社会保险问题上升到法律层面，完善立法，明确灵活用工在法律中的地位。其次，调整现行的参保政策，灵活用工群众苦于现行的“有劳动关系才可以缴纳社会保险”的社保政策，使得灵活就业群众缴纳工伤保险出现障碍，应明确将灵活用工参加工伤保险写入法律且在其中规定，明确灵活就业人员的参加社会保险的各项权利和义务，使得灵活用工者参加工伤保险有法可依。同时，完善和落实相关劳动法规和就业政策，如制定适用于灵活用工的劳动合同文本，完善落实最低工资标准制度。最后，劳动监管部门应加大监管力度，扩大监管队伍建设，才能更好地保障灵活就业人员的合法权益。②

2. 加强工会组织的保护

加大工会组织对灵活就业人员的保护力度：第一，扩大网约劳动者加入工会组织的渠道。对现行立法关于工会会员资格的规定应作扩大解释，会员资格将不再与劳动关系挂钩，并充分利用互联网技术，为灵活就业者便利办理入会手续。第二，落实工会的经费保障。有了充足的经费，事情才能办得

---

① 常凯：《劳动法调整对象再认识与劳动法学科重构》，《法学论坛》，2021 年第 27 期第 3 版，第 98—104 页。

② 曹佳：《经济新业态下劳动用工和社会保障制度相关问题研究》，《中国劳动》，2018 年第 6 期，第 87—92 页。

更顺利，因社会化的基层工会缺乏用人单位的经费保障，造成资金紧张，此时不能仅局限于会员缴费，而应该开辟新的工会经费来源。第三，工会应扩大维权、服务的范围。工会不能将服务仅局限于所在区域的会员，不能仅用会员这一身份将灵活就业群体排除在外，只要是所在区域、行业或平台系统的灵活就业者，即使当下还未成为会员，社会化基层工会也应将其纳入维权、服务的范围内。

3. 加大宣传力度，提高灵活就业人员参保意识

当今社会中，还有一部分人缴纳社保的意识不足，觉得缴纳社保没有用处，等出了事故才后悔莫及；相关的部门应加大社会保险的宣传力度，加大普法讲座，将普法走进社区，让社会群众了解社会保险制度的原理、参保方法及受益情况，从而推动灵活就业群体参保，特别是年轻人，要培养他们的参保意识，让其主动参保。

六、结语

相较于用工单位与平台，灵活就业人员往往处于弱势地位，无论是在制定的订单分配还是抽成比例以及支付制度等方面，从业者话语权相对较少。且大部分用工企业并没有完备的规章制度，对员工的日常管理不重视，工资发放随意，侵害了从业者的合法权益。因此需要建立健全行业自律监督机制，走访调研灵活就业人员的实际需求，找出行业目前存在的问题症结，推动制定行业劳动标准。

平台从业者劳动关系认定困境及出路

（刘梦璇，河南省总工会干部学校）

平台从业者是依托互联网平台灵活就业的劳动者，主要分布于外卖业、运输业、快递业中。该类劳动人员规模庞大，就业方式灵活多样，有别于传统用工模式，其工作内容和工作时间呈现显著的不特定性。随着我国各类数字平台建设的推进，点对点服务模式在各公司专有算法的带动下不断改进，客户仅需通过各类智能移动端下单便可实现供需匹配，以便实现最优化交易。但与飞速发展的平台经济和共享经济呈现鲜明对比的是，相关从业者劳动关系认定和权益保障的法律法规制定工作稍显滞后。雇佣关系不明朗、工作方式不固定、用工主体不明确的新就业形态特点使传统劳动关系认定标准已难以完全适用于新就业形态语境之下的劳动关系。劳动关系难以确认则劳动者本应享有的一系列法律权利大打折扣，劳动者面临有就业岗位却无单位组织，承担劳动风险却无社会保险，有用工问题却无部门监管，有劳动报酬却无工资底薪的困境。

一、平台从业者权益保护的必要性

劳动关系和劳务关系明显的区别是：前者是不平等的双方关系，由《劳动法》《劳动合同法》等法律法规予以调整；后者是平等的民事关系，由《民法典》调整双方的权利义务关系。现实中平台从业者相较于平台企业明显处于弱势地位，正如罗尔斯在《正义论》中提出的机会的公平平等原则和差别原则相混合理论，平台从业者的权益需要倾斜性保护。

（一）平台企业掌握算法制定权

平台企业相较于劳动者来说掌握更多更全面的市场信息，并且通过制定算法将这类信息差转化为企业可获得的利益。平台的各类算法，是以降低交易成本为目的，将供需对接、闲置资源调配、最优路线规划、服务质量控制等一系列行为加以统筹管理的。一方面算法能够分辨高利润和低利润单子，然后加以调节。另一方面平台企业却以算法之名转嫁风险。比如外卖平台的配送时间，最初客户下单后通常会有商品将于几分钟后送达的提示，配送时间是衡量骑手报酬高低的标准，一旦超时报酬将会降低，若超时率和差评率过多骑手甚至将被淘汰。配送时间是平台根据算法单方面选择的最优路线最短送达时间，算法不会考虑道路意外情况，骑手自行承担逆行风险和延迟配送风险，现实中骑手为了及时送达超速行驶酿成事故的情形屡见不鲜。算法本身是技术，技术具有中立性，但掌握算法制定权的平台企业却将风险以评价的外观转嫁给了弱者——外卖骑手身上。“好”的算法不应该只具有价值创造的功能，更应具有透明公开的特性。迫于压力，外卖平台在 2022 年出台新规则：送达时间由“时间点”改为“时间段”，弹性化的时间掌控为骑手安全送达服务打开了一扇方便之门，但算法的制定权仍掌握在平台手中。

（二）平台劳动者处于弱势地位

平台经济以劳动者工作灵活性和选择自主性的表象在一定程度上掩盖了由于新经济特点带来的劳资双方关系力量对比差异的加大。由于平台劳动人员规模不断扩大，平台服务市场是供过于求的，平台会通过算法制定等以牺牲劳动者个人利益为代价实现自身收益最大化，在传统企业中员工通过职工代表大会和职工大会的方式一定程度上参与公司的经营管理决策，但实践中尚无系统化的机制去组织平台从业人员参与算法制定的相关活动，这种潜在的不平等性加剧了管理的不透明和信息的不对称，导致劳动人员合法权益保护问题复杂化。此外，很多平台劳动人员自身文化素质不高，他们不了解平台如何以各种方式避免与其建立正式劳动关系，很多外卖骑手简单以为同意注册成为平台骑手便是与平台公司建立了劳动关系，这种认识偏差导致他们更容易受到平台公司的隐蔽性操控和控制，议价能力和话语权被严重削弱。

二、劳动关系认定标准的适用

（一）传统劳动关系认定标准

在传统理论中，劳动关系是劳动者和用人单位依法签订劳动合同，进而在双方之间产生的法律关系。在我国《劳动法》和《劳动合同法》中并无明确的劳动关系确认规则，只有操作性不强的原则性规定，比如《劳动合同法》第十条规定："建立劳动关系，应当订立书面劳动合同。"目前，司法机关在认定劳动关系方面主要根据原劳动和社会保障部颁布的《关于确立劳动关系有关事项的通知》（劳社部发〔2005〕12号）。该通知主要针对用人单位不和劳动者签订劳动合同的情形中劳动关系的认定，并提出认定劳动关系的三大标准：第一，主体适格，即用人单位和劳动者的身份均符合法律法规规定的主体资格；第二，劳动关系具有从属性特征，即劳动者接受用人单位的管理并且依赖用人单位的工作安排获得劳动报酬；第三，劳动者提供的劳动是用人单位业务的组成部分。但是对照平台用工实际会发现，该标准有忽视经济从属性之虞。当前不少平台用工组织从属性和人格从属性减弱，经济从属性在对比之下显得更为重要，比如在单一平台全职提供劳动服务且以此为唯一全部生活来源的从业者不在少数，但是他们工作时间灵活，不接受平台的直接管理。

（二）劳动关系认定的司法实践

笔者通过研读相关判例得出在劳动关系认定的司法实践中，司法者的裁判结果并非完全一致，在裁判文书网以"外卖骑手"为全文关键词，以"劳动争议、人事争议"为案由进行搜索共检索到488篇文书，选取其中110篇作为分析对象发现，由于骑手类型不同，劳动关系认定具有差异，众包骑手和确认用人单位之间的劳动关系难以被认定，但和外卖平台、配送商联系更为紧密的专职骑手被认定存在劳动关系的占比达67%，劳动关系被否定的比例达 33%。法院认定的思路为：首先看外卖骑手与平台企业之间是否订立了劳动合同或者具有劳动权利义务内容的相关协议；其次看外卖骑手提供劳动是否接受平台企业的指示和安排，以及是否受平台企业制定的工作时间、工作内容、工作纪律等规章制度的约束，以及外卖骑手是否属于自主经营；最后看外卖骑手取得劳动报酬的方式。该思路基本以《关于确立劳动关系有关事项的通知》中的从属性为标准判断是否存在劳动关系。

三、平台经济用工关系的特点

"互联网 +"连接第三产业重新定义了人们的生活方式，似乎提出了一套解决现实生活难题的万能公式。但面对复杂且严谨的劳动关系认定，"互联网 +"的用工模式却催生了一系列难题，这些问题也是导致司法实践裁判结果不统一的原因。

（一）实际用工主体复杂化

目前，平台用工模式主要有三种，第一种是互联网平台所控制的企业直接招聘平台劳动者，劳动者严格遵守单位的管理规章制度，受单位指派进行工作，此种模式下双方明确地建立了劳动关系，劳动者受《劳动法》等相关法律法规保护，和传统用工无太大差别。第二种模式是服务需求方和劳动者均在互联网平台进行注册，需求方直接在平台下单，由平台劳动者选择是否自主接单，此时三者关系类似居间合同，但比较后发现平台从业者对平台的人格从属、组织从属和经济从属依赖程度较居间合同更强。而且居间合同的委托人和第三人具有协商定价的权利，居间人并无合同实质介入权，但平台从业者基本没有和客户直接协商修改订单细节的权利。第三种是劳动争议最多的类型，即外包模式。以外卖平台为例，平台将配送业务按一定标准划分到区域，再由区域内不同配送承包商招聘骑手完成工作，这种机制下外卖平台的用工主体责任被转移给第三方。一些配送商甚至将业务再行拆分外包，进一步分拆骑手合同的签署对象、人身依附对象和经济依附对象，不断削弱己方用工主体责任。在延长的用工链掩护下，骑手的用工主体隐去真实身份，藏身迷雾中，维权之路难上加难。不少案件中出现了诉讼过程中变更诉讼请求的情况，便是因为骑手第一时间并未意识到配送商的存在。

（二）证据收集困难化

和平台用工相关的劳动争议纠纷中，双方当事人所出示的证据类型、体现内容以及信息载体更多地借助互联网平台的数据管理方法加以显示。《中华人民共和国民事诉讼法》已将电子证据纳入证据的范畴，越来越多的电子证据进入诉讼过程并被采信。但电子证据具有易被删除和修改的特点，难以做到事前存证，具有滞后性，给证据真实性认定带来困难。在平台经济中，和劳动关系认定有关的证据一般由平台进行保管，出现劳动争议纠纷时，一些平台采取删除劳动者注册信息、冻结账号、关闭系统权限等方式使劳动者无法提取相关证据。虽然可以采取第三方机构存证和公证机关取证存证的方式获取证据，但前者尚需司法实践的认可，后者公证费较高，对劳动者而言都不是最佳选择，这导致当事人的举证成本大为增加。

（三）劳动关系从属性弱化

劳动关系中的从属性可分为人格从属性、经济从属性和组织从属性。平台用工模式下，劳动关系呈现从属性弱化的趋势。首先在平台企业和劳动者的双方关系中，人格从属性被弱化。传统用工模式中，劳动关系一经成立，劳动者就要遵照单位的指派进行工作，并且工作期间遵守用人单位的规章制度。但平台用工形态中，平台企业并不强令劳动者在特定时间必须工作，也不指定劳务提供地点和方式，只是在服务完成后对业务完成情况进行评价。其次是经济从属性减弱，传统用工模式中，劳动者利用用工方提供的生产资料从事相关活动以获取劳动报酬。但平台用工模式中，除了一些专职从业者外，大多数平台并不提供生产资料而是由劳动者自行准备。此外，劳动报酬的支付方式也不同于传统用工模式，平台从业者获取劳动报酬的标准是按单计算，并非由劳动者和用工方提前约定好，按一定时间予以给付，从业者不接单也不会获得任何报酬。最后是组织从属性减弱，组织从属性是指在劳动关系存续期间，劳动者是用工方组织中的一员，会通过一系列工作行为对用人单位产生归属感和认同感。但平台经济中，从业者和用人单位以及其他员工较少沟通，很多从业者也在其他平台进行同样性质的服务，用人单位不强制竞业禁止，从业者对用人单位归属感较弱。

四、劳动关系认定困境解决对策

（一）劳动关系认定态势

日前国家市场监督管理总局向美团发出的《行政指导书》中《关于维护新就业形态劳动者劳动保障权益的指导意见》第五条明确指出，“平台企业通过外包等其他合作方式用工，平台企业将某区域的外卖送餐业务外包给合作公司，由该公司组织劳动者进行外卖配送。这种情况下，外包公司与外卖骑手之间构成劳动关系”。人社部等八部门印发的《关于维护新就业形态劳动者劳动保障权益的指导意见》中提出，“不完全符合确立劳动关系情形但企业对劳动者进行劳动管理的，指导企业与劳动者订立书面协议，合理确定企业与劳动者的权利义务”。“不完全符合确立劳动关系的情形”是指不符合原有标准劳动关系特征的劳动关系具体形态，虽然劳动者工作有一定的自主性，但受平台的算法和劳动规则管理，其实质仍然是劳动关系。由此可见虽然司法实践中倾向于否定劳动关系的成立，但观察我国近几年出台的指导性规章或通知，可明显得出行政部门倾向于扩大劳动关系的认定范围。

（二）重构劳动关系认定标准

我国当前劳动关系认定标准采取的是要件构成模式，主要依据是劳动者对用人单位的从属性。司法判例中凡认定存在劳动关系的，必须符合《关于确立劳动关系有关事项的通知》中确立的三个要件，但同时满足三个劳动关系特征，对在去劳动关系化的平台用工模式中认定存在劳动关系十分不利。从比较法角度看，美国作为网络用工体系较为发达的国家，其采用的是以传统控制权测试标准为主，经济现实性标准为辅的要素权衡模式，传统控制权测试标准主要考虑的是人格从属性和组织从属性，经济现实性标准则将经济从属性的影响比重提高，劳动关系的成立并不依赖于全部要件的成立，而是综合权衡后作出的判定。根据我国实际，笔者建议在坚持认定标准采取要件构成模式的基础上，嵌入经济从属性因素。首先，我国是具有成文法传统的国家，美国为判例法传统的国家，要件构成模式较要素权衡模式更符合我国的司法精神，可操作性更强。其次，在现有认定标准之下，加入经济从属性要素。因为组织从属性和人格从属性的原因是劳动者依赖此前提从用工单位获取维持生活的经济收入，是牺牲一定程度的自主权换取经济利益，那么经济从属性是组织从属性和人格从属性的“根”，劳动关系的认定不能只着眼于表象而不求实质。

（三）优化举证责任分配

“谁主张谁举证”是公认的举证原则，在劳动关系认定时，一般是劳动者要求确认存在劳动关系，但考虑到劳动者的弱势地位，我国在认定双方存在劳动关系时，用人单位负大部分举证责任，劳动者只需就“用人单位向劳动者发放的‘工作证’‘服务证’等能够证明身份的证件”一项提供证据并承担举证责任即可。但如前文所述，相较于传统意义上的劳动者，平台劳动者相较于平台企业处于更加不平等的地位，他们一是无意识留存数字证据，二是无能力收集数字证据，大部分平台劳动者在平台利用优势地位破坏后台数据时毫无招架之力，因举证困难导致诉讼失败的情况普遍存在。值得注意的是，美国近年来出现了劳动关系认定采用 ABC 判断标准的趋势，即针对个案先推定存在劳动关系，若雇佣方想要推翻该前置推定，则须满足三个事实要件，任一事实要件不满足则存在劳动关系，这种将推翻推定的举证责任加之于雇主的方式有利于从根本上遏制雇佣方以合法形式掩盖非法目的去劳动关系化。所以，笔者建议为平衡双方举证责任分配，可以在劳动者具有初步证据证明自己依据用人单位安排进行工作并作为主要谋生手段的前提下推定存在劳动关系，若企业有证据证明以下三种情况同时存在，则劳动关系不会被认定。第一，劳动者所从事的工作并不受企业的控制或指挥。第二，劳动者所从事的工作并非企业的主要营业任务。第三，劳动者自所从事的工作中获取的经济收入不为其主要生活来源。

五、结　语

平台经济的蓬勃发展催生出多种平台用工模式，平台企业以外包、让劳动者注册为个体工商户等方式避免和劳动者成立劳动关系，规避承担用工责任，以至于平台劳动者合法权益受损的现象时有发生，为此出台各种政策措施以保护平台劳动者的合法权益。但长远来看，实质性的系统性保护需要在法律框架下实施才更为有力，这就需要在劳动关系认定标准中体现强化平台劳动者权益保护倾向，有助于形成公平的市场竞争秩序，维护和谐稳定的劳动关系。

参考文献：

［1］王天玉.基于互联网平台提供劳务的劳动关系认定——以“e代驾”在京、沪、穗三地法院的判决为切入点［J］.法学，2016（6）.

［2］王全兴，王茜.我国“网约工”的劳动关系认定及权益保护［J］.法学，2018（4）.

［3］谢增毅.互联网平台用工劳动关系认定［J］.中外法学，2018，30（6）.

［4］谢增毅.我国劳动关系法律调整模式的转变［J］.中国社会科学，2017（2）.

［5］黄丽，蓝小琪.共享用工在劳动关系管理中的风险防范与控制研究［J］.政法学刊，2022，39（3）.

［6］王天玉.互联网平台用工的合同定性及法律适用［J］.法学，2019（10）.

［7］纪雯雯，赖德胜.从创业到就业：新业态对劳动关系的重塑与挑战——以网络预约出租车为例［J］.中国劳动关系学院学报，2016，30（2）.

［8］杨浩楠.共享经济背景下我国劳动关系认定标准的路径选择［J］.法学评论，2022，40（2）.

［9］阙梓冰.外卖平台灵活用工背景下劳动关系的司法认定［J］.中国应用法学，2021（4）.

共享经济下“网约工”劳动关系的认定

［李宗泰　林少卿，上海锦天城（厦门）律师事务所］

共享经济的高速发展，以共享使用权为特殊特征，催生了共享劳务的新型就业模式。通过网络渠道就业逐渐成为一种重要的就业方式，网络劳动者的劳动权益问题逐渐受到重视。在司法实践中，网络平台与网络工之间的劳动争议频繁发生，由于网络合同劳动这种雇佣方式具有较高的灵活性，使得劳动关系的认定陷入困境，网约工的合法劳动权益缺乏劳动法的有效保护。

一、劳动关系的认定

（一）传统劳动关系的内涵

劳动关系是劳动法所调整的法律对象，是劳动法区别于其他部门法成为独立法律部门的重要基础。在我国现有的劳动关系法律规范体系中，劳动法的适用以劳动关系的认定为前提，劳动关系的认定与劳动者权益保护相挂钩。[①]如果能够确认劳动关系的成立，劳动者的基本权益就能够得到劳动法的倾斜性保护，如果不能确认劳动关系，劳动者便只能寻求民法等较为弱势的保护。劳动关系问题在司法实践中具有不可替代的作用，也是数字经济时代下研究劳动法律发展无法避开的基础性问题。

在我国现有法律体系中，《劳动法》并未对劳动关系的概念与认定标准

---

① 梁飞越：《互联网经济中网约工劳动关系认定及其权益保护》，江西财经大学，2021年，第7页。

作出明确规定，仅能依据原劳动与社会保障部发布的《关于确立劳动关系有关事项的通知》（以下简称《通知》）判断劳动者与用人单位之间是否为劳动关系。[①]具体而言可分为三个条件，分别是主体合法、人身从属性、劳动者对用人单位经济上的依赖性。这一通知为我国司法实践中认定劳动关系提供了初步的标准，然而这一标准较为简单，难以适应共享经济高速发展下用工碎片化、多元化、弹性化的趋势。

（二）传统劳动关系的认定方式

司法实践中，劳动关系认定依据是其是否签订了劳动合同。劳动者与用人单位之间签订了劳动合同一般被认为具有劳动关系，而在社会实践中，网约工通常不与网络平台企业签订劳动合同，或者仅签订合作协议，在处理这类未签订劳动合同的劳动争议时，司法机关则会通过从属性理论判断劳动者与用人单位之间是否成立劳动关系。

1. 人身从属性

人身从属性是指劳动者在向用人单位提供劳动时，接受用人单位的指挥和管理，用人单位决定劳动者的工作内容。劳动者与用人单位签订劳动合同后，应当放弃部分人身权利，接受用人单位对其工作的指导和控制，服从用人单位的安排和指派，并接受用人单位的管理、监督，承担违反规定或者指示的制裁义务。

2. 经济从属性

经济从属性是指用人单位向劳动者提供劳动所需要的生产资料和劳动条件，享有劳动者的劳动成果，劳动者按照用人单位指示所进行劳动的风险由用人单位承担，劳动者享有获得劳动报酬的权利，且以劳动报酬和其他待遇作为其主要生活来源。[②]

---

① 《关于确立劳动关系有关事项的通知》第 1 条：用人单位招用劳动者未订立书面劳动合同，但同时具备下列情形的，劳动关系成立。（一）用人单位和劳动者符合法律、法规规定的主体资格；（二）用人单位依法制定的各项劳动规章制度适用于劳动者，劳动者受用人单位的劳动管理，从事用人单位安排的有报酬的劳动；（三）劳动者提供的劳动是用人单位业务的组成部分。

② 北京市第二中级人民法院（2020）京 02 民终 8125 号二审民事判决书

二、我国网约工用工关系认定的现状

（一）网约工概述

依据中国互联网络信息中心公布的第45次《中国互联网络发展状况统计报告》，截至2020年3月，我国已有44.0%的网民订购过外卖服务，外卖用户规模达3.98亿。[①] 共享平台的主体除了消费者之外，网约工也占了大量比例。在网约工数量大规模增长的同时，网约工在日常工作过程中也出现了许多难题，例如，在网约工执行职务时受伤，能否享受工伤保险？能否要求网络用人平台担责？这些问题的解决必须以确认网约工是否与平台存在劳动关系为前提，因此，明确共享经济下网约工的用工关系是明确网约工权利义务关系的逻辑起点。[②]

（二）网约工的分类

在司法实践中，网络平台出于减少用工成本的考量，基本不会为网约工缴纳社会保险，然而，社会保险的缴纳是作为劳动关系成立的重要凭据，因此网约工与用人单位之间难以认定为劳动关系，网约工的劳动权益也难以得到保护。在探究如何完善劳动权益保障之前，由于网约工用工方式复杂，还需要厘清网约工的多样化的用工法律关系。

第一种类型为劳动者。网约工与网络平台订立劳动合同，或者认定为具有事实劳动关系。这种类型的网约工具有较强的人身与经济的从属性，与传统劳动用工方式相一致，司法机关可以认定其劳动关系成立。

第二种类型为兼职者。这类网约工通常有一份稳定的职业，又与网络平台签订合作协议，依据任务完成数量获取报酬。这类网约工以自己的生产资料进行工作，网络平台仅作为提供服务信息的中介。这类网约工因为有稳定

---

① 中国互联网络信息中心：第45次《中国互联网络发展状况统计报告》，http://www.gov.cn/xinwen/2020-04/28/content_5506903.htm，[2022年9月13]

② 陈梓璇：浅析外卖平台下网约工用工关系的认定，《贸大法学》，2020年第5期，第174页。

职业作为保障，其劳动权益能够得到基本保护。

第三种类型为合作者。目前市场上的网约工多数属于这一类型。这类网约工没有其他工作，以为网络平台提供服务为业。网络平台为减少用工成本，通过合作协议规避劳动关系，① 其劳动权益难以得到保护。

三、共享经济下网约工劳动关系认定面临的挑战

（一）劳动关系认定标准不明确

如前所述，《劳动法》与《劳动合同法》均未规定劳动关系的认定标准。在司法实践中，认定劳动关系时一般先审查是否有劳动合同，如订立有劳动合同，那么便认定劳动关系成立；而在没有订立劳动合同时，再通过审查劳动者与用人单位之间是否具有人身与经济上的从属性判断劳动关系是否成立。司法实践中，法院以《关于确立劳动关系有关事项的通知》（以下简称《通知》）这一政策性文件作为审查从属性的依据。以符合主体合法与从属性的全部要件作为判断劳动关系成立的标准，这一标准为稳定当时混乱的用工环境起到了积极作用，然而随着共享经济的发展，呈现用工模式灵活化的趋势，仅仅依靠法律规定的特殊用工制度已经滞后于共享经济高速发展的形势。②

（二）司法实践认定网约工劳动关系混乱

在中国裁判文书网以“网约工”为关键词进行搜索，从 2019 年至 2022 年 4 年内，涉及网约工的纠纷共有 110 件，案件包含劳动争议、民事纠纷、交通事故纠纷等多种类型，争议焦点多数围绕网约工与用工平台之间的劳动关系认定展开。由于法官缺乏明确的法律规定指引，法官只能依据自身的法律素养对于灵活性与复杂性极强的网约工按照传统劳动关系中的从属性理论

---

① 焦娟：《共享时代“网约工”的类型认定及保护》，《产业与科技论坛》，2020 年第 19 期第 7 版，第 31 页。

② 汪雅琪：《试论“网约工”劳动关系的认定》，《就业与保障》，2020 年第 11 期，第 174 页。

进行认定，“同案不同判”因此成为常态。例如，在上海高院发布的典型案例“施某诉某信息技术公司确认劳动关系纠纷”案中，上海高院认定网约工与平台间不存在劳动关系，而是居间关系；但在“江苏闪电餐饮配送有限公司与蔡某劳动合同纠纷”案中，无锡中院认定双方之间存在劳动关系，公司应按照劳动法的有关规定向劳动者承担责任。[①] 此外，还有大量的判例认为网络平台与网约工之间的用工关系为雇佣关系、劳务派遣关系或是合作关系。

四、网约工劳动关系认定困难的法律分析

（一）劳动法规定的劳动者范围偏窄

我国现行劳动法律体系对于保护的劳动者范围较窄，我国劳动法中的劳动者仅限于狭义的企业职工，未能做到对独立劳动与从属劳动的有效保护。《劳动合同法》第 2 条规定了劳动者的范围，但仍然没能对劳动者的概念作出界定，[②] 导致司法实践中缺乏统一的劳动主体认定标准，进而限制了劳动者的范围。

在我国劳动法律体系发展完善的过程中，对于“网约工”这类非典型用工主体的规定较少。《劳动法》并未涉及这类用工方式，此后的《劳动合同法》新增了劳务派遣与非全日制用工两种特殊用工方式。由此可知，我国劳动者的范围随着经济发展也呈现扩张的趋势。然而目前法律规定的劳动者范围仍不能涵盖网约工这类具有灵活性的用工主体，网约工的权益只能依照其他法律进行调整，但其他法律中缺少劳动法对于劳动者的倾斜保护，网约工的权益无法得到充分的保护。

---

① 江苏省无锡市中级人民法院（2020）苏 02 民终 2546 号二审民事判决书

② 《劳动合同法》第 2 条第 1 款：中华人民共和国境内的企业、个体经济组织、民办非企业单位等组织（以下称用人单位）与劳动者建立劳动关系，订立、履行、变更、解除或者终止劳动合同，适用本法。

（二）二元论的劳动关系认定标准

我国劳动法律体系中主要采取有劳动关系的劳动者给予劳动法上的保护，没有劳动关系的不予保护这种“一刀切”的二元论劳动关系认定标准。这一标准对于网约工用工模式而言缺少层次性，不利于保护网约工的合法权益。[①] 而在事件中，依据《最高人民法院关于当前民事审判工作中的若干具体问题》第 5 条第 3 项的规定，司法实践中对于劳动关系的认定秉持着十分谨慎的态度，网约工也多数难以得到劳动法的保护。

从利益衡量角度而言，如将网约工纳入劳动法保护的范围，由于网约工的灵活用工特性，将会加大网络平台的用工成本，阻碍共享经济的发展；但如果不给予网约工基本的劳动法保护也与劳动法的立法目的相悖，导致对网约工的劳动权益保护产生空缺。网约工的用工特点为工作时间与地点具有自主性，这正是网约工这一用工方式与传统劳动者的最大区别。在传统劳动关系认定标准中，网约工处于完全从属性与无从属性的中间模式中，难以在二元论的劳动关系认定标准中获得有效的利益保护。

（三）从属性弱化难以统一裁判尺度

无论是劳动关系还是劳务、民事关系，都存在着人身从属关系，区分二者的关键在于从属性程度，但我国目前没有明确的法律界限来区分从属性程度，导致处理这类问题的司法实践陷入困境。[②] 与传统的劳动关系相比，网络工与用人单位的人身从属关系并不明晰。网络工虽然在一定程度上接受了网络平台的管理，但他们在安排工作时间和完成工作任务方面有较大的自由度。在共享经济模式中，劳动从属关系的认定有着较大的自由裁量空间，容易导致“同案不同判”现象的产生。

---

① 《最高人民法院关于当前民事审判工作中的若干具体问题》第 5 条第 3 项：要整体理解和把握法律、司法解释规定。避免因对法条的孤立、片面理解而产生法律适用错误。要依法维护劳动用工制度改革成果，准确界定劳动关系和劳务关系的界限，切忌脱离法律规定和客观实际将劳动关系泛化。

② 梁飞越：《互联网经济中网约工劳动关系认定及其权益保护》，江西财经大学，2021 年第 14 页。

五、完善我国“网约工”劳动关系认定及利益保护的建议

（一）适当放宽劳动关系从属性标准

我国目前并未出台专门规制网约工这一用工方式的法律规范，司法实践中依据《通知》规定形成了二元论的劳动关系认定标准。但依据该《通知》第四条的规定，表明我国用工方式不仅有典型用工一种，网约工归于其他用工类型的可能。与传统劳动关系相比，网约工尽管人身从属性较弱，但也并非否认人身从属性的存在。例如，网约工在劳动过程中以自身所有的电动车、轿车提供服务，从表面来看是使用自己的生产资料，但对于网约工最为重要的信息却掌握于网络平台之中，网络平台仍可以通过信息的控制从而间接影响劳动者的人身自由。[①] 因此，在司法实践之中，劳动关系的认定不应止于形式审查，而应当做到具体案件具体分析，针对不同案件进行实质性分析，以从属性理论为依据，从宽认定劳动关系。[②] 同时，劳动关系的认定标准也不应过于宽松，应当兼顾共享经济的有序发展，实现“网络平台正常发展”与“网约工针对性保护”两大法益的总体平衡。

（二）发布指导性案例

通过最高人民法院发布指导性案例，对于统一全国各地司法裁判具有积极作用。随着互联网经济的发展，用工方式逐渐呈现复杂化的特征，导致司法实践中网约工争议“同案不同判”的现象频繁发生。法院在认定网约工劳动关系时，由于立法的滞后，法官缺少可以参照的标准，仅能依据自由裁量权进行判断，往往会出现矛盾的判决。例如在网约工劳动纠纷中，法院通常不会认定劳动关系成立；但在网约工交通事故纠纷中，法院则通常认定网约工提供的服务为劳动者履行的工作内容。

---

① 梁飞越：《互联网经济中网约工劳动关系认定及其权益保护》，江西财经大学，2021 年第 30 页。

② 王悦然：《“网约工”的劳动法思考》，《现代商贸工业》，2021 年第 42 期第 25 版，第 130 页。

造成实践中网约工用工形式认定混乱的原因在于法官对于属性原则理解不一致，例如对于网络平台提供的派送信息，一种观点认为网络平台是中介机构，而另有观点则认为信息是网络平台最重要的生产资料，进而认定其具有劳动关系。这一情形一方面是由于《通知》中的从属性规定较为抽象，实践中法官对于这一抽象概念难免产生理解上的分歧；另一方面则是网约工作为新兴用工方式，法官对这一概念也较为陌生，进而加剧了网约工争议“同案不同判”的趋势。因此，最高人民法院通过发布指导性案例，使得法官在处理类似争议时能以指导性案例为指导，促进法律解释的统一，从而有效遏制“同案不同判”的现象。

（三）拓展保护途径

在与网约工有关的纠纷中，因交通事故导致人身受到损害的纠纷占比较大。但我国现有的社会保险补贴仅覆盖特殊群体，因而建立对于网约工的失业、意外险等新型险种存在现实需要。通过推广具有一定强制性的交通事故保险制度，激励劳动者或平台企业积极参保。[①] 平台企业可以按照劳动部门指定的保险费率基准为劳动者代缴保险费用。例如，在网约车领域，可设立适用于网约车交通事故的专门险。

六、结语

共享经济高速发展的大背景下，劳动关系也呈现新的特点，造成劳动关系认定出现困局。网约工作为新型用工方式的典型类型，其劳动权益应当受到劳动法的保护。推动适当放宽从属性标准，对这一类型劳动者提供专门保护。同时，司法机关在认定劳动关系时，不应止于形式审查，而应当对劳动事实进行审查，如实认定劳动关系。此外，用工方式的多样化也对我国滞后的劳动法律提出新的挑战，应当及时修订相关法律法规，将更多非典型用工方式置于劳动法的保护范围内，从而更好地保护劳动者权益，推动共享经济的有序发展。

---

① 王悦然：《“网约工”的劳动法思考》，《现代商贸工业》，2021 年第 42 期第 25 版，第 131 页。

参考文献：

［1］焦娟．共享时代“网约工”的类型认定及保护［J］．产业与科技论坛，2020,19（7）．

［2］梁飞越．互联网经济中网约工劳动关系认定及其权益保护［D］．南昌：江西财经大学，2021.

［3］陈梓璇．浅析外卖平台下网约工用工关系的认定［J］．贸大法律评论，2020（1）．

［4］汪雅琪．试论“网约工”劳动关系的认定［J］．就业与保障，2020（11）．

［5］王悦然．“网约工”的劳动法思考［J］．现代商贸工业，2021，42（25）．

数字平台下的劳动控制与劳动者自主性[①]

（代栓平　王禹涵，吉林大学经济学院）

在新一轮技术革命中，以大数据、云计算、物联网、区块链、人工智能为核心的数字技术已经深入渗透社会各领域，不仅重塑了传统产业与大众生活，而且催生了数字经济中最具代表性、最为新颖的形式，即数字平台经济。根据国家信息中心测算，2019年共享经济市场交易额为32828亿元，提供服务者约7800万人，即使受新冠肺炎疫情冲击影响，2020年共享经济市场交易额仍逆势增长约2.9%，服务者增至约8400万人。[②]当今的共享经济已不再是以闲置资源共享为主的经济形态，大量专职提供服务与专业技能的劳动者已经涌入市场。共享平台在推动经济增长、提供大量就业岗位的同时，也逐渐转变为垄断性大型数字平台。在平台之下，劳资矛盾日益加剧，劳动控制问题也逐渐凸显。数字技术与平台垄断造成了新的劳动关系问题。

本文结合已有研究的观点与结论，通过分析数字劳动的现状与特点，揭示数字平台经济中的劳动关系问题。本文认为，数字平台劳动关系中最重要、最突出也最不同于传统劳动关系的问题是数字平台的劳动控制与劳动者的自主性之间的复杂关系。结合已有研究对这一复杂矛盾进行分析，本文认为资本利用数字技术不断加强对数字劳动的控制力，平台通过去技能化、评价与奖惩、数字化管理与监视、制造同意等方式对劳动过程进行控制，并在一定程度上对劳动力本身进行控制。数字劳动者的自主性既是在资本控制下

---

① 本文系吉林大学劳动关系专项研究课题（劳动者权利保护与智能经济发展互动研究，项目号2021LD001）的阶段性研究成果。

② 国家信息中心：《中国共享经济发展年度报告（2020）》，http://www.sic.gov.cn/News/557/10549

的维系主体性完整并进行抗争的策略，也是在资本的规训下被生产出来的一种顺驯性意识。

调节数字平台下劳动关系的关键在于赋予劳动者更多话语权与劳动控制权，积极引导劳动者与平台企业之间的对话，使劳动者诉求得到重视。同时应当对数字平台资本的无序扩张进行相应规制，避免行业内出现“一家独大”的状况，保证行业内劳动者充分的流动性，以抑制资方权力，缓和劳资矛盾。

本文余下内容分为四个部分：第一部分主要对数字劳动的概念进行梳理与综述，并阐明本文语境下的数字劳动；第二部分讨论数字平台下的劳动控制问题，分析在数字技术条件下资本实施劳动控制的手段与新特点；第三部分分析劳动者在数字劳动过程中形成的具有双重意义的自主性；第四部分为本文结论与政策建议。

一、数字劳动：概念与内涵

Terranova 最早提出“数字劳动”的概念，将其定义为互联网用户的免费劳动。此后，这一概念的所指不断偏移和丰富发展，使用情景也不再限于互联网用户，逐渐向数字经济产业链的上下游产业延展。综合已有研究与数字经济现状来看，当前数字劳动的定义有三类，按照劳动主体划分，大致可分为大众消费者的数字劳动、数字行业从业者的数字劳动与数字平台下劳动者的数字劳动。

第一类数字劳动的主体被定义为消费者或数字终端的公众用户，其劳动产品是用户的多维度数据以及用户生成的内容。用户的数字劳动往往与其娱乐消费行为紧密结合，用户在浏览互联网时就在即时生产海量数据，参与互联网社区的娱乐过程也在为数字巨头创造庞大的数字资产。此外，数字巨头还利用人机验证等程序榨取数字劳动以训练其人工智能。

第二类数字劳动属于复杂劳动，其主体被定义为数字行业的从业者，包括数字技术人员与数字内容产品劳动者两类劳动者。数字技术人员即传统的 IT 人员，其劳动过程即通过编写代码实现基于数字技术的各类功能。数字内容产品劳动者是数字经济中新产生的群体，主要工作是对数据和信息素材进行分析处理，形成决策或生产各类数字内容产品。

第三类数字劳动的主体被定义为数字平台下参与共享经济或零工经济的劳动者，这类劳动者包括外卖员、快递员、网约车司机、数字平台的家政服务人员以及相对小众的共享医疗、共享教育中的护士、医生、教师等群体。除少部分依靠自身技能提供服务的群体以外，这类劳动者多数从事的工作本质上属于传统服务业范畴，因此其数字劳动更近似于简单劳动。第三类数字劳动相关问题是本文关注的主要问题。

二、数字平台的劳动控制

对资本来说，劳动过程是对劳动力的消费过程，核心问题是如何使用劳动力以生产剩余价值，或者说如何将劳动力有效转化为劳动。从资本的角度而言，这一问题的解决办法就是对劳动过程进行控制。自机器大工业时代开始，资本就逐渐运用科学管理与去技能化、评估与奖惩、制造工人的同意与自主性、层级监视等手段对劳动过程施加控制。在数字经济时代，尤其是在数字平台经济中，这类控制手段在数字技术的加持下出现了调整或强化，与此同时，数字巨头发明了更多的规则与机制，构建起一套精密且牢固的控制结构。

（一）数字技术的去技能化

垄断资本主义时代以来，资本就不断通过深化分工与科学管理技术，造成劳动过程中的知识与操作、概念（conception）与执行（execution）的分离，从而完成劳动的去技能化。工人不再需要用复杂的知识去理解技术，而仅仅是在技术与指令之下完成简单机械的操作。工人因此被颠倒为具有可替代性的机器和机器部件的延伸，失去了劳动议价能力，并且更加容易被控制。

去技能化手段在数字平台经济中也有相应体现，数字巨头开发出的一套时间计算、差时任务安排与路线规划技术让外卖员、网约车司机的驾驶技术、路线记忆能力与规划能力不再成为一种技能，使在过去具有一定复杂性的劳动日益被简化。劳动者不再需要熟练的技能以提供服务，仅需要基础技术并按照平台系统精密规划的指令、路线与时间安排和任务安排进行行动，即可完成整个流程的劳动过程。去技能化使数字劳动成为一种简单劳动，也使数字劳动者的可替代性大大增强，使劳资力量的天平向资方倾斜，进而为资方推行一整套服务于劳动控制的规章制度提供了基础。

（二）转移权责的评价与奖惩机制

评估与奖惩制度在数字平台经济中出现了新的发展。在传统机器大工业时代，对工人进行评分，对工作与状态评估并进行奖惩的主体是监工或经理人。而在数字平台经济中，在平台的推动下，这一主体已经逐渐向消费者转移。平台通过建立对劳动者的评分与评价机制，将与劳动过程的控制和奖惩最直接相关的权力交予消费者，而自身仅掌握较小的、隐蔽的却最深刻、最有决定性的权力，即规则制定与最终裁判的权力。

消费者从平台获得的权力并不能为其自身带来额外收益。通过评分与评价，消费者仅可以对劳动者造成损失，进而可能通过负向激励保障自身基本权益，而不能为自己创造在此之上的额外收益。相反，消费者由于获得了这种权力而被平台转嫁了劳资矛盾，消费者获得的直接性权力意味着将承受直接性冲突。与此同时，平台却通过消费者完成了对劳动者的监管，拉拢消费者为了自身利益与资本共谋。因此，平台实际上是通过部分权力转让，实现了保障消费者权益的义务、承受劳资冲突的成本与调解劳资矛盾的责任的三重转移。不同于传统大工业时代的生产，数字资本可以通过这种“三重转移”极大地节约成本，还可以通过抽成的方式从劳动过程中榨取与传统大工业时代相似的剩余价值。

（三）数字化管理与数字监视技术

在数字技术的加持下，对数字劳动者的科学管理与监视得到了空前强化。如果说传统工业时代的管理与监视需要人力在劳动场所内完成，那么数字平台的监视则实现了超视距化。平台系统通过视频与空间定位等方式，一方面保障了消费者的权益与安全，另一方面在实质上强化了对数字劳动者的监管。在快递行业中，平台管理者可以通过操作人员扫码上传的相关信息追踪每一件快递状态，并实现对每个环节的每个工人的追查与监控。在外卖行业中，平台系统甚至可以根据外卖员个人生理信息与监视过程中获取的行为信息计算其在劳动过程各个环节中所需的时间，进而对其时间进行限制。此外，多数平台还将数字劳动者的基本个人信息、位置信息与评分等与消费者共享，实现了多主体、多层级的数字监视。相比于传统工业时代的监视，数字化监视具有巧妙的不在场性，并且更为精巧和微观化。

在消费者一端，数字劳动者被抽象为一组信息以及地图上一个移动的点，这种抽象化方法断开了消费者与劳动者之间的情感连接。消费者几乎不会关注活生生的数字劳动者的情感、状态与劳动过程，而仅仅通过一组信息评估劳动者的优劣并对“移动的点”进行监督。这将进一步强化数字劳动所受的监视，并加强了上述的评价与奖惩机制。

此外，由于劳动者对于监视主体是否在场的不确定性，这种只能单向观察的监视产生了全景敞视的效果，进而使劳动者在劳动过程中无时无刻不在进行自我监视与规训。并且由于数字劳动具有间断性特点，监视仅在劳动者工作时生效，因此相比于传统工业时代，数字监视具有碎片化特征，也因此更不易引起劳动者的厌恶与不满。

（四）制造同意

数字平台还通过制造同意的方式使劳动控制获得匿名性。平台往往宣扬劳动过程的自主性、自由性、低门槛、平台与劳动者关系的平等性、劳动者可以实现工作与生活之间的平衡性等价值理念，同时展现头部劳动者的收入水平以制造行业“神话”，吸引劳动者主动参与劳动。但在这种理念背后，平台往往制定一套与劳动量正相关并与收益直接挂钩的等级制度，劳动者只有每天完成平台的任务才能不断“升级”，获取更高收入和优先派单权。那些“行业神话”也无一不与超长劳动时间挂钩。多劳多得的计件工资制为劳动者提供了正向激励，在劳动者之间制造了增加劳动投入的“同意”；带有游戏性意味的劳动者等级制度则在一定程度上消解了劳动过程的严肃性。另外，劳动者拒绝平台派单可能影响自己的等级积分。

此外，这种“自由”与“自主”还意味着数字劳动者的劳动关系无法在现有法律体系中得到确认，由于平台不承认与劳动者之间存在雇佣关系，劳动者不得不承担平台随时可能修改规则与薪酬的风险，并且不能获得各类劳动、社会保障。对于数字劳动者而言，这种“自主”“平等”“自由”的权利代价高昂。通过这些制度规则安排，平台将赋予劳动者的自主与自由的理念与权利导向了劳动者主动增加劳动投入的方向，实现了一种匿名性的劳动控制。

（五）对劳动力的控制

平台系统不仅通过各类制度规则以及数字技术实现了对劳动过程的控制，而且将这种控制力逐渐向劳动力本身延伸。数字平台经济由于其低门槛、进出灵活的性质，吸引到的数字劳动者，尤其是专职劳动者，大部分为无法正规就业、偏低学历、非本地人口、农民工等群体。这类群体本身议价能力低、缺乏主动择业能力、缺乏维权能力，因此更加容易被动接受平台的规则与控制，尤其是在大型数字平台不断扩张走向垄断以后，这类劳动者更加依赖于固定的平台获得收入。此外，数字劳动者所从事的劳动无助于自身技能积累和人力资本提升，长期的专职工作甚至会使劳动者在一定程度上与社会脱节，这更强化了劳动力对平台的依附性。

三、数字劳动者的自主性

如前文所述，数字劳动者的自主性实际上具有双重意义，一方面是对平台控制的反抗以及对自身主体性的维护，另一方面也是在平台规训下形成的顺驯性。本文将数字劳动者的自主性分为三类，即数字劳动者反制平台的自主性、平台规训形成的自主性以及数字劳动者自发生成但被平台利用的自主性。这三类自主性之间相互交织重叠，形成了复杂的劳动者自主性意识。

（一）数字劳动者反制平台的自主性

这类自主性最主要的表现是劳动者利用平台规则与系统漏洞为自己争取利益。例如，外卖员在平台修改规则和系统前就利用“挂单漏洞”“报备漏洞”等让自己多获得订单并优化任务时间安排，以获得更多收益；又如快递工人会利用与客户的良好关系免于或撤销投诉，并利用场所规定和平台规则的漏洞，对自己的工作进行合意的调整。这种自主性体现数字劳动者内生地对增加收入和美好生活的追求，并且在一定程度上争取了劳动的自主权与控制权，是对平台劳动控制进行有意识或无意识的反抗。此外，劳动者还会通过工作中累积的各类量化指标，如接单数量、单量排名、里程数等获得劳动自豪感，通过私下对消费者、平台表达不满以减轻压力等。这些行为都是劳动者维护自身主体性完整、摆脱劳动异化、寻求劳动自主的尝试。

（二）平台规训形成的自主性

这类自主性最主要的表现是劳动者在遵循平台延长劳动时间的诱导，增加劳动供给。这种自主性一方面是劳动者内生的获取高收入的渴望，但是另一方面正是平台利用劳动者的这种心理状态，通过制定相应规则制造出的、服务于剩余价值生产的自主性。如上文所述，平台制造同意的过程就是通过设置制度规则对劳动者的自主性进行规训的过程。平台通过计件工资形式的薪酬制度，生产出劳动者多劳多得的意识；通过塑造“行业神话”，生产出劳动者对数字劳动的幻想；通过理念宣传与设置市场进入和退出的低门槛，生产出虚假的自由；通过游戏化的规则设置，消解劳动过程的枯燥与严肃性。

（三）被平台利用的自主性

上述劳动者自发生成的自主性行为中，也有部分被平台利用。一个典型的例子是外卖员利用自己的驾驶技术与路线记忆能力，寻找在人工智能导航结果之外的优化路线，提升工作效率，而这种自主性行为很快被平台利用。通过对外卖员的监视，平台能够很快掌握外卖员的优化路线，并对导航结果与任务时间安排进行相应修订。外卖员利用漏洞提高收益的行为也被平台捕获，并导致了平台最终修改规则、填补漏洞。数字劳动者的这种自主性反而被平台利用，成了平台修复漏洞、压榨劳动、增强劳动控制的一种机制。

另一个典型例子是，快递平台利用申诉撤销制度倒逼快递工人与消费者建立良好的人际关系与社会网络。快递员的日常工作失误面临被投诉处罚的风险，然而如果快递员与消费者之间有良好的社交关系，则往往不会被消费者投诉，或者即使被投诉，问题解决后消费者也可以将投诉与处罚撤销。表面上看这种制度安排减轻了平台对劳动者的控制，但另一方面也倒逼快递工人与消费者建立良好的人际关系与社会网络，实际上是平台对情感劳动的隐性要求，即数字劳动者不得不通过表情、语言、行为和情感为消费者创造良好的消费体验，以降低自己被投诉处罚的风险。

综上所述，数字劳动者的自主性往往是复杂的，多种起源与性质不同的自主性可能彼此交织，同一行为可能有着不同的自主性含义。一种自主性可能原生于劳动者却被平台利用，一种自主性可能包含内生性与外生性的交织，一种自主性可能本质上是服务于平台资本再生产的无意识，一种自主性也可能是成功冲破劳动控制的独立意识。

四、结论与政策建议

（一）结论：数字劳动关系的复杂性与后现代的资本权力

本文结合已有研究，通过对数字平台与数字劳动现状的分析，指出了平台对数字劳动过程进行控制的四大方式以及对劳动力本身的控制方式。接下来本文将视角转向劳动者一方，分析其自主性的产生与发展，发现在数字平台的规训下，劳动者多种类型的自主性彼此交织，处于极其复杂的状态。通过上述分析，本文展现了数字劳动关系中劳动控制与劳动者自主性这一矛盾的复杂现状。

福柯指出，现代性权力是一种巧妙在场的匿名治理权力，这种权力不再是铺张的暴力仪式和直接、明显的外部压迫，而转为通过训练、监视以及将个人可计量化的“微观解剖”制造出顺驯的肉体。通过对劳动控制与劳动者自主性这一问题的分析，本文认为，在数字技术的加持下，资本权力不仅已经实现了这种现代转型，而且进一步走向后现代化。资本对数字劳动过程的控制正走向碎片化、微观化和匿名化，这并不意味着资本权力的消解，反而意味着资本权力在微观领域的渗透与强化。

（二）政策建议

本文通过分析认为，数字经济中的劳资力量对比正逐渐向掌握技术、制定规则的资方倾斜。当前，数字平台普遍通过不承认与劳动者之间的雇佣关系，免除了对劳动者的相应责任。但是在数字经济时代，相比于探讨劳动关系的定性问题，更为重要的是讨论劳动者工作条件、平台权力规制、各主体权责分配等具体问题。综上所述，本文给出以下政策建议。

首先，加快确定数字平台权责边界，规制平台膨胀的权力并确定平台责任范围。如本文所述，当前平台对于劳动者的控制权力已经登峰造极，这种膨胀的权力严重限制了劳动者自主性，对劳动者的劳动体验造成了负面影响。在平台权力的迫使下，一些劳动者甚至铤而走险，导致了许多安全事故发生。另外，由于数字劳动关系的特殊性，平台与劳动者的雇佣关系无法确立，劳动者无法获得相应劳动保障与社会保障。针对这一问题，应当制定相应法律法规，明确平台权力边界与责任范围，限制平台权力过度膨胀，增强劳动者自主权与控制权，避免平台责任过度缺失。

其次，加快建设数字劳动者工会组织。相比于传统行业，数字劳动者在掌握数字技术、资本雄厚的数字平台面前力量更加单薄。虽然由于工作的特殊性，数字劳动者长期处于孤立状态，但是不少行业的劳动者已经逐渐形成自组织，并且在过去的几年里，已经发生过多起数字劳动者集体维权事件。这些维权事件导致的不仅是平台利润的损失，也带来了消费者、劳动者自身与社会利益受损。因此，应当加快建设数字劳动者工会组织，一方面改善数字平台下劳资力量不平衡的现状，保障劳动者话语权，另一方面积极引导劳动者与平台企业之间进行对话，规避损害多方利益的群体事件。

最后，加快对数字平台资本无序扩张进行规制。近年来，部分数字平台资本不断扩张，逐渐形成大平台垄断或寡头垄断的状况。这种垄断减弱了劳动市场中资方的竞争性，严重损害了数字劳动者的择业权利，数字劳动者不能通过“用脚投票”的方式反抗平台权力。因此，应当对数字平台资本无序扩张进行规制，避免行业内出现“一家独大”的状况，保证行业内劳动者充分的流动性，以抑制资方权力，缓和劳资矛盾。

参考文献：

［1］陈晓红，李杨扬，宋丽洁，汪阳洁.数字经济理论体系与研究展望［J］.管理世界，2022，38（2）.

［2］张成刚.共享经济平台劳动者就业及劳动关系现状——基于北京市多平台的调查研究［J］.中国劳动关系学院学报，2018，32（3）.

［3］吴清军，杨伟国.共享经济与平台人力资本管理体系——对劳动力资源与平台工作的再认识［J］.中国人力资源开发，2018，35（6）.

［4］冯向楠，詹婧.人工智能时代互联网平台劳动过程研究——以平台外卖骑手为例［J］.社会发展研究，2019，6（3）.

［5］陈龙.游戏、权力分配与技术：平台企业管理策略研究——以某外卖平台的骑手管理为例［J］.中国人力资源开发，2020c，37（4）.

［6］韩文龙，刘璐.数字劳动过程及其四种表现形式［J］.财经科学，2020（1）.

［7］谢芳芳，燕连福.“数字劳动”内涵探析——基于与受众劳动、非物质劳动、物质劳动的关系［J］.教学与研究，2017（12）.

［8］黄再胜.数据的资本化与当代资本主义价值运动新特点［J］.马克思主义研究，2020（6）.

［9］蓝江.当代西方数字资本主义下的异化劳动批判——从《1844年经济学哲学手稿》看当代数字劳动问题［J/OL］.广西师范大学学报（哲学社会科学版）:1-9［2022-09-15］. http://kns.cnki.net/kcms/detail/45.1066.C.20220816.0842.002.html.

［10］夏永红.人工智能时代的劳动与正义［J］.马克思主义与现实，2019（2）.

［4］冯向楠，詹婧．人工智能时代互联网平台劳动过程研究——以平台外卖骑手为例［J］．社会发展研究，2019，6（3）．

［5］陈龙．游戏、权力分配与技术：平台企业管理策略研究——以某外卖平台的骑手管理为例［J］．中国人力资源开发，2020c，37（4）．

［6］韩文龙，刘璐．数字劳动过程及其四种表现形式［J］．财经科学，2020（1）．

［7］谢芳芳，燕连福．“数字劳动”内涵探析——基于与受众劳动、非物质劳动、物质劳动的关系［J］．教学与研究，2017（12）．

［8］黄再胜．数据的资本化与当代资本主义价值运动新特点［J］．马克思主义研究，2020（6）．

［9］蓝江．当代西方数字资本主义下的异化劳动批判——从《1844 年经济学哲学手稿》看当代数字劳动问题［J/OL］．广西师范大学学报（哲学社会科学版）:1–9［2022–09–15］.http://kns.cnki.net/kcms/detail/45.1066.C.20220816.0842.002.html.

［10］夏永红．人工智能时代的劳动与正义［J］．马克思主义与现实，2019（2）．

［11］李晓华．人工智能的马克思主义解读［J］．人民论坛，2019（S1）．

［12］吴欢，卢黎歌．数字劳动、数字商品价值及其价格形成机制——大数据社会条件下马克思劳动价值论的再解释［J］．东北大学学报（社会科学版），2018，20（3）．

［13］孙萍．“算法逻辑”下的数字劳动：一项对平台经济下外卖送餐员的研究［J］．思想战线，2019，45（6）．

［14］马克思．资本论［M］．中央编译局译．北京：人民出版社，2004.

［15］吴清军，李贞．分享经济下的劳动控制与工作自主性——关于网约车司机工作的混合研究［J］．社会学研究，2018，33（4）．

［16］庄家炽．资本监管与工人劳动自主性——以快递工人劳动过程为例［J］．社会发展研究，2019，6（2）．

［17］布雷弗曼．劳动与垄断资本［M］．方生等译．北京：商务印书馆，1979.

［18］陈龙．平台经济的劳动权益保障挑战与对策建议——以外卖平台的骑手劳动为例［J］．社会治理，2020b（8）．

［19］王琦，吴清军，杨伟国．平台企业劳动用工性质研究：基于 P 网约车平台的案例［J］．中国人力资源开发，2018，35（8）．

［20］齐昊，马梦挺，包倩文．网约车平台与不稳定劳工——基于南京市网约车

司机的调查［J］. 政治经济学评论，2019，10（3）.

［21］陈龙. “数字控制” 下的劳动秩序——外卖骑手的劳动控制研究［J］. 社会学研究，2020a，35（6）.

［22］田思路，刘兆光. 人工智能时代劳动形态的演变与法律选择［J］. 社会科学战线，2019（2）.

［23］布若威. 制造同意：垄断资本主义劳动过程的变迁［M］. 李荣荣译. 北京：商务印书馆，2008.

［24］福柯. 规训与惩罚［M］. 刘北成等译. 北京：生活·读书·新知三联书店，2019.

［25］Edwards, R. Contested Terrain: The Transformation of the Workplace in the Twentieth Century［M］. New York: Basic Books, 1979.

［26］Fuchs, C. Digital Labour and Karl Marx［M］. New York: Routledge, 2014.

［27］Terranova T. Free Labor: Producing Culture for the Digital Economy［J］. Social text, 2000, 18（2）.

［28］Zuboff, S. Big Other: Surveillance Capitalism and the Prospects of an Information Civilization［J］. Journal of Information Technology, 2015, 30（1）.

工会构建和谐劳动关系的新思路
——基于电子劳动合同

（廖继东，河南省总工会干部学校）

根据《2021年度全国劳动人事争议案件大数据报告》（2021年1月27日至2022年1月27日），2021年全国劳动争议主要分为劳动合同纠纷、社会保险纠纷、福利待遇纠纷三大部分，此三部分的案件总数共46004件。其中，劳动合同纠纷案件共41967件，约占劳动合同纠纷、社会保险纠纷、福利待遇纠纷三类劳动争议案件总数的91%（见图1）。

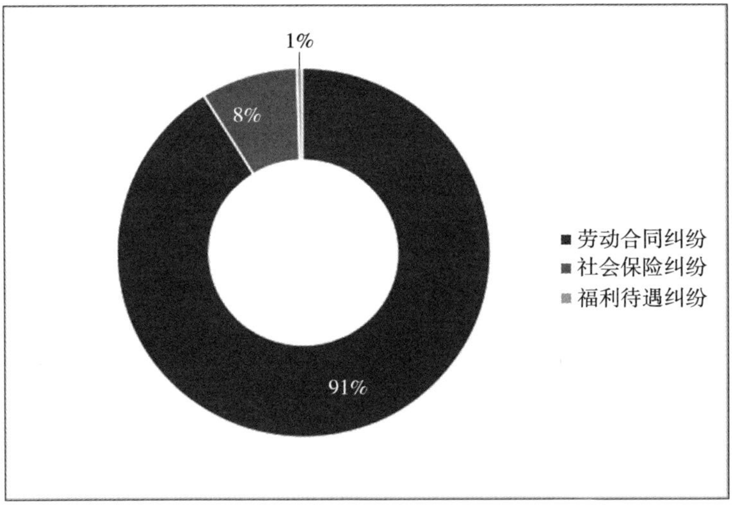

图1　劳动争议具体纠纷对比

可见劳动合同关系到千万职工的合法权益，劳动合同的订立和履行与职工的就业权、经济权益等基本权利密切相关，对职工的影响极大，过往很多劳动争议因劳动合同未签、代签、丢失、篡改而引发。[①] 上述问题不仅使职工合法权益经常受到侵犯，而且使劳动关系长期处于不和谐状态，影响经济发展和社会稳定。

在数字化经济迅猛发展的今天，电子合同技术已经被广泛地应用到与我们生活息息相关的各个领域中，尤其是这两年，受到疫情的影响，线上办公常态化，纸质合同诸多限制，电子合同签署方式成为趋势。[②] 我国先后颁布政策鼓励引导并规范用人单位电子劳动合同订立行为。2020 年 3 月 4 日，人社部办公厅颁布《人力资源社会保障部办公厅关于订立电子劳动合同有关问题的函》（人社厅函〔2020〕33 号）。2021 年 7 月 1 日，人社部办公厅颁布《电子劳动合同订立指引》（人社厅发〔2021〕54 号）（以下称《订立指引》），明确了将逐步推进电子劳动合同的全面应用，这标志着纸质劳动合同将逐步进入电子化时代。

工会作为职工合法权益的代表者和维护者，在劳动合同制度中占有重要地位。[③] 工会应以劳动合同电子化发展为契机，认真研究电子劳动合同，利用电子劳动合同的优点，减少劳动争议，构建和谐劳动关系。

一、传统纸质合同的缺点

（一）纸质合同不易保存

劳动合同作为档案管理中最重要的资料，必须从数量上、质量上、安全上保证档案的真实性。现实中，常常存在因为认定劳动关系的证据没有妥善保存，加上有些企业故意不提供和劳动关系相关的凭证（如工牌、工资条、入职通知书、劳动合同等），导致很难认定劳动关系，从而影响职工的经济赔偿金和补偿金，甚至工伤认定。

---

① 张建国：《推进劳动合同制度实施，切实维护职工合法权益》，《北京市劳动和社会保障法学会 2005 年年会论文》，2006 年 2 月。

② 李文涛：《人工智能时代电子劳动合同的订立及其风险防范：以意思表示的归责理论为基础》，《中国人力资源开发》，2020 年第 37 期，第 75—90 页。

③ 马骊华：《劳动法中工会角色分析》，《云南大学学报法学版》，2004 年第 6 期。

纸质合同其材料为纸质，其特点决定了在履约过程中，纸质合同保存与管理起来非常有难度，稍不留神就损毁、丢失。一旦单方的合同损毁或者丢失，履约时将会以对方的合同为主，导致劳动关系难以确认，或者双方对合同内容产生纠纷。

（二）纸质合同易被篡改

尽管在签署纸质合同的时候，一般会盖有骑缝章。但是毕竟不管骑缝章还是签骑缝字都可以被模仿的，很容易发生把某页合同换掉，再找人刻个非法章盖上的情况。这些是肉眼无法鉴定的。

甚至有些人在签署合同的时候，使用了褪色笔来书写关键的合同内容，如工作岗位、劳动报酬、工作地点等信息。书写完毕后，过段时间字迹会褪色消失，当事人再写上其他内容。这样导致的劳动纠纷，在司法鉴定上也有很大的难度，影响劳动者的合法权益。

（三）异地签署问题

在互联网高速发展的今天，企业的经营业务已经不再局限于一地，而是全国各地开枝散叶，因此，这就涉及合同异地签署问题，纸质合同签署需要双方以见面的形式进行签署，双方见面是较快实现签署合作的，但是交通费用成本大，而邮寄相对成本小，但这样容易出现代签、冒签。

传统纸质劳动合同存在的种种弊端，导致很多劳动争议的出现，不利于保护劳动者的合法权利。另外，现在疫情之下，面对面不能接触，快递又受阻，企业急需签署的合同无法及时地进行签署；企业员工居家办公，需要用章无法去公司或找不到人来盖章；各类的文件因居家办公分散，无法统一管理；领导需要查阅相关的合同文件，也无法及时有效地调取，导致事情不能顺利开展。这些都是纸质合同会遇到的难题，但是对于电子合同来说，这些都能够很好地解决。

二、电子劳动 / 集体合同的优势

电子劳动 / 集体合同是指用人单位与劳动者按照《中华人民共和国劳动合同法》《中华人民共和国民法典》《中华人民共和国电子签名法》等法律法规规定，经协商一致，以可视为书面形式的数据电文为载体，使用可靠的电子签名订立的劳动合同。[①]

电子劳动合同与纸质劳动合同相比，订立的主体、约定的内容没有变化，只是签订方式采取了电子化形式，通过电子签名技术保证签署主体身份真实及签署内容不可篡改。电子集体合同与纸质集体合同的区别亦然，仅限于载体和订立手段的变化。[②]

相比传统纸质合同，电子劳动合同存在以下优势：

（一）线上签订更方便

电子劳动合同可以将原本需要线下面对面签订的合同，转变为线上填写和发送，很好地解决了异地用工或者其他不便现场签订劳动合同的问题。受疫情影响无法复工的用人单位也可以通过签订电子劳动合同的形式来完成续签，特别是在疫情防控期间，可有效减少因员工聚集而造成的疾病传播风险。

（二）云平台保存更可靠

电子劳动合同统一线上管理，数据存在云盘，通过冗余和备份，大大提高了劳动合同文本保存的可靠性。并可以随时查询、调阅、下载，减少了纸质合同的翻找时间，使得调取合同更加方便快捷，大大提高劳动合同的管理效率。

---

① 杨玉龙：《电子劳动合同为劳动权益保障赋能》，《青海日报》，2020 年 11 月 9 日，第 9 版。

② 苏文蔚：《电子劳动合同，看起来很美》，《法人》，2020 年第 4 期，第 74—77 页。

（三）内容很难篡改

电子劳动合同需要先进行实名认证，通过认证有效确保了签署主体的身份是真实有效的，同时在合同签署时，需要再次进行意愿确认，确保操作为本人或企业授权进行的，解决了冒签、代签，难以鉴别的问题。然后在合同存储过程中，再利用区块链、时间戳、哈希值等技术手段，能够确保电子合同数据是安全，不可篡改的，保证合同数据的完整性和客观性。

（四）无纸办公绿色节能

在低碳经济施行的大背景下，政府部门以及企业推行无纸化办公成为趋势。电子劳动合同无须打印并采用网络传输，省去大量打印、快递、管理劳动合同的成本。有些用人单位劳动合同内容页数多，文本数量多，保管工作量大。采用电子劳动合同节约了企业在储存纸质材料上的经济成本，也减少了企业的仓储压力，更加经济环保。

（五）批量签署提高效率

全程在线完成，省时省力。不仅提高了企业方入职流程的效率，同时提高了职工方的签署效率，给企业和职工双方都提供了方便快捷。电子劳动合同具有批量签订功能，企业人资部门点一下鼠标就可以同时发出多份电子劳动合同，员工无论是在家里还是在外地，只要拿出手机进行签字确认即可，大大节约人力管理成本。

三、电子劳动合同目前的不足

（一）平台成本问题

人社部办公厅发布《订立指引》指出，用人单位与劳动者要通过电子劳动合同订立平台订立电子劳动合同。这里的订立平台是由合同当事人以外的第三方提供的平台，第三方平台可以是由政府所建，也可以是由具有相关资质的机构所建，如“法大大”“上上签”“Q 合同”等集签订、管理、修改、存储于一体的云平台。其中政府自建的平台多为免费，例如杭州人社建立的电子劳动合同服务平台是首个由政府自建的免费电子劳动合同网签平台；其他由公司所建运营的平台则需要收取一定费用，如按合同份数收费，还要收取实名认证费、服务器存储费、API 对接费等费用。

（二）平台安全问题

电子合同用数字证书、人脸识别、指纹识别做身份验证；用算法加密、可信时间戳、区块链防止合同被篡改，总体上比纸质合同安全性高。

但是电子劳动合同存放在第三方平台，以密码方式登录即可查阅。这种信息的安全是建立在对第三方电子合同平台的信任和平台自身稳定基础上的。对于不精通技术的人来说，电子合同平台中间有太多不透明的环节，让人感觉并没有那么“保密”，谁也不能保证没有人去偷看合同的内容。

同时电子合同用云盘和数据备份技术防止丢失，如果第三方合同平台出了什么风险，譬如数据丢失、数据出错、平台倒闭了、遭到黑客攻击了等，合同就可能丢失损坏。

四、工会在劳动合同制度中的地位

中共中央、国务院于 2015 年 4 月发布的《关于构建和谐劳动关系的意见》中将劳动关系协调机制的内容表述为劳动合同制度、集体协商和集体合同制度、协调劳动关系三方机制。工会作为三方机制中的一员，在推动构建和谐劳动关系中承担着重要的责任。

我国《劳动法》《劳动合同法》和《工会法》等法律法规对工会在劳动合同制度中的作用作了如下规定：（1）帮助指导职工签订劳动合同。《工会法》第二十一条第一款：“工会帮助、指导职工与企业、实行企业化管理的事业单位、社会组织签订劳动合同。”（2）监督用人单位履行劳动合同。《劳动合同法》第六条：工会应当帮助、指导劳动者与用人单位依法订立和履行劳动合同，并与用人单位建立集体协商机制，维护劳动者的合法权益。（3）

代表职工签订集体合同以调整劳动合同。《劳动法》第三十三条第二款："集体合同由工会代表职工与企业签订；没有建立工会的企业，由职工推举的代表与企业签订。"

五、工会如何利用电子劳动合同构建和谐劳动关系

（一）积极宣传电子劳动合同

工会要重点宣传，电子劳动合同和传统的纸质劳动合同都属于书面劳动合同。

2020 年 3 月 4 日，人力资源和社会保障部办公厅在《关于订立电子劳动合同有关问题的函》中指出，用人单位与劳动者协商一致，可以采用电子形式订立书面劳动合同。同时指出，采用电子形式订立劳动合同，应当使用符合电子签名法等法律法规规定的可视为书面形式的数据电文和可靠的电子签名。这说明，合法合规的电子劳动合同也属于书面劳动合同。

同时，工会应当通过运用各类宣传媒介，广泛宣传《订立指引》《电子签名法》，确保用人单位和劳动者普遍知晓。要以工业园区、大型国有企业、科技企业为重点对象，以农民工、劳务派遣工为重点领域，重点宣传电子劳动合同使用安全可靠不可篡改、永久保存、管理便捷高效等优势。

（二）帮助指导劳动者订立电子劳动合同

订立电子劳动合同大致可以分为 4 个步骤：

1. 由企业方发起要约，进行劳动合同信息设置，让职工充分阅读、理解、咨询劳动合同内容及相关事项，最终确定。

2. 企业方（法人，经办人）和职工分别进行身份登记，可绑定相关证件，比如身份证、银行卡、手机号等，确认对方身份。再进行身份认证，提交认证的信息由公安部、工商局等管理部门进行数据比对，再由 CA 认证机构颁发数字证书。

3. 签署劳动合同时，企业方和职工分别使用其数字证书（电子签名）签

署文件时，需要经过验证程序，不存在被人代签的问题。

4. 合同管理，包括存储、查看、下载。电子劳动合同订立后，企业应以手机短信、微信、电子邮件或者 App 信息提示等方式通知员工电子劳动合同已订立完成并提示员工及时下载和保存电子劳动合同文本，告知员工查看、下载电子劳动合同的方法，并提供必要的指导和帮助。

工会应建议职工在订立电子劳动合同后，同时可以通过其他方式对电子劳动合同进一步确认，譬如电子邮件、内部办公系统、微信等；再向企业要求提供一份纸质劳动合同，给电子劳动合同再加一道保险。

（三）监督用人单位选择订立平台，避免劳动纠纷

《订立指引》第三条："用人单位与劳动者订立电子劳动合同的，要通过电子劳动合同订立平台订立。"并在第四条、第十四条、第十五条、第十六条中明确了相关平台应当满足的条件和要求。我国现行《电子签名法》也对于电子认证服务机构的要求进行了明确规定，电子劳动合同订立平台作为电子认证服务机构之一，其所提供的电子签名服务应当符合该法规定，依法为企业和员工提供可靠电子签名服务。目前电子合同服务商众多，可选择性也比较多，一般选择看企业的资质，平台功能完善度，操作使用性。

如果选择不被法律认可的第三方平台进行订立劳动合同，可能导致电子签名无效，从而产生劳动纠纷。所以，工会应该监督用人单位在选择安全、可靠、能被国内司法实践所认可的平台。同时，《订立指引》也鼓励用人单位和劳动者优先选用人力资源社会和保障部门等政府部门建设的电子劳动合同订立平台（政府平台）。

（四）监督用人单位签订合法合规的电子劳动合同

根据相关法律法规，电子劳动合同除了要符合一般的劳动合同要求，还具有其自身的特殊性。

一是要使用可靠的电子签名。尤其值得注意的是，纸质劳动合同的电子版不属于电子劳动合同。比如通过电子邮件、微信、钉钉、OA 等形式向劳动者发送的劳动合同电子版本，法律效力仍待定，原因是未采用可靠的电子

签名订立，且易销毁、易篡改。

二是电子劳动合同内容大部分属于格式合同，而用户则多出于习惯而忽略或未仔细阅读即确认，并不能完全代表用户的真实意思表示，直到发生纠纷时才发现条款的不合理。所以，合同需要采取合理的方式提醒职工注意，如果没有尽到合理的提示义务，可能造成部分条款或整体合同的无效。

（五）利用工会大数据与电子劳动合同大数据对接，并分析劳动用工大数据

在定期的职工状况调查中，工会需对人才的梯度发展、行业的用工情况进行调查分析，哪个行业人才缺口大，人才流失量多少，又流向了哪里。统计时，由于需要通过企业进行了解，会存在数据滞后且零星调查数据不鲜活，片面剖析的问题不够精准、全面的情况。为了做到“心中有数”，就需要一个更为高效便捷的途径来收集信息。

电子劳动合同具有实名认证和身份认证，从而能形成完整的数据链条，对用工环境、人员变迁有很强的覆盖力和记录、监督能力；加上电子劳动合同数字化的特点，易于生成劳动用工大数据，如生成“人员居住信息”“人员档案信息”“工伤认定”等数据库。工会可以对该数据与工会自身大数据进行对接，并分析研究，及时了解到本地区劳动者变动情况，有利于构建和谐劳动关系。

六、结论

电子劳动合同是加强劳动用工管理的创新举措，也是推动和谐劳动关系创建的一项重要内容。笔者认为，在数字时代工会应以积极和开放的心态迎接电子劳动合同，认真学习研究电子劳动合同，以电子劳动合同发展为契机，利用它的优点，同时建立并分析劳动用工大数据，预测劳动关系的发展趋势，实现科学决策，从而减少劳动争议，构建和谐劳动关系。

论不完全符合确立劳动关系情形的立法路径选择

（邱婕，华东师范大学公共管理学院）

2020 年 5 月 23 日，习近平总书记在全国政协经济界联组会上指出：“疫情突如其来，‘新就业形态’也是突如其来。对此，我们要顺势而为，让其顺其自然、脱颖而出。当然，同‘新就业形态’相配套的法律法规政策措施也不能姗姗来迟。”这既是对新就业形态的肯定，也明确了尽快完善相关法律制度的目标。

此后，我国各部门积极制定相关政策文件，希望尽快“把法律短板补齐”。2020 年 7 月，国务院办公厅出台《关于支持多渠道灵活就业的意见》。2021 年 7 月，人社部等八部门共同印发《关于维护新就业形态劳动者劳动保障权益的指导意见》（人社部发〔2021〕56 号，以下简称“56 号文”）。此外，全国总工会印发《关于切实维护新就业形态劳动者劳动保障权益的意见》，强化工会作用。上述文件初步明确了促进平台经济发展，维护新就业形态劳动者基本劳动权益的总体目标。尤其是人社部“56 号文”，在原有劳动法的规定外，提出了一个全新的概念——“不完全符合确立劳动关系情形”。

上述文件确立了保护新就业形态劳动者权益的总体目标，然而对新就业形态做“不完全符合确立劳动关系情形”的定性，缺少现有法律支撑，导致难以实际执行。因此，对新就业形态立法是一个绕不过去的问题，而人社部提出的全新概念如何在法律层面实现，成为一个亟待研究的问题。

一、相关政策文件分析

人社部“56号文”的出台具有重要意义。该文件不仅是国家层面首个专门针对新就业形态制定的部门规章，也已经成为各地制定新就业形态地方规章的依据。目前，全国至少已有28个省市出台了维护新就业形态劳动保障权益的地方性规定。总体来看，人社部“56号文”的出台解决了诸多长期悬而未决的问题。

其一，新就业形态的内涵与外延。在2020年全国“两会”中，习近平总书记使用了“新就业形态”的概念，从此这一概念被人社部正式采用。而此前，人社部在新闻发布会等场合一般称其为“新业态”。此外，“灵活就业”作为一个意义相近的概念，在部分文件中也泛指各类新就业形态。“56号文”明确了“新就业形态”的内涵，即“依托互联网平台就业的新就业形态”；也明确了“新就业形态”的外延，主要包括网约配送员、网约车驾驶员、货车司机、互联网营销师等职业类型。这一概念界定虽然还不够精确，但也是重要的进步。

其二，新就业形态的规制宗旨。“56号文”明确了“支持和规范发展新就业形态”并“切实维护新就业形态劳动者劳动保障权益”的宗旨，将支持产业发展与维护劳动者劳动保障权益放到了并重的位置。在平台经济兴起的一段时间内，曾有过一种观点被称为“飞论”，即“让子弹飞一会”，让新兴产业先发展起来，而对其中的法律关系调整问题暂不介入。当然，对新兴产业的法律调整需要有一个观察和认识的过程。因此，从发展的角度看，“56号文”将产业发展与劳动者保护并重的基本宗旨，既明确了政策调整的方向，也为进一步的立法确立了基本框架。

其三，新就业形态法律关系的调整思路。“56号文”的重要创新在于提出了调整新就业形态的基本思路，即分类调整。这一思路明确现有新就业形态并非一类特定的法律关系，而是多种法律关系并存。其中，存在着既非劳动关系也非民事关系的，不完全符合确立劳动关系情形。“56号文”首次提出的“不完全符合确立劳动关系情形”概念，是一个在现有法律中均未出现的概念。这一概念的提出，说明部分新就业形态既不直接适用劳动法，也不直接适用民法。由此可见，对这一新型就业关系的调整，有待立法完成。

其四，新就业形态的行政监管责任。“56 号文”首先明确了人社部门对新就业形态的主要管理职能，包括但不限于督促平台企业支付工资、执行国家劳动安全卫生保护标准、依法参加社会保险、合理制订算法等，为劳动者提供就业服务、职业技能培训等。除人社部外，共同参与文件制定的发展改革委、交通运输部、应急部、市场监管总局、国家医保局以及最高人民法院和全国总工会等八部门，对各个部门的具体分工做了明确规定，并提出“强化工作协同，将保障劳动者权益纳入数字经济协同治理体系”。新就业形态作为互联网平台经济领域新生的就业形式，对其形成多部门的数字经济协同治理体系，也是该规章的一个创新。

“56 号文”解决了新就业形态的内涵与外延、规制宗旨、法律关系调整思路、行政监管责任等一系列基础性问题，具有非常重要的价值，是进一步完善相关立法的重要基石。但是，“56 号文”还有一些重要问题没有解决。

其一，法律逻辑问题。根据《立法法》第 80 条的规定，国务院各部、委员会等直属机构，可以根据法律和国务院的行政法规等，在本部门的权限范围内，制定规章。而部门规章规定的事项应当属于执行法律、法规。如果没有法律、法规依据，部门规章不得设定减损公民、法人和其他组织权利或者增加其义务的规范。① 显然，“56 号文”作为人社部对新就业形态出台的首个规章，缺少足够的法律和法规依据。这就导致，如果对新就业形态的规制仅仅停留在部门规章层面，那么按照《立法法》的规定不能新增对用人单位或平台企业的义务性规范。这也就可以解释，为什么“56 号文”中对于平台企业的规定多采用“督促”“鼓励”的表述，而少有强制性规范，如“指导和督促企业依法合规用工”“督促企业按规定合理确定休息办法”“鼓励平

① 《中华人民共和国立法法》第 80 条规定：“国务院各部、委员会、中国人民银行、审计署和具有行政管理职能的直属机构，可以根据法律和国务院的行政法规、决定、命令，在本部门的权限范围内，制定规章。部门规章规定的事项应当属于执行法律或者国务院的行政法规、决定、命令的事项。没有法律或者国务院的行政法规、决定、命令的依据，部门规章不得设定减损公民、法人和其他组织权利或者增加其义务的规范，不得增加本部门的权力或者减少本部门的法定职责。”

台企业通过购买人身意外、雇主责任等商业保险”等。

其二，执行逻辑问题。“56号文”规定，属于不完全符合确立劳动关系情形的，地方行政部门需要指导企业与劳动者订立书面协议，合理确定企业与劳动者的权利义务。该文出台后，一些平台企业向基层人社部门咨询：书面协议的订立主体应基于何法律起草协议？该协议应包含哪些条款？人社部门是否有范本提供？平台劳动者通过手机App申请从业时的电子协议是否属于该书面协议？对于这些问题，基层人社部门均因无法律依据而难以回答。在相关案件审理中，法官同样面临类似的问题。据笔者检索，自“56号文”出台后，尚无法院以不完全符合确立劳动关系情形做出审判依据。这就造成了尽管“56号文”已出台，但由于不知如何执行而使新就业形态事实处于依然不受规制的局面。

其三，内部逻辑问题。由于法律、法规的缺失，导致“56号文”中部分内容存在自身逻辑问题。如其中第5条规定：“健全最低工资和支付保障制度，推动将不完全符合确立劳动关系情形的新就业形态劳动者纳入制度保障范围。”将新就业形态劳动者纳入最低工资保障范围，有非常积极的意义。但是，就现有《最低工资规定》看，其第2条明确“本规定适用于在中华人民共和国境内的企业、民办非企业单位、有雇工的个体工商户（以下统称用人单位）和与之形成劳动关系的劳动者”。而“56号文”明确，“不完全符合确立劳动关系情形”不是劳动法中的劳动关系。那么，“不完全符合确立劳动关系情形”，要如何纳入最低工资范畴呢？更何况，新就业形态的一个主要特征是按单结算工资，而现有《最低工资规定》的最低工资标准只有两类：月最低工资标准和小时最低工资标准。我们绝对认可，将新就业形态劳动者纳入最低工资保障的思路，但“56号文”对“不完全符合确立劳动关系情形”的规定，与后文之间的内在逻辑矛盾不容忽视。

综上所述，笔者认为“56号文”为全面完善新就业形态的法律规制开了一个好头，但还有诸多问题有待解决，尤其是应当以法律或法规形式在更高层面加以规范。

二、新就业形态法律规制的域外经验路径

新就业形态出现伊始，这一新生事物立即成为法学界研究的热点。总的来说，学界的研究可以分为两个阶段，第一阶段是其法律定性，第二阶段是如何完善立法加以调整。第一阶段的研究，学者们主要有四种观点：劳动关系说、非劳动关系说、合作关系说以及新型关系说。

一些学者认为，新就业形态既区别于传统劳动关系，也区别于其他传统民事关系，需要构建一种与之匹配的新型法律关系加以调整。这部分学者提出了“第三条道路”的思路，并较多借鉴域外立法经验，如王全兴教授认为网约工作为互联网平台组织体外部成员，具有部分组织从属性、外部经济从属性、继续性，互联网平台企业从其劳动中得利，因此两者之间的关系更接近于德国“类劳动者”或意大利“准从属性劳动”关系。[①]不少国外学者也主张，构建一种新型关系以适应经济新发展。Seth Harris 认为，网约工是介于劳动者与独立承包人之间的独立劳动者。[②]Alyssa M. Stokes 认为，在共享经济迅速发展的同时，劳动法也应该同步更新，为共享经济中的劳动者提供新的分类。[③]

随着平台经济的发展，国家对规制新就业形态的态度趋于明确。2021年3月15日，中央财经委员会第九次会议重点研究了促进平台经济健康发展问题，提出“明确平台企业劳动保护责任”。由此，我国劳动行政部门及司法机构等进入立法调研阶段，探讨新就业形态法律关系的调整机制，新就业形态的研究进入第二阶段。第一阶段的法律性质研究与第二阶段的调整机制研究，存在逻辑关联。从“56号文”提出的“不完全符合确立劳动关系情形”看，第一阶段的讨论似乎有了结论，即新就业形态既包含劳动关系，

---

① 王全兴：《“互联网 +”背景下劳动用工形式和劳动关系问题的初步思考》，《中国劳动》，2017年第8期，第7—8页。

② Seth D. Harris, Alan B. Krueger, “A Proposal for Modernizing Labor Laws for 21st-Century Work: The ‘Independent Worker’ ”, The Hamilton Project, Brookings Institution (Dec 2015).

③ Alyssa M. Stokes, “Driving Courts Crazy: A Look at How Labor and Employment Laws Do Not Coincide with Ride Platforms in the Sharing Economy”, 95 Neb. L. Rev. 853 (2016).

也存在民事关系，同时更有一种新型法律关系。

认可新就业形态中存在新型法律关系，如何进行法律调整就成为学者第二阶段研究的重点。对此，不少学者从域外立法中寻求经验，如有观点认为我国在立法上可以借鉴德国“三分法”经验，赋予灵活就业者“类劳动者”的主体地位。① 也有学者基于对国外模式的借鉴，提出“第三类劳动者”观点。通过文献研究发现，学者介绍的“类劳动者”“第三类劳动者”等域外经验，主要围绕德国、意大利、西班牙和加拿大等国。如王全兴教授借鉴德国“类劳动者”经验提出：“对‘网约工’劳动形式应当划分为三类，一是非典型劳动关系，二是独立劳动，三是中间类型——准从属性独立劳动。”② 国外学者也有持此观点者，如 Valerio DeStefano 教授主张，应在雇员和独立承包人之间设立第三类劳动者，可称之为“依赖性承包人”“依赖性自雇佣人”或“独立劳动者”。③

从德国法的规定看，“类劳动者”是指一人仅向一位委托人提供服务，所得收入构成其主要生活来源。即便是为几位委托人工作，只要从一位委托人那里获得的收入构成了其主要生活来源，也能被认定为具有经济依赖性。司法实践中判断经济依赖性的指标，是经此种关系而获得的收入超过所有收入的 50%。社会保护需求的判断标准是“与雇员类似”，即达到通常只存在于“雇主—雇员”关系的经济依赖性程度，以及完成的工作任务与雇员类似。④ 德国对类劳动者的权益保护受劳动法院管辖，根据《联邦休假法》享有每年 24 天的带薪年休假，以及受《职业健康和安全法》《集体协议法》《社会法典》中有关法定意外保险的特别调整。家内工作者和商业代表，还受到特殊规则保护。概括而言，德国的类劳动者主要以民法中的合同法调整法律关系，同时适用有限的劳动标准，享有集体劳权并归劳动法院管辖。

---

① 白永亮：《共享经济下灵活就业法律制度重构》，《江西社会科学》，2017 年第 10 期，第 209—217 页。

② 王全兴、王茜：《我国“网约工”的劳动关系认定及权益保护》，《法学》，2018 年第 4 期，第 57—72 页。

③ Valerio DeStefano, “Lavoro su piattaforma e lavoro non-standard in una prospettiva internazionale e comparata”, *Rivista Giuridica del Lavoro e della Previdenza Sociale*, 2017(2), 241-258.

④ Stefanie Sorge, “German Law on Dependent Self-Employed Workers: A Comparison to the Current Situation under Spanish Law”, *Comparative Labor Law & Policy Journal*, Vol. 31(2), 2010, pp. 249-250.

与德国相近的西班牙，则在《自营职业法》(Ley 20/2007, del Estatuto del trabajo aut ó nomo) 第三章中对“经济依赖性自营职业者”(del trabajador aut ó nomo econ ó micamente dependiente) 做出规定，“直接为委托人提供经济或专业服务，且至少 75% 的收入来源于此的主体属于类劳动者”。西班牙的类劳动者享受每年 18 天的带薪休假，享有因合同不当解除而获得赔偿的权利，享有集体劳权，其合同纠纷由社会与劳动事务法庭管辖，并享有使用强制仲裁等专门的非诉纠纷解决机制的权利。

综合现有文献，笔者对部分典型国家“类劳动者”的规定做了归纳（见表 1），可以大体看出现有域外国家“类劳动者”的特点。

表 1　部分国家类劳动者规定汇总

	加拿大	德国	西班牙	意大利
身份	依赖性承包人	类劳动者	经济依赖性自营职业者	准从属性劳工
与雇员的区别	不满足“控制检验”	人格独立	不满足：高度组织、对雇主高依赖、固定工作时间、被提供工具与制服、可行使决策的权限低	没有从属性约束
与独立自雇劳动者的区别	1. 与独立承包人区分的 11 项指标 2. 经济依赖性（从雇主处获取至少 80% 的收入）	1. 无人格从属性 2. 经济依赖性（从雇主处获取至少 50% 的收入） 3. 有获得与雇员类似社会保护的需求	经济依赖性（直接为委托人提供经济或专业服务，且至少 75% 的收入来源于此）	由个人亲自持续开展活动，活动由委托人组织，工作具有协作性
社会保障与权益保护水平	【低】 1. 几乎无个别劳权，仅部分地区有合同终止提前通知的权利 2. 集体劳权	【低】 极少数个别劳权（带薪年休假、合同终止提前通知、有关意外保险的特别调整等）	【高】 1. 多数个别劳权 2. 集体劳权	【高】 1. 实质性的个别劳权 2. 集体劳权

首先，类劳动者的规定没有形成新的部门法。从上述国家的立法看，并未在“劳动法—民法”之间形成新的法律部门，类劳动者主要由一些法条规定或在一些判例等司法实践中体现，如西班牙在《自营职业法》中规定，类劳动者实际为自雇中的一类。从法律关系的调整模式看，类劳动者的法律关系主要还是由民事契约法调整，仅增加了少量劳动标准方面的内容，并由劳动争议程序审理。

其次，类劳动者的身份认定以“经济依赖性”为标准。与传统劳动关系的核心特征“从属性”不同，类劳动者的认定采用“经济依赖性”标准。这是很多学者认为这个第三身份适用于新就业形态从业者的重要原因。但是，“经济依赖性”标准本身还未形成统一认识，各国学者对此存有争议。对于中间类型劳动者的保护及身份判断规则，不同国家之间存在显著差异，对该类劳动者的检验和判断比对雇员身份的控制检验更加复杂。此外，以“经济依赖性”为标准，也在事实上否定了“从属性”。笔者认为，“经济依赖性”与“从属性”中的“经济从属性”并不相同，相反两者有本质区别。此中涉及劳动法与民法的根本差异，本文不展开论述。

最后，类劳动者的出现是劳动力市场改革的产物。无疑，类劳动者的立法经验有值得借鉴之处，如王全兴教授所言，类劳动者的出现是“民法社会化的产物”。①21 世纪以来，欧盟国家对数量不断增加的自营业者，不断加强对其的立法保护。2018 年，西班牙开始执行新的《自营职业紧急改革法》，该法的目标是进一步缩小自营职业者与受劳动法保护的劳动者之间的差距。2021 年，法国马克龙政府通过惠及 300 多万名自营职业者（travailleur indépendant）的改革措施，改革举措包括放宽失业补助条件，为自营者购买非强制性职业保险提供补贴等。

如果我国将域外“类劳动者”的经验作为“不完全符合确立劳动关系情形”的立法参考，是否可行呢？笔者认为需要满足以下条件。

其一，相对完善的自雇法规。德国、意大利、西班牙和加拿大有关“类劳动者”“准从属性劳动”等规定，都建立在已有相关自雇法规的基础上。

① 王全兴、粟瑜：《意大利准从属性劳动制度剖析及其启示》，《法学杂志》，2016 年第 10 期，第 102—115 页。

如西班牙的“经济依赖性自营职业者”主要法律依据是《自营职业法》第三章，属于自营职业者的一种类型。又如意大利的“准从属性劳动”，是建立在意大利 1942 年《民法典》第五编“劳动和权利保护编”中，在“从属性劳动”之外规定了“自治性劳动”的基础上。尽管意大利劳动法的特殊性在于其列于民法体系中，但不容忽视的是，意大利“准从属性劳动”的规定是基于劳动法律关系和自雇法律关系均已比较完善。

从法理基础看，“类劳动者”等规定，基本是以自雇法律关系为基础，在民事契约法的调整中增加部分类似劳动法的保护性权利。反观我国，自进入劳动力市场化阶段后，劳动法律制度有了长足发展，但自营、自雇法律迄今缺乏制度性建设。《民法典》甚至未直接涉及雇佣法律关系，仅在第 1191 条等有限条款中规定了一些用人单位的侵权责任。因此，在我国现有的法律制度下，参照域外“类劳动者”模式规范“不完全符合确定劳动关系情形”的法律基础条件并不具备。

其二，修改民法的可能性。中国之前没有专门针对自营或自雇的法律，而民法已完成法典化。因此，如果我国要参照“类劳动者”模式立法，就必须有修改《民法典》的可能性。不得不承认，现阶段修改《民法典》的可能性极低。同时，作为成文法国家，我国通过判例确立“类劳动者”法律调整模式的路径，也并不存在。

“类劳动者”等概念的提出是对原有民事劳务法律关系分层调整的结果，尽管各国在具体标准制定中的经济依赖比例不同，但共同点是将一部分经济依赖度较高的自营职业者划出，给予部分类似于劳动法中劳动者的权利，其实质是对民事法律制度的细化和发展。这种分层调整的模式值得借鉴，但如果在民法范畴内修法，我国尚不具备这一条件。原因在于，《民法典》于 2021 年刚刚开始执行，且其体系基本不涉及雇佣关系。

其三，值得关注的是，在欧盟国家的数字经济发展中，如何规制平台用工这一新就业形态，同样是一个广泛讨论的问题。以西班牙和意大利为例，虽然已经规定了“经济依赖性自营职业者”和“准从属性劳动”，但两国对新就业形态的法律规制并未采用这一模式。这是一个非常值得思考的问题。相反，西班牙已于 2021 年 3 月制定《骑手法案》，规定骑手与外卖平台间属于劳动关系。2021 年 2 月，意大利米兰检察院和该国劳动监管部门判定，四家餐饮外卖平台的骑手是其雇员，而不是独立劳动者。检察机关要求这四家企业正式雇佣骑手。[①] 作为平台经济发源地的美国，其劳工部也在制定新政策，政府监管机构和法庭拟将零工经济从业者定义为员工。

三、劳动者分层保护视角下的新就业形态立法探析

苏力教授在《法治及其本土资源》中提出了一个核心观点："中国的法治之路必须注重利用中国本土的资源，注重中国法律文化的传统和实际。"今天，当我们加快建设中国特色社会主义法治体系时，这一观点仍然发人深省。改革开放 40 多年来，中国建立和发展了社会主义市场经济体制，与之同步建立起来的有中国特色的劳动法律体系，是值得我们探究的本土资源。

在新就业形态的立法中，如果不借鉴域外经验，中国是否能从自身法制发展的过程中找到可供参考的经验呢？笔者认为，延续我国现有劳动法律制度的发展路径，具有涵盖新就业形态的可能性。

（一）中国劳动法体系的发展路径

从计划经济向市场经济转型的过程中，我国的劳动关系法律调整模式经历了一个长期发展的，逐步从一元调整转向分层调整的过程。1986 年，国务院颁布了《国营企业实行劳动合同制暂行规定》《国营企业招用工人暂行规定》《国营企业辞退违纪职工暂行规定》和《国营企业职工待业保险暂行规定》四个文件，拉开了计划经济体制劳动关系向市场经济体制劳动关系转型的序幕，也开启了劳动关系从行政化管制向法治化调整的转型。随着这四个法规的实施，我国劳动力市场中的劳动者形成两种主要类型，即计划经济体制下的职工和市场经济体制下的合同工。

至 1995 年《劳动法》实施，我国确立了劳动关系的法治化调整。从 1986 年的四个法规到 1995 年《劳动法》出台，随着劳动关系法治化调整的

① 张无为：《意大利四家外卖平台骑手获雇员身份，平台还需补缴社保》，https://www.thepaper.cn/newsDetail_forward_11473100，访问时间：2021 年 4 月 2 日。

确立，我国劳动者已经主要是市场经济体制下的劳动者了。但是，《劳动法》定义的“劳动者”仍旧是一个相对单一的主体概念，主要是全日制标准劳动关系中的劳动者，当时的“劳动者”主要是指国有企业职工。[①]这是由当时我国劳动关系的历史发展阶段决定的。

随着社会经济的加速进步，特别是进入21世纪以来，我国加入WTO，融入全球化浪潮，劳动关系向着多元化趋势迅猛发展。2008年实施的《劳动合同法》，不仅极大地细化了《劳动法》中劳动合同方面的规定，更是对我国劳动法律体系的发展。在立法过程中，学者们已经注意到“劳动者”概念发生的变化。传统的、标准的劳动关系正在逐渐弱化，这种劳动关系的非标准化在我国以史无前例、前所未有的规模展开。还有一些新兴行业，一开始就以非标准劳动关系的形态出现，如非全日制就业、远程就业、弹性用工、家庭作业等。这些劳动者都应当纳入劳动法的保护范围。[②]

在《劳动合同法》的立法过程中，是否将新型用工中的劳动者纳入其中曾引发学者的争论。而更大的争论是如何调整这些新型用工关系，其中争议最大的是“劳务派遣”，笔者曾在《劳动合同法》实施十周年之际撰文回顾了劳务派遣的立法研究过程。在立法草案阶段的劳务派遣，也可以说是一种“新就业形态”，当时已经发展到数千万人的规模，与今天的“新就业形态”比较，两者具有诸多相似性。首先，劳务派遣难以直接适用《劳动法》，由于劳动法中的劳动关系是双务有偿的法律关系，只有用人单位和劳动者，而劳务派遣中出现了三个主体的多重关系，导致劳务派遣也难以直接适用劳动法；其次，如何规定用工单位的法律责任，这与今天讨论的平台企业责任颇为类似；最后，劳务派遣中用工单位的特点是用工而不雇工，这与今天的平台企业颇为类似。在立法研究中，学者们就劳务派遣提出了“共同雇主责任说”“双重劳动关系说”等理论，[③]《劳动合同法》对劳务派遣形成了较为系统的规制，这些在我国劳动法发展中形成的理论和经验，对今天的“新就业形

① 董保华、邱婕：《劳动合同法的适用范围应作去强扶弱的调整》，《中国劳动》，2006年第9期，第22—25页。

② 张无为：《意大利四家外卖平台骑手获雇员身份，平台还需补缴社保》，https://www.thepaper.cn/newsDetail_forward_11473100，访问时间：2021年4月2日。

③ 邱婕：《<劳动合同法>研究之劳务派遣》，《中国劳动》，2018年第11期，第86—92页。

态”立法具有重要的借鉴价值。

正是因为认识到新型用工的出现以及劳动者概念的变化，学者们提出“劳动者分层保护”理论。《劳动合同法》的结构从《劳动法》中对单一的全日制标准劳动关系调整模式，转向多层次劳动关系调整模式，这是我国劳动法律体系的一次重大进步。在《劳动法》原有的单一标准劳动关系之外，《劳动合同法》增加了对非全日制劳动关系和劳务派遣关系等灵活用工关系的规定。可以说，我国劳动关系的法律调整模式，自此从单一的劳动者主体转向了分层调整模式。

（二）新就业形态法律规制的立法目标

如果新就业形态的立法，延续我国劳动关系的分层调整模式，是否可行呢？笔者认为，首先需要看我国政府对新就业形态进行规制的目标和宗旨。

从已经出台的一系列政策文件中，可以看到政府的调整目标。2019 年，国务院办公厅《关于促进平台经济规范健康发展的指导意见》明确规定，相关部门要科学合理界定平台企业对劳动者权益保护等方面的相应责任。2020 年，国务院办公厅《关于支持多渠道灵活就业的意见》第 10 条规定，维护劳动保障权益，研究制定平台就业劳动保障政策，明确互联网平台企业在劳动者权益保护方面的责任，引导互联网平台企业、关联企业与劳动者协商确定劳动报酬、休息休假、职业安全保障等事项，引导产业（行业、地方）工会与行业协会或行业企业代表协商制定行业劳动定额标准、工时标准、奖惩办法等行业规范。2020 年，国家发展改革委等十三部门联合印发《关于支持新业态新模式健康发展 激活消费市场带动扩大就业的意见》，要求完善灵活就业人员劳动权益保护、保费缴纳、薪酬等政策制度，明确平台企业在劳动者权益保障方面的相应责任，保障劳动者的基本报酬权、休息权和职业安全，明确参与各方的权利义务关系。2021 年，中央财经委员会第九次会议重点研究了促进平台经济健康发展问题，提出要“明确平台企业劳动保护责任”。

综合上述文件精神，国务院等部门对新就业形态的调整目标及规制思路可归纳为三个方面。第一，将新就业形态纳入劳动法制的范围内调整。“56

号文”提出的“不完全符合确立劳动关系情形”，既非现有“劳动法律关系”也非现有“民事法律关系”，从我国法律体系看，“不完全符合确立劳动关系情形”的法律适用只能在劳动法和民法中二选一。笔者认为，已经出台的政策文件比较明确地表达了，“不完全符合确立劳动关系情形”在劳动法律体系内调整的目标。中央文件提出的保障新就业形态从业者的基本报酬权、休息休假权、职业安全权等劳动保障权益，只能在劳动法律制度的范畴内实现，而无法以《民法典》为依据。第二，明确将平台经济从业者作为劳动者保护。在上述文件中，权益保护的主体都使用了“劳动者”概念。事实上，平台经济领域的就业主体有多种称谓，如常见的“灵活就业”，又如人社部新闻发布会多次使用的“新业态从业者”等。但是，文件中均使用了“劳动者”概念，说明将平台经济从业者作为劳动者保护并非个别文件的提法，而是形成了比较一致的思路，也表达了现有政策对未来立法的态度。第三，确定了新就业形态劳动者权益保障的范围。国务院办公厅《关于支持多渠道灵活就业的意见》等文件明确，从劳动政策、劳动基准和集体协商三个层面维护劳动者权益。现有政策文件对新就业形态劳动者提出的劳动权益保障，主要包含两个方面的权益：一是基本个别劳权，包括劳动报酬权、休息休假权、生命健康权、社会保障权等；二是集体劳权，包括工会入会权、集体协商权等。

由此，可以看出中央对平台经济领域新就业形态劳动关系规制的思路，即明确平台企业责任，明确劳动者权益，明确劳动基准和社会保障。事实上，“56号文”与上述政策文件的基本思路完全一致，不同之处在于，“56号文”提出了“不完全符合确立劳动关系情形”这一全新概念。在现有劳动关系法律调整模式中，这一规制思路显然无法直接落实。笔者认为，应当根据上述文件的基本宗旨和目标，推进新就业形态的立法。

（三）中国劳动立法的本土资源

面对数字经济领域出现的新就业问题，中国有必要立足于现有法律制度基础，结合新的立法目标和社会现实，提出完善和发展思路。实际上，我国已经通过多个劳动政策对下一步的新就业形态立法工作明确了目标。基于这一目标，笔者尝试在劳动者分层保护视角下提出新就业形态立法思路。

在域外经验中，“类劳动者”等法律制度的出现，就是一种分层调整思维的体现。在自雇法律制度相对比较完善的基础上，细化分层出部分自营职业者，进而引入部分类似劳动者保护的规定，给予灵活就业群体更高的保障，提升他们的职业稳定性。这种对法律主体进行分层保护的模式，是值得借鉴的经验。笔者认为，现有劳动法律关系包含标准劳动关系和非标准劳动关系，可以在非标准劳动关系中增加一类“不完全符合确立劳动关系情形”的规定。

对于“不完全符合确立劳动关系情形”的法律规定，笔者认为可以参考我国部分地方规定中的“特殊劳动关系”。在《劳动合同法》出台前，我国部分地区就通过地方立法有过相关规定。如上海 2003 年发布的《关于特殊劳动关系有关问题的通知》（沪劳保关发〔2003〕24 号，以下简称“24 号文”），这一规定主要是为了解决当时因“下岗再就业”等情况导致的特殊时期劳动关系问题，体现出分层保护的思想。即使在《劳动合同法》实行后，“特殊劳动关系”的规定在司法实践中仍然发挥着作用。如江苏省劳动人事争议仲裁委员会《关于印发江苏省劳动人事争议疑难问题研讨会纪要的通知》（苏劳人仲委〔2017〕1 号），以及 2018 年《甘肃省劳动人事争议仲裁与诉讼衔接实施办法（试行）》，都规定将退休后形成的劳动关系做“劳动关系特殊情形处理”。所谓“劳动关系特殊情形处理”，是指劳动者享有劳动报酬、劳动保护、劳动条件、休息休假、职业危害防护、福利待遇等权利，但不享有签订无固定期限劳动合同、支付二倍工资、经济补偿、赔偿金及社会保险待遇权利。不难发现，这些规定与中央一系列涉及新就业形态的文件，思路十分接近。

从历史背景看，“特殊劳动关系”出台解决的问题与今天数字经济领域新就业形态的主要矛盾比较接近。王全兴教授的《新中国 70 年劳动法的回顾与思考》指出，地方实践中形成的对特殊形态的劳动关系选择适用保护手段的裁判规则，体现了“劳动立法相对滞后与法律适用相对能动的互动”。①

① 王全兴、石超：《新中国 70 年劳动法的回顾与思考》，《求索》，2020 年第 3 期，第 118—129 页。

笔者认为，这种“立法滞后”与“适用能动”，在新就业形态的立法中可以参考。“24号文”规定：“特殊劳动关系是指现行劳动法律调整的标准劳动关系和民事法律调整的民事劳务关系以外的一种用工关系，其劳动者一方在用人单位从事有偿劳动、接受管理，但与另一用人单位存有劳动合同关系或不符合劳动法律规定的主体条件。”可以看出，“特殊劳动关系”的定义与“不完全符合确立劳动关系情形”的概念，有很多相似之处。两者均是在现有劳动法律关系和民事法律之间的一种关系；两者均是一种劳动用工行为；两者均存在有偿劳动和接受管理。

在对“24号文”的政策问答中，对于界定这一概念的意义，政策制定者提出：“界定特殊劳动关系就是为了维护劳动力市场的正常秩序，理顺用工关系、明确其劳动标准的参照适用、规范劳动争议处理的相应规则。”笔者认为，这一理念值得我们重新采纳。特殊劳动关系仅在工作时间、劳动保护、最低工资三个方面执行劳动标准。上海、江苏等地执行特殊劳动关系规定的十余年经验证明，这一底线保障思维对维护非标准劳动的新型就业发挥了较好的作用。

此外，笔者认为这一经验与英国高等法院将Uber司机认定为“worker”[①]身份并给予底线保障的思路，可谓不谋而合。在判决书中，英国高等法院认为Uber司机符合《雇佣权利法》（Employment Rights Act 1996）第230条对“工人”（worker）的规定。事实上，第230条是该法第14部分的“解释”（Interpretation）之一，其中规定了雇员（employee）、工人（worker）、商店工人（shop worker）、博彩工人（betting worker）等各种就业主体类型。而英国法对“工人”的认定标准是，除“商店工人”和“博彩工人”外，满足（a）雇佣合约，或（b）任何其他合同，无论明示或默示，口头或书面，承诺亲自向合同相对方完成或履行任何工作或服务的个人，而合

① Uber BV and others (Appellants) v Aslam and others (Case ID: UKSC 2019/0029), https://www.supremecourt.uk/cases/uksc-2019-0029.html，访问时间：2022年5月5日。

同相对方的身份不是个人从事的任何事业或商业活动委托人或顾客。[①]“工人”享有的权利包括：最低工资标准、最低带薪假期、最短休息时间、平均每周工作不超过48小时、保护免受非法歧视、工作场所“举报人”保护等。

（四）不完全符合确立劳动关系情形的初步立法构想

可以看出，英国劳动法体系本身具有对劳动者进行分层保护和底线保障的特征。与学者们援引的“类劳动者”域外立法经验不同，英国对“工人”的规定呈现在劳动法律体系中，是劳动法中的一类主体，而非民法调整的自营职业者的一类主体。虽然英国法对“工人”的保护水平与“雇员”有较大差距，但是将其纳入劳动法律体系之中，相比民法的自营职业者而言，保护力度更大。这种模式和思路，与我国对新就业形态的政策较为接近。王全兴教授认为，“不完全符合确立劳动关系情形”是与“符合确立劳动关系情形”相对的概念，根据《关于确立劳动关系有关事项的通知》，“符合确立劳动关系情形”的用工关系，属于典型劳动关系；“不完全符合确立劳动关系情形”的用工关系，属于非典型劳动关系。[②]

据此，笔者从劳动者分层保护角度，对新就业形态的法律调整提出初步立法构想（见图1）。可以在《劳动合同法》的“特别规定”部分增加“不完全符合确立劳动关系情形”一节。当然，在修改《劳动合同法》条件尚不成熟时，也可参考《劳务派遣暂行规定》出台单行规章，明确“规范新就业形态，维护劳动者的合法权益，促进新就业形态劳动关系和谐稳定”的基本宗旨。

具体而言，对“不完全符合确立劳动关系情形”的法律规定，应当包括新就业形态的主体界定，可以通过细化“56号文”提出的“依托互联网平

---

① Section 230(3) of the Employment Rights Act 1996 say: In this Act “worker” (except in the phrases “shop worker” and “betting worker”) means an individual who has entered into or works under (or, where the employment has ceased, worked under) — (a) a contract of employment, or (b) any other contract, whether express or implied and (if it is express) whether oral or in writing, whereby the individual undertakes to do or perform personally any work or services for another party to the contract whose status is not by virtue of the contract that of a client or customer of any profession or business undertaking carried on by the individual; and any reference to a worker’ s contract shall be construed accordingly.

② 王全兴：《为“骑手”开通劳动权益保障之路》，《上海法制报》，2022年4月29日，第2版。

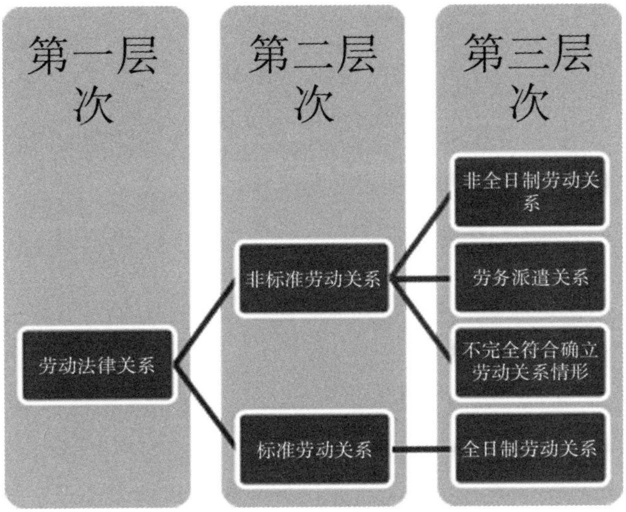

图 1　劳动法律关系分层调整模型

台就业”的新就业形态内涵，明确“不完全符合确立劳动关系情形”的相对方主体资格。

同时，从“不完全符合确立劳动关系情形”劳动者的权利规定方面，细化“56 号文”提出的平等就业权，规定符合新就业形态特点的最低工资标准、工时标准、社会保险缴费标准、平台算法监管标准等。借鉴英国劳动法对“工人”的规制思路，以“底线保护”为主，首先规定保障劳动者人身权的相关基准，如每单最低报酬、每周最高工时等。

四、结语

随着工业革命的开展，出现了工业化的劳动关系。与第二次工业革命相伴，19 世纪中叶，以保护劳动者基本人身权利为基础的现代劳动法律制度逐渐建立起来。第二次世界大战结束后，以自动化为特点的第三次工业革命推动劳动力从第二部门向第三部门转移，现代服务业快速发展，如今已成为主要就业领域。在以智能化为特征的第四次工业革命中，服务业的数字化转型导致劳动关系呈现出全新的形态。

尽管劳动关系随着时代不断变化，但是劳动法作为保护劳动者的专门法律，在新时代背景下依然具有重要价值。将新就业形态纳入劳动法范畴，不仅有可行性，而且可以实现“56号文”提出的“支持和规范发展新就业形态”的基本宗旨。实践证明，恰恰是每一次新技术带来的新经济，推动了劳动法律制度的新发展。

制度篇

交通运输新业态的劳动视角分析

（王锦，中国海员建设工会）

在互联网技术的推动下，交通运输新业态蓬勃发展。中共中央、国务院印发的《交通强国建设纲要》中指出大力发展共享交通、发展“互联网 +”高效物流、创新智慧物流营运模式等。伴随“互联网 +”时代的到来，公路货运行业车货匹配平台兴起，截至 2022 年底，全行业共有 1728 万名货车司机、2537 家网络货运企业；共有网约车平台 298 家、合规驾驶员 509 万人。交通新业态、新职业已经成为吸纳就业的重要蓄水池，网约车司机、货运平台司机等千万劳动者已是交通运输服务“标配”。

一、形势任务：应然与必然

党中央高度重视维护好新就业形态劳动者的劳动保障权益。习近平总书记多次作出明确指示，要求维护好新业态劳动者合法权益。适应经济发展形势的需求、立足工人阶级队伍发展变化实际，将新业态劳动者组织起来，维护好他们的劳动权益，是时代的应然与必然。

（一）无论时代如何变迁，都必须筑牢党执政的群众基础

在从传统业态向交通运输新业态转变的过程中，劳动力市场、劳动关系不断重塑，从车夫、轿夫、搬运工人、机动车司机到货运平台司机、网约车司机，交通行业劳动者群体不断发生变化。但是，把包括新业态劳动者在内的劳动者最广泛最紧密地团结在党的周围，不能因时代变迁而改变。党的群

团组织必须紧盯新业态劳动者，掌握战略主动，加强思路创新，在守牢传统业态工作阵地的同时，不断拓展在第三产业尤其是新业态领域的阵地。通过扩大组织覆盖面、服务覆盖面，不断巩固党执政的阶级基础和群众基础。

（二）无论产业业态如何发展，都必须不断凝聚新型就业力量

交通运输行业作为典型的传统业态，在与信息技术、现代金融服务等新技术、新产业交互过程中，交通运输新业态新模式不断涌现，其产生和发展，既对原有的行业生态形成了冲击，也为行业的转型升级进行了有益的探索，展现出了新的生机，催生出了新的业态。这种新业态，反映了先进生产力的发展需要，蕴藏着无穷的发展潜力，对经济发展和民生改善有着重要影响。只有凝聚起包括新业态劳动者在内的职工群众共同奋斗的力量，才能助推产业持续健康高质量发展。

（三）无论就业形态如何变化，都必须坚定站稳人民立场

交通运输新业态对传统经济模式进行影响和改造的同时，也对劳动者权益保障工作形成了新的挑战。虽然对于新业态劳动者与平台企业和其他用工主体之间的关系，存在不同的认识，但是新业态从业人员作为劳动者的性质和身份没有根本改变。无论就业形态如何变化，都必须始终坚持以人民为中心，最大限度地维护新业态劳动者的合法权益，推动新业态健康稳定发展，让新业态劳动者共享发展成果。

二、基本状况：平台与劳动者

近年来，网约车司机、货车司机依托互联网平台开展劳动，成为我国劳动力大军的重要组成部分。从劳动视角看，平台运行、平台劳动者、新业态劳动关系都呈现出不同于传统业态的特点。

（一）互联网运输平台企业运营特征

1. 从行业发展看，老行业和新技术结合

新业态是借助了互联网新技术，从传统运输方式中滋生出来的，虽不能作为一个独立整体从老行业中剥离，但是加速了行业的发展。据不完全统计，全国约 7 成的货车司机注册了货运 App，接近一半的货车司机通过平台寻找货源。网约车行业自 2015 年开始兴起至今，6 年间全国许可的网约车运输证数量从零快速增长到 211.8 万本，迅速形成了中国网约车行业竞争格局。

2. 从运营模式看，重 B 端和重 C 端结合

当前网约车平台主要有 C2C、B2C 两种运营模式，以 C 端为主。C2C 模式是公司搭建平台，由乘客和司机、货主和司机自主发布需求及接单，如滴滴出行、曹操出行等。B2C 模式是企业与个人之间的运输，车辆、司机通常由网约车公司统一管理，如首汽约车、神州专车等。网络货运平台主要有 B2C 和 B2B 两种运营模式，以 B 端为主，个体司机、车队、运输企业都是被整合的运力。B2C 模式以主要经营同城货运的货拉拉、58 速运为代表，B2B 模式以经营干线运输的满帮、中储智运、路歌为代表。从运营模式看，虽然新业态从业人员流动分散，但平台企业和 B 端是做好新业态工作的切入点。

3. 从生产过程看，实体和数据结合

平台公司掌握并分配客户需求、客户资源等数据信息，但是几乎不提供生产工具、原料等物化的生产资料。提供运输服务的货车、客车、电动车以劳动者自有和外包租赁公司持有为主，平台企业虽统筹了全链条的工作资源和劳动者的工作全过程，但组织形态更加松散。

4. 从工作内容看，老内容和新模式结合

新业态劳动者进行的生产劳动与传统业态并无区别，工作内容没有变化。提供运输服务的劳动者主要职责依然是把货物、乘客安全运送至目的地。但是工作模式发生了变化，前端工作资源分配和后端工作报酬的结算发生都要依托平台公司。首汽约车 CEO 魏东说过，互联网的确提高了出行服

务的效率，但是反过来看，互联网并没有替代汽车实体载体本身，也没有替代从出发地到目的地物理位移的本身，“我们还是坚定这个产业回归服务业本质”。

（二）交通新业态劳动者特征

新业态就业群体庞大，打破属地化作业，呈现不同于其他职业群体的从业特点。

一是以男性中青年为主。货运行业男性占比超过98%，网约车驾驶员中男性占93.5%，远高于全国其他行业从业人员性别比例。学历多在高中以下（被调查货车司机的文化水平以初中及以下为主，占比为67.7%），缺少统一的学习培训安排，专业化程度不高。目前货车司机的年龄集中在36~45岁，货车司机以农村户籍为主，占比为84.6%，农村户口占比较2016年（76.8%）调查情况有所扩大，货车司机是农村劳动力的主要就业方向。网约车司机城镇户籍占比超过60%。

二是以司机自雇为主。据调查，在企业雇佣、个体经营、平台合约等多种就业方式中，个体经营业户约占85%，自雇比例高。大部分货车司机兼具资本拥有者和体力劳动者身份，劳动供给过程中伴随如资金、运输工具、网络设备等生产资料的投入，是生产资料和运营风险承担者。调查显示，83.0%的货车司机反映其驾驶车辆是自有车辆，其中56.6%的车辆目前还在偿还贷款中；在网约车行业，驾驶员“以租代购”盲目进入行业是普遍现象。

三是以高强度劳动为主。交通运输新业态劳动者由于年龄、教育程度等因素，绝大多数仅能提供传统的、低端的运力和劳务服务，缺乏专业化、高端化的物流服务能力。他们都不在意休息休假权益，愿意通过高强度、长时间、多频次的工作换取更多的劳动报酬。货运行业单车单人驾驶越来越普遍，77.7%的货车是一位驾驶员，接单议价、选择路线、持续驾驶、解决故障都要独立完成，劳动难度和强度较大。网约车司机每天出车时间比较长，12个小时及以上的比例达到45.5%，超过8个小时出车时间的比例达到91.4%。

四是以自助维权为主。由于新业态劳动者不在企业就业，往往游离于体制和社会组织的服务之外，缺乏必要的劳动保护和社会保障，货车司机为追求互帮互助和争取认同，通过网络平台、微信等渠道进行交流，线上线下紧密联系，形成了很多规模大小不一的行业自组织，满足货源共享、事故救援、讨要运费、结交朋友等需要。调查显示，50.9% 的货车司机参加了卡友互助组织。这些组织规模程度差别较大，规模中等的组织，联络货车司机从百人到百万人不等，66.5% 和 71.3% 的货车司机在遇到困难时，首先会向组织求助。

（三）交通运输新业态劳动关系特征

在新业态下，生产的形式虽有所转变，对劳动和生产关系有所影响，但并未触及生产方式的本质，强资本、弱劳动的本质并没有改变。

1. 资本控制市场资源

客货运输服务与互联网技术融合后的新业态成为多方资本的角力场。互联网巨头、金融机构、主权基金及相关实业集团利用强大的资本支撑力，在网约车、货运平台、共享单车等领域以“烧钱”为武器，使得客源、货源信息不断聚集，平台逐步掌握甚至垄断了关键盈利信息，这些关键信息就是平台企业核心的生产资料。在“互联网 + 资本”模式下，仅仅依靠劳动者自身劳动和生产资料，如果没有平台的运输资源信息，是很难完成运营服务的。根据调查，个体货车司机 60% 左右的货源来自货运平台，货车司机对货运平台依赖性越来越高。

2. 算法调控生产过程

劳动者与平台虽然没有雇佣关系，但并不意味着不被雇佣。尽管平台的“去中心化”结构以及“平台”“算法”等修辞给人一种没有管理的印象，但司机实质上已经成为受到管理的劳动力。资本追求更高的交易量和估值，平台提供更精准的供需对接，计价规则、接单要求、订单分配等都在平台系统的操控之下。《2021 年中国一线城市出行平台调研报告》显示，抽成过高是网约车司机对于平台最为集中的抱怨，尤其是滴滴平台抽成过高而福利较少，各种特惠单、一口价单类型较多，每一种订单抽成规则都不一样。劳动者虽然没有与平台企业签订“看得见”的劳动合同，但被“看不见”的资本大手所操控。

3. 劳动者处于弱势地位

新业态劳动者多数都是国家重点关注的就业群体，如滴滴平台上有51.5% 是农民工、12% 是退役军人。一些平台公司将运输服务作为增加“流量”和“估值”的工具，算法规则的制定是司机个人难以接触和改变的，劳动者被深深困在“算法”里。此外，互联网让市场信息更加透明，劳动者之间的竞争更大。如在网络货运平台出现之前，司机都会与信息部固定合作，现在货源信息集中在平台，看似司机们更便捷地获得了货源信息，但是在抢单竞争模式下，司机获得的利益实际上更少了。

三、问题导向：重点与难点

交通运输行业生产力的信息化、智能化和网络化发展，货车司机、网约车司机生产关系的个体性、流动性和虚拟性联结，对传统劳动法律体系、就业服务管理、社会保障政策是一个新的课题，劳动权益的保障面临很多难题需要破解。

（一）组织覆盖不够便捷

“在路上”“在网上”是交通运输新业态劳动者的常态，党群基层组织的属地建设与交通运输流动性的职业特点交叠，使得组织覆盖的推进面临较大困难。按照属地原则，从理论上讲，党组织和工会组织达到对货车司机、网约车司机的全覆盖是可期的。但是，在工作实践中，司机尤其是货车司机入会成效并不明显，货车司机流动性强、四海为家，联系最多的是与他们有经济合作关系的运输平台、停车休息的加油站以及装卸货物的物流园区，属地工会并不是与其联系最便捷最密切的。很多交通新业态劳动者没有工作单位，劳动所得是经营性收入，而不是“工资”。基于传统劳动关系产生的工资集体协商、职工代表大会、工会经费拨缴等权利义务难以实现。

（二）劳动保障不易到位

传统就业群体、管理手段、劳动法律体系、就业服务管理、社会保障政策等不能完全适用于新业态劳动者。网络货运平台以承运人身份与托运人签订运输合同，撮合平台提供居间服务，不介入道路运输经营活动。三者之间因货物损坏、运输时效等纠纷导致货车司机运费被拖欠产生民事合同，不在劳动法保护之列。司机缺乏解决纠纷的时间、资源和手段，加之文化水平低、法律意识淡薄，容易铤而走险，采用不合理维权手段，影响正常经营秩序，产生负面社会影响。

（三）多样需求难以满足

货运司机的服务需求与职业特点息息相关，高度流动性的特点需要全过程、全路程的服务，因此其对社会公共保障充满了期待，其参与运营的特点使他们对运价、油价的变化非常关注。调查显示，货车司机希望获得的公共性服务中，法律援助占比为75.6%，救援救济占比为64.8%。此外，货车司机、网约车司机对价格指导需求较大，能够投保工伤保险、参加安全教育、接受公益体检等也是普遍需求服务。各相关部门如何根据平台司机职业特点和需求，精准匹配社会公共服务，是值得研究的重要课题。

四、责任担当：实践与思考

做好货车司机等新业态劳动者的组织和服务工作，是党中央的明确要求。几年来，交通行政、人社部门、工会组织等相关单位立足实际、主动作为，从政策制度、推动入会、维权服务和调查研究等方面开展了一系列相关工作，取得了初步成效。

在顶层设计方面，《国务院办公厅转发交通运输部等部门关于加快道路货运行业转型升级促进高质量发展的意见》《网络预约出租汽车经营服务管理暂行办法》《关于切实维护新业态劳动者劳动保障权益的意见》《关于加强货车司机权益工作的意见》等文件相继出台，道路货运业健康稳定发展部际联席会议机制、交通运输新业态协同监管部际联席会议等机制成立并积极发挥作用，切实推动网约车司机、货车司机从业环境和权益保障的改善。在组织覆盖方面，在交通运输行业开展新业态、新就业群体党建工作试点，全国总工会先后开展推进货车司机等群体、新业态劳动者入会专项工作，组织江苏、安徽两省总工会开展货车司机网上入会试点工作。积极推动平台企业党建、工建组织设置，着力打造一贯到底的组织体系。在关爱服务方面，全国总工会和交通运输部开展了“司机之家”建设工作，中国海员建设工会依托产业链整合社会资源，联合三家全国性行业协会和中国职工基金会开展“暖途·货车司机职业发展与保障行动”，初步形成了货车司机公益服务体系。聚焦技能提升、安全行车、帮扶救援、风采展示，组织开展的安全行车百万公里驾驶员劳动竞赛、“最美货车司机”“最美出租汽车司机”推选宣传等活动深入人心。

下一步，建议从以下三方面着手，统筹处理好促进新业态经济发展和维护新业态从业人员利益两者之间的关系，促进新业态劳动用工和谐稳定。

一是新业态劳动保障要和市场监管一体推进。国务院《“十四五”市场监管现代化规划》（国发〔2021〕30号）指出，当前市场监管工作面临新形势、新特点、新挑战，商品和服务市场在相互渗透中加快融合，线上和线下市场在并行交织中形成复杂生态，新产业新业态新模式不断涌现，效率和公平、创新和保护的需求更趋多元。在对新业态的法治监管、智慧监管、信用监管不断健全的同时，也应聚焦重点领域重点群体和头部企业，不断细化平台企业的劳动保障责任。交通运输、人社、工信、市场监管等部门可直接从政府监管、社会责任的角度，聚焦劳动报酬、休息休假、劳动保护等，协同建立协商机制。

二是探索建立新业态多元主体共治试点。党的十八大以来，习近平总书记多次就坚持、发展“枫桥经验”作出重要指示，要求为“枫桥经验”赋予新的时代内涵。面对大量新业态劳动者，传统的以单位为基础的社会治理体制覆盖范围不足；面对数以亿计的灵活就业人员，传统的以属地为基础的社会治理体制协同能力不足。在当前新业态法律规范、市场监管还未完全到位的情况下，尊重新业态劳动用工的市场规律，发挥好社会主体和人民群众的治理作用尤其重要。建议在北京、上海、深圳等交通新业态发展良好的城市建立多元主体治理试点，构建政府监管、行业自律、平台自治、公众参与的行业性区域性多元共治体系，打造交通运输新业态“枫桥经验”。通过发挥试点在新业态矛盾纠纷预防调处化解中的作用，弥补政策调节新业态的滞后不足，破解交通新业态领域社会矛盾尤其是劳动纠纷集中高发的复杂局面。

三是充分利用社会力量做好维权服务。新就业劳动者数量巨大、诉求多元，群团组织能够提供的维权服务类型不够、覆盖面不广，深耕细作不够。鉴于此，中国海员建设工会联合三家全国性行业协会和中国职工发展基金会开展了“暖途·货车司机职业发展与保障行动”，通过鼓励引导社会组织和爱心企业履行社会责任，构建了涵盖法律维权、道路救援、典型选树、保险保障等方面的货车司机社会化服务网络，为新业态劳动者维权服务形成新经验、贡献新方案。建议交通运输党政、工会、协会组织加强协同、形成合力，秉持开放、合作、共享、公益的精神，利用市场思维和市场方式，撬动并整合好公益慈善、爱心企业、志愿服务庞大的社会资源，为交通运输新业态劳动者维权服务汇聚更多资源、凝聚更强力量。

新就业形态劳动者权益维护：意义、困境与路径

（李阳，全国总工会法律工作部）

近年来，随着平台经济、共享经济的迅猛发展，新就业形态群体规模不断壮大，成为我国劳动力大军的重要组成部分。与此同时，新就业形态劳动者权益保障滞后，劳动关系认定难、社会保障欠缺等问题凸显，引起党和政府的高度重视和社会广泛关注。习近平总书记对新就业形态健康发展以及新就业形态劳动者权益维护多次作出指示批示，强调高度关注新业态发展，坚持网上网下结合，做好新就业群体的思想引导和凝聚服务工作。解决好新就业形态劳动者权益维护问题，是落实习近平总书记重要指示批示和党中央决策部署的必然要求，是坚持以人民为中心，满足人民群众日益增长的美好生活需要的重要途径，是构建和谐劳动关系，推动经济社会高质量发展的重要保证，是完善收入分配制度，推动实现共同富裕的关键内容。为包括新就业形态群体在内的劳动者提供切实有力保障是我国社会发展的基本取向，需要在认真研究的基础上厘清新就业形态劳动者的概念，系统分析劳动权益维护方面存在的问题及表现形式，深入思考破解新就业形态劳动者权益维护难题的方式和路径。

一、新就业形态劳动者概念的界定

人是生产力中最具有决定性的力量，也是推动生产力发展的基本力量。在社会主义市场经济发展过程中，先后出现了改革开放初期的“打工

仔”“打工妹”，城乡一体化进程中的“农民工”“进城务工人员”，互联网经济时代的“灵活就业人员”“新业态从业人员”“新就业形态劳动者”等不同的就业群体，在不同的历史条件和社会背景下，该群体发挥着推动经济社会发展的重要作用。不同就业群体之间存在交叉、重合，又各具特点，有明显的不同。例如，新业态从业人员和新就业形态劳动者有重合，但又各有侧重。新业态从业人员是突出业态新，即从事数字平台经济、共享经济等新兴业态的劳动者。新就业形态劳动者强调形态新，即与传统就业形态不同，就业模式具有去雇主化、平台化等特点的劳动者。目前，有关新就业形态劳动者的定义没有统一标准，实践中也存在如何规范有序发展、依法科学维权服务等问题，亟须立足新就业形态的发展规律，有效界定新就业形态劳动者的内涵和外延，有效回应实践发展和现实需要。

科学界定新就业形态劳动者，首先需要客观全面认识新就业形态。就业是生产资料与劳动者结合的一种具体形式，任何就业形态都是经济社会发展到一定阶段生产力水平及其相应生产关系的外在表现。伴随新一轮科技革命的快速发展和大数据、云计算、移动互联网等信息技术的广泛运用，劳动关系和劳动方式发生深刻变化，具体表现为对互联网及其衍生数字技术的依赖性增强、就业形式更加灵活多样、雇佣双方关系呈现去雇主化、法律关系复杂等诸多方面，由此也就产生了与传统就业形态相比，具有“就业领域新、技术手段新、组织方式新、就业观念新”以及“雇佣关系灵活化、工作内容碎片化、工作方式弹性化、创业机会互联网化”等特点的所谓新就业形态。新就业形态劳动者就是在上述语境下，适应技术和组织形态的不断变革，以互联网平台、分享经济等新技术为依托，获取就业机会，提供劳动力并获取劳动报酬的从业人员。

新就业形态劳动者和平台企业之间的法律关系，实践中情况比较复杂。2021 年 8 部委联合发布《关于维护新就业形态劳动者劳动保障权益的指导意见》规定了“不完全符合确立劳动关系情形但企业对劳动者进行劳动管理”的情形，作为介于标准劳动关系与民事法律关系之间，众多学者所谓的“第三类劳动者”，这既是一种制度和理念创新，又有效摆脱了新就业形态劳动者与平台企业之间因人格从属性弱难以认定劳动关系，进而权益难以得到保障的困境，客观上也丰富了新就业形态劳动者的内涵。当然，这并不是中国遇到的新问题，国外也有关于第三类劳动者的法律规定。比如，英国的“非雇员劳动者”或“准依赖劳动者”，是介于雇员劳动者和自雇劳动者之间，对雇主存在经济依赖性的自雇佣工人。加拿大的“依赖性承包人”、德国的“类雇员”亦属如此。结合国外经验和我国的有关政策规定，从法律关系的视角，新就业形态劳动者主要包含三类：一是“平台单位就业员工”，指与平台企业或合作企业建立标准劳动关系的劳动者。二是“平台网约劳动者”，指与平台企业不完全符合确立劳动关系的情形，但接受平台企业劳动管理并获取报酬的劳动者。三是“平台个人灵活就业人员”，指依托平台从事个体经营活动的劳动者。

综上，在准确把握生产力和生产关系发展规律基础上，对新就业形态劳动者的内涵和外延予以界定，突出了新就业形态劳动者对互联网平台以及数字技术的高度依赖，抓住了事物发展变化的本质，对系统谋划包括新就业形态群体在内的劳动者权益维护工作，促进新经济形态的健康发展，进而推动经济社会高质量发展，具有重大理论和实践意义。

二、新就业形态劳动者权益维护方面存在的主要问题

随着经济社会发展，国内新就业形态劳动者数量迅速增长。2020 年，我国共享经济服务提供者约 8400 万人。与传统就业形式相比，新就业形态劳动者大部分集中于交通出行、外卖服务、共享住宿、网络直播等劳动密集型服务业，同时有向专业技能服务、内容创作、知识付费等知识技能密集型行业扩大的趋势。新就业形态劳动者专兼职情况不一，收入报酬相对可观。但由于平台网约劳动者和平台个人灵活就业人员等新就业形态劳动者独立性、灵活性、自主性较强，与当前劳动关系的法定要素不相匹配等多方面因素，导致社会保障依据不足，权益保障比较薄弱，面临的问题较为突出。

（一）社会保障需要有效制度支撑

社会保障是民生安全网、社会稳定器，是保障和改善民生、维护社会公

平的基本制度保障。由于大部分新就业形态劳动者与平台企业之间没有建立标准劳动关系，无法通过平台企业参加工伤、失业保险，目前只能以灵活就业人员身份参加基本养老保险和医疗保险。以工伤保险为例，现行工伤保险制度建立在稳定劳动关系基础上，平台企业与新就业形态劳动者之间用工方式灵活自由，难以认定为劳动关系，加上新就业形态劳动者兼职比例较高、人员流动性大，普遍存在“多平台同时就业”情况，无法纳入现行工伤保险制度，一旦发生职业伤害难以得到有效保障。

（二）休息休假权益需要得到有效保障

劳动者有休息休假的权利，这在《宪法》《劳动法》《国务院关于职工工作时间的规定》等有关法律法规中有具体规定。遵守国家工时制度是用人单位的法定义务。实践中，存在部分平台企业将超时加班制度化、隐形化，通过协商签订协议或利用强势地位引导员工“自愿加班”，通过企业文化鼓励员工超时加班，通过制定不合理劳动定额或偷换时间概念强迫员工超时加班等情况。相关调研显示，40.2% 的新就业形态群体无法实现每周双休，仅能在春节期间休息的占 10.6%；每天工作时长超过 8 小时的比例超过七成，工作时间 10~12 小时的占 18.1%。当然，也有相当一部分新就业形态劳动者为追求高收入，自愿、主动延长工作时间。

（三）劳动安全和职业健康保护需要加强

包括新就业形态劳动者在内的广大职业人群是国家经济社会发展的主力军和中坚力量，是社会可持续发展的基础。多数新就业形态劳动者在户外工作，劳动时间长、劳动强度高，劳动安全培训和保护措施较少，安全意识比较薄弱，安全事故特别是交通安全事故频发。根据北京市海淀区总工会针对平台经济从业者劳动状况的调查显示，12.43% 的被调查者表示自己曾经遭受过各种形式的意外事故。还有一些平台企业利用算法单方面制定修改规则等，不断挑战劳动者的工作极限，致使新就业形态劳动者在工作中承受着巨大的身体负担和精神压力。

（四）组织化程度需要进一步提升

新修改的工会法明确“工会适应企业组织形式、职工队伍结构、劳动关系、就业形态等方面的发展变化，依法维护劳动者参加和组织工会的权利”，有效解决了“以工资收入为主要生活来源的劳动者”不能完全涵盖新时期工人阶级所应囊括的所有群体的问题，为新就业形态劳动者行使建会和入会等集体权利提供法律保障。实践中，新就业形态群体普遍具有高流动性、低团体依赖性特点，组织化程度低，特别是加入工会的比例很低。据上海市总工会针对新就业形态群体的问卷调查，超过一半的受访者表示未参加过工会。湖北省网约送餐员入会率仅为10%。还有一些新就业形态群体选择通过自组织维权，存在较大风险隐患，对维护劳动领域政治安全带来挑战。

（五）权利救济需要统一的裁判标准和明晰的裁判尺度

劳动者法律身份认定问题已成为新就业形态领域亟待解决的最大“短板”，现有劳动法律法规难以对新就业形态进行有效的统一规制。以外卖行业为例，骑手的劳动关系认定在不同经营模式下、不同地区法院审理时，可能会出现不同的认定结果。根据北京致诚农民工法律援助与研究中心发布的《外卖平台用工模式法律研究报告》，全国目前可查到的外卖骑手与平台认定劳动关系的司法判决共1907件，但不同地区劳动关系案件认定结果情况存在较大差异，上海有近五成争议案件中，骑手与平台之间不能被认定为存在劳动关系，山东的比例也达到了近四成，北京和重庆的判决情况则倾向于确认双方存在劳动关系，分别有91%和84%的争议案件被认定为存在劳动关系。适用法律方面存在的现实困境，使得新就业形态劳动者在依法维护自身权益方面面临突出困难，也给“新经济、新业态、新模式”的持续发展带来巨大的不确定、不稳定因素。

三、新就业形态劳动者权益维护需要重点把握的几个问题

新就业形态劳动者在我国经济社会发展中发挥着不可或缺的重要作用，

解决好新就业形态劳动者面临的困难和问题，是构建和谐劳动关系、实现经济社会高质量发展的必然要求。近期，国家和地方层面密集出台了一系列新就业形态劳动者劳动权益保障的制度文件，初步构建了促进平台经济规范发展、维护新就业形态劳动者权益的制度框架。有关部委通过发布典型案例、开展专项检查等活动，强化劳动法律法规贯彻执行。新就业形态劳动者权益维护是一项系统性工程，政策性强、社会关注度高，需要从更高的维度去思考和谋划，探索研究保护劳动者和平台经济发展之间保持动态平衡的现实路径，推动新就业形态劳动者权益维护工作高质量发展。

（一）把握问题本质，统筹协调好促进企业发展和维护新就业形态劳动者合法权益之间的关系

依据经济学相关理论，企业发展和职工权益维护之间的关系本质上属于资本扩张和利益分配问题。一方面，资本具有逐利本性，对企业来说，就是以营利为目的，但同时包括企业在内的资本发展，又是带动各类生产要素集聚配置的重要纽带，是促进社会生产力发展的重要力量，也是职工从事生产劳动、获取劳动收入的主要载体。可以说，企业健康发展是职工权益保障的根本保证。另一方面，我国社会主义国家的性质决定了我们必须坚持在社会分配中体现人民至上原则，坚持发展为了人民、发展依靠人民、发展成果由人民共享，具体到新就业形态，就是要维护好新就业形态劳动者劳动报酬、休息休假、安全卫生等劳动经济权益，满足不断增长的物质生活和精神文化等多元化需求。职工权益保障到位，会正向激励其投身企业建设的热情，形成企业发展和职工权益维护的良性循环。在深刻认识双方关系本质的基础上，国家有关部门可进一步深化改革力度，按照“量力而行”“顺势而为”“务实审慎”“包容发展”的原则，完善顶层设计，引导新就业形态健康、稳定、有序发展，为新就业形态劳动者权益维护提供经济基础和物质保障。

（二）坚持以人民为中心的发展思想，积极适应社会主要矛盾变化，推动新就业形态劳动者权益维护

以人民为中心，强调“人本价值观”，突出人的主体维度，是中国共产

党初心使命、价值取向、根本立场的具体体现。新时代我国社会主要矛盾转化为人民日益增长的美好生活需要和不平衡不充分的发展之间的矛盾。在新就业形态领域，表现为劳动就业、收入分配、社会保障还存在短板，新就业形态劳动者的利益实现还有难点，对美好生活的需要日益多元，正在从物质性需求向社会性、精神性需求转变。社会主要矛盾发展变化对新就业形态劳动者权益维护提出新的课题，需要坚持问题导向，以社会保障欠缺、组织程度偏低、权利救济困难等问题为突破口，系统联动、压茬推进，通过完善制度规定、强化法律执行、加强行业自律、加强工会组织建设等有力举措，推动新就业形态劳动者工作更稳定、收入更满意、社会保障更可靠、精神文化更丰富。

（三）立足共建共治共享社会治理新格局，协同推进新就业形态劳动者权益维护

新就业形态快速发展，推动互联网经济与实体经济不断融合，极大地提升了经济社会发展水平，改善了人民生活质量。同时，大量新就业形态劳动者却游离于现行社会治理体系之外，无法分享社会治理体系下的公共服务资源，这也成为进一步加强和创新社会治理，推进治理能力体系和水平现代化亟须解决的重点问题。加强和创新社会治理，要以最广大人民根本利益为坐标，整合多方资源，形成工作合力。在总结实践经验基础上，重视发挥平台的社会属性，尝试“政府监管 + 平台治理 + 行业自律 + 社会协同”的治理思路，由政府、社会与平台企业协同治理，通过强化市场监督管理、完善诚信体系建设、制定社会责任标准、发出行业健康发展倡议等方式，共同谋划新业态健康发展和体面劳动的实现路径。

（四）以推动实现共同富裕为愿景，做好新就业形态劳动者权益维护

共同富裕是社会主义的本质要求。共同富裕不是简单的物质生活富裕，而是兼顾物质生活和精神生活的富裕，实现人的全面发展。新就业形态劳动者是促进共同富裕的重点保障人群。维护好新就业形态劳动者劳动经济权益、民主政治权利，通过健全工资决定和正常增长机制，提升初次分配中的

劳动报酬占比，加大职业教育力度，健全技能培训体系，建设多层次社会保障体系，促进维权服务普惠化、均等化，完善劳动关系协调机制，妥善化解劳动争议纠纷，进一步激发劳动、知识、技术、管理、资本等要素活力，让每一个新就业形态劳动者成为共同富裕的直接参与者、积极贡献者、共同受益者。

参考文献：

［1］张成刚．就业发展的未来趋势，新就业形态的概念及影响分析［J］．中国人力资源开发，2016（19）．

［2］谢雨，吕莉，邵玉姿，等．互联网 + 激活新就业形态［N］．人民日报，2018-03-17.

［5］常凯．平台企业用工关系的性质特点及其法律规制［J］．中国法律评论，2021（4）．

关于加快数字经济劳动关系立法的思考

（何应洋　钮友宁，江苏省总工会）

随着新一轮产业革命和科技变革形成的浪潮冲击，当今世界是科技、资本和技能为王的数字经济时代，综合国力竞争是科技实力和人才资源的正和博弈，人力资源是现代经济社会高质量发展的重要引擎，高素质产业职工队伍是高质量发展的决定力量，是深化人才供给侧和需求端结构性改革的必然结果。全面贯彻习近平新时代中国特色社会主义思想，全面落实党的依靠方针和践行党的群众路线，就要科学统筹发展安全和实施国民素质提升行动，弘扬新时代劳模精神、劳动精神、工匠精神，加快实施产业职工的数字赋能和技能成长进程，为广大职工搭建广阔的建功立业和施展才华舞台，在推进制造业数字化转型和智能化改造进程中，打造一支知识型、创新型、技能型的高素质劳动者大军，推动产业工人成为中等收入阶层的重要成员。

促进全体人民的共同富裕和实现人的素质全面发展。将共建共享和谐劳动关系融入我国基层社会治理，有效维护职工队伍的团结统一和社会的和谐稳定，这是各级党委政府夯实执政兴国基础的战略举措，工会聚焦主责主业和依法维权服务的攻坚任务。

一、我国数字经济发展对劳动关系产生深远影响

随着国际经济全球化和数字信息产业化的迅猛发展，国际竞争环境和国内发展态势变化交织激荡，我国职工队伍的阶层分化和劳动者素质结构重组，经济社会发展治理决定职工队伍和劳动关系的走势，和谐劳动关系是维

护我国社会和谐稳定的“定海神针”，共建共享和谐劳动关系成为一项社会系统工程。从现代信息技术手段对劳动关系的影响来看，互联网平台经济、共享经济和数字经济成为我国发展新动能，深刻改变着我国经济发展方式和社会治理结构，改变着我国的社会组织结构和利益分配格局，改变着人们的思维方式、行为习惯和消费观念。

新产业新业态新技术新模式的兴起和成熟运用，我国职工队伍利益分层和职业素质结构重塑分化，职工队伍的规模总量和年龄结构保持相对稳定，市场价格机制在资源配置中起着决定性作用，普惠公平的劳动保障和公共政策导向作用更加明显，职工市场流动和行业分布与产业经济结构相适应，新生代农民工、劳务派遣工和新就业形态劳动者，已经成为我国新时代职工队伍的重要组成部分，成为高质量发展实现社会共同富裕的重点受惠人群。

由于“中等收入陷阱”和“刘易斯拐点”处于临界，城乡适龄劳动力“用手投票”和“用脚投票”，城镇企业正规就业的职工结构加快老龄化尤为明显，与互联网新就业形态劳动者年轻化形成鲜明对比。成长性企业尤其是高新技术企业对技能人才需求旺盛，与职业教育普及率和市场供给不足形成鲜明对比，各类职工群体跨阶层社会流动的阻力加大，知识和技能专业性成为结构性失业的重要诱因，疫情防控常态化影响着企业生存环境和职工生活品质。

企业劳动关系趋向于市场化、数字化、契约化、多元化、复杂化，劳动关系矛盾和社会利益诉求形成同频共振效应，有效化解因劳动关系引发的社会矛盾和系统风险，成为增强国家安全能力和完善社会治理体系的重要标尺，直接影响着共商共建共享我国新时代和谐劳动关系，直接影响着广大职工对发展趋势和生活品质的信心，对于工会依法有序承接公共职能和协调劳动关系，更好地代表、维护和发展各类职工群众的合法权益，提升职工队伍整体素质和改善生活品质带来新的挑战。

国际国内因素共振从需求端和供给侧冲击中国经济，给我国行业发展和企业经营带来持续下行的压力，深刻影响着我国职工队伍和劳动关系的发展趋势，影响到职工对可持续发展的心理预期和就业心态。职工队伍利益分层趋势加剧和劳动关系显性复杂，劳动领域政治安全成为统筹发展安全的重点领域。

集体劳动争议案件和职工群体性事件的多发频发，企业劳动关系矛盾预警监测和调处机制亟待完善，对工会维护劳动关系和谐稳定提出新的更高的要求。要有效凝聚共商共建共享和谐劳动关系的社会共识，形成推动高质量发展的国家发展战略和劳动关系智库，提出实现体面劳动和促进全面发展的政策主张，旗帜鲜明地促进企业发展和维护职工权益齐头并进，有效化解因劳动关系引起社会动荡的外溢性风险。

二、结合实际加快我国数字劳动基准法立法进程

一是要主动聚焦互联网信息技术发展。为适应我国互联网平台数字经济发展的新要求，围绕我国数字产业化升级和产业数字化转型背景，推动加大科技创新政策和市场资源要素供给力度，提高企业职工职业技能素质信息化和数字化水平，结合现代产业经济需求培养更多的“数字工匠”，推动先进制造业的“智改数转”和创建“灯塔工厂”。聚焦电子信息、物联网、大数据、人工智能等战略性新兴产业需求，加快构建我国数字技能人才培育和引进机制，为高端制造业数字化转型升级搭设技能人才桥梁；要结合实际强化产教融合和校企合作的通道建设，发挥各级政府宏观经济部门和职能部门整合作用，建立一套以数字化为基础的新型职业技术教育制度，聚焦新职业新工种和紧缺岗位，加强职业技能培训，广泛组织开展数字技能岗前、在岗和转岗培训，全面提升广大职工数字技能素质及发展能力。

二是明确我国互联网劳动关系的认定标准。随着新一轮产业变革和科技革命的浪潮冲击，互联网等数字技术快速迭代、大数据广泛运用，助推数字产业化和产业数字化交融发展，对劳动力市场和就业素质结构产生深远的影响，催生以平台化、去雇主化为特征的新就业模式，与之相关的政策支持、社会保障和治理体系尚不完善，新型就业人员与平台企业间的法律关系难以界定，劳动关系认定、工伤赔偿、社保缴纳等涉及劳动者法律保障的问题亟待规范。要着眼于我国高质量发展要求和强化鲜明问题导向，加快劳动保障政策调整和劳动关系立法进程，推动结合实际出台国家和地方性法律和法规

政策，从保护所有劳动者基本权益的角度出发，坚持促进企业发展和维护职工权益的企业工会原则，最大限度地把数字劳动者吸纳到工会组织中来，结合现代产业和行业转型升级的人力资源需求，确定新行业新工种的职业规范和权益保障机制，破解互联网劳动关系认定中的界限模糊问题，有效预防新业态中劳动关系泛化和劳务化倾向，在维护城镇企业和正规就业职工合法权益的同时，加快完善新就业形态权益保障的制度和政策体系，建立健全适应新就业形态的劳动和社会保障标准，关注灵活就业人员中打零工群体的生活品质改善问题。针对我国新就业形态的发展趋势和特点规律，研究和制定有关报酬支付、职业安全等劳动标准，建立健全有效调处劳动争议纠纷的预警和调处机制，为广大职工尤其是新就业形态劳动者提供权益保障。

三、加强对新就业形态就业的规范指导与监管

要联合政府部门和专家智库对新就业形态的政策研究，推动修改《劳动法》《劳动合同法》，制定我国新时代互联网平台数字经济劳动基准法，形成中国特色依法协调劳动关系的劳动基本法系；推动政府部门出台新就业形态用工合规操作指引，为新就业形态依法规范用工提供精准指导；探索建立新就业形态的职业伤害保障制度，为新就业形态劳动者提供必要的社会保险和安全保障；在行政执法和司法实践中对假借灵活用工之名，行规避法定义务和法律责任之实的情况准确定性，严格执法，依法惩罚企业侵权和违法用工行为。对不完全符合认定劳动关系情况中劳动者权益保障问题，要积极推动国家层面尽快补齐劳动法律法规空缺。加强相关产业、行业协会和工会组织建设，充分发挥行业组织民主协商的社会自治功能，推动相关劳动者权益保障和政策在基层落到实处；通过企业工会、产业工会、行业工会联合会、区域工会联合会等多种形式和线下线上各种方式，大力推进吸纳新形态就业者入会的工会组织建设，实现各级工会组织对新就业形态劳动者的全覆盖，认真做好政治引导、权益维护和帮扶服务等工作。

四、深化数字经济时代和谐劳动关系创建

一是深化企事业单位民主管理制度。民主参与和民主管理是中国工会的传统优势和制度特色，是由坚持党的领导和社会主义国家性质决定的，工会工作是党的群团工作的重要组成部分。坚持源头参与和宏观维护相结合的组织优势，将加强企事业单位民主管理制度体系化建设，列入各级党委常委会年度工作要点，写入各级人民代表大会和政府工作报告，着力加强基层民主政治建设和保障人民当家做主，作为治国理政的基础性工作融入全局统筹部署。坚持以创建民主管理先进单位、示范单位活动为牵引，以开展全国性民主管理工作互查互检为重要抓手，推动企事业单位逐步构建以职代会为基本形式，以厂务公开和职工董事监事制度为重要形式，以协商民主为补充形式的“四位一体”民主管理制度体系，全面保障职工的知情权、参与权、表达权和监督权。适应平台和数字经济迅速发展的新形势，在巩固传统行业企业建会建制成果的基础上，积极探索构建符合新就业形态劳动者特点的民主管理的新机制，发挥互联网平台企业数字化和智能化的特点优势，建立更加灵活便捷畅通的民主参与、民主表达、民主监督形式，保障包括新业态劳动者在内的所有劳动者普遍行使民主权利。

二是完善劳动关系三方协商机制。把共建共享和谐劳动关系摆在重要工作位置，推动完善政府、工会、企业共同参与的协商协调机制，积极参与协调劳动关系和维护职工合法权益，有效调解因劳动关系引发的各种社会矛盾，将工作重心下沉，维权关口前移，满足职工群众对劳动就业和职业发展的现实需要；健全协调劳动关系三方协商机制的组织建制体系，完善工作例会、情况通报和协商议事规则，推动有条件的地方实现三方机制实体化运作和常态化管理，重点推动工业园区、乡镇（街道）和行业系统建立三方机制，努力构建多层次、全方位、网格化劳动关系协商协调格局；大力推进行业性、区域性集体协商，结合企业和职工开展集体协商质效评估工作，进一步巩固提高各类集体协商的覆盖面和实效性。健全企业劳动争议调解组织和相应的工作制度，创新劳动人事争议联动调解仲裁等机制，强化劳动调解仲

裁队伍和工会公职律师建设，推进“互联网＋调解仲裁”和职工法律援助对接。

三是深化和谐劳动关系创建活动。深入实施劳动关系“和谐同行”能力提升三年行动计划，选树示范性优秀劳动关系和谐企业并推广典型经验。全面落实《关于对劳动关系和谐企业加强正向激励的意见》，加大对非公有制企业及中小企业和谐创建的指导培育、评估认定和正向激励力度，推广和谐企业创建在线评定和形成闭环管理，向公共信用管理部门推送和谐企业守信“红名单”标注，为和谐劳动关系企业扩大赋能和提升管理绩效；健全工会公职律师参与职工法律援助办案机制，做到符合相应条件和标准的案件“应援尽援”，拓宽职工尤其是新就业形态劳动者申请工会法律援助途径，提高各级工会尤其是基层工会法律援助的办案质量；健全工会劳动关系发展态势监测和分析研判工作机制，加强与人社、司法行政等部门以及法院的协作配合，在劳动关系分析研判、劳动隐患排查化解、劳动领域和谐共建方面形成合力；完善工会主导的劳动法律监督和联动机制建设，突出预防和协商相结合的新型监督理念，聚焦农民工、新就业形态从业人员等重点群体，聚焦劳动关系矛盾纠纷多发的中小微企业，聚焦恶意欠薪、违法超时加班、违法裁员、未缴纳或未足额缴纳社会保险费等问题，开展企业劳动用工监督评估专项服务行动，帮助用人单位和平台企业依法规范劳动管理和用工制度。

五、着力推进我国高素质的“数字工会”建设

要根据全国总工会建设“互联网＋普惠性服务”项目的要求，全面实施全国和省级“十四五”数字工会建设规划，同步融入“十四五”全国总工会信息化建设工程，推动“数字工会”一体化、标准化、融合化、智慧化建设，打通各级工会间的组织壁垒、数据壁垒、工作壁垒，发挥出职工服务平台的数据整合和普惠服务功效，提高基层工会覆盖参与度和职工浏览点击率，积极探索形式多样的视频互动活动和网上交流，增强工会对职工思想动态和舆情研判的主动性，形成基层工会强化维权服务功能的多媒体矩阵；以加强省市县级“数字工会”建设互联互通为基础，创新现代工会组织体制、

运行机制和活动方式，努力形成线下线上有机融合、相互支撑的组织体系，有效畅通各级工会之间的信息传递和联络渠道；加强与政府门户网站和公共服务平台的共享合作，为基层工会联系服务职工群众构建互动交流平台，推动各级工会开展服务内容和服务模式迭代创新，探索跨区域、共建共享的高黏性在线普惠服务项目，使广大职工能够跨地域享受更优质的工会品牌服务，建设工作有力、组织顺畅、充满活力的现代工会组织。

参考文献：

［1］伊莎贝尔·道格林，克里斯多夫·德格里斯，菲利普·波谢．平台经济与劳动立法国际趋势［M］．涂伟，译．北京：中国工人出版社，2020.

［2］吴斌，范太华．数字经济人才培养赋能企业高质量发展——以中南大学“数字经济企业经营管理研修项目”为例［J］．继续教育研究，2023（1）.

浅谈数字经济给劳动关系和劳动法治带来的机遇和挑战

（徐靖，荆门市总工会）

随着5G、互联网、智能AI等技术的不断发展，整个中国社会进入了"数字动力"时代。这些技术不断实现着群众对美好生活的愿望，智能家居、智慧社区乃至当下群众日日期盼的实时"绿码"都是"数字＋工人智慧"带来的便利，不断推动着经济的发展和社会的进步。就以数字经济下的5G网络为例，它使网络技术进入新纪元。据《中国互联网络发展状况的统计报告》显示，截至2022年6月，我国网民规模为10.51亿，互联网普及率达74.4%，互联网建设实现了全面覆盖，做到了"县县通5G、村村通宽带"，这也标志着"数字"已成为中国百姓生活中的"家常便饭"，数字经济也成为新业态中"数一数二"的佼佼者。

数字经济作为新生事物，我们更应以客观包容的心态去对待，不得不说数字经济在推动生产力和生产关系的变革方面作用显著，也对整个社会的社会生产力及社会文明程度提升起着举足轻重的作用。但数字经济也带来了诸如人文关怀不够、社会结构性失业等挑战。怎样处理数字经济与劳动之间的关系，做好以劳动者视角推动社会发展和职工权益保障的"双向"工作，就需要解决"经济与法治""企业与职工""创新与创造"之间的关系，让数字经济在法治的轨道上实现自我的更新，进一步促进劳动关系的和谐。

一、数字经济发展对劳动关系改善的潜在助益

（一）新时代劳动关系需要引进“数字”参与其中

自中国共产党执政以来，我们改变了资本主义的“剥削”体制，创造并发展了社会主义市场经济体制，在这种体制下政府与市场实现了长期均衡。早在 1996 年美国学者泰普斯科特就提出了数字经济这一概念。在社会主义市场经济蓬勃发展的背景下，世界第二大经济体的中国也萌生了这一经济。2016 年 9 月，习近平总书记在 G20 杭州峰会上的讲话也对数字经济作了强调。这一讲话实质也标志着我国将以更加开放包容的姿态来对待数字经济。例如，利用数字经济中的大数据功能参与政府大数据核查用于精准扶贫、低保评审等领域；利用数字经济的云计算建设电子政务管理与服务平台；利用数字经济的人工智能解决政务服务中心服务人员不足的问题……实际上数字经济正在不断地推动着政府管理能力的提升，政府管理也在不断地推动着数字经济向着更加规范的目标前进。总工会作为党群重要组成部分，需要借鉴其他政府部门，将数字经济的技术优势变为服务工人阶级、推动职工事业发展的“百宝锦囊”，来平衡新业态下数字经济发展中引发的与劳动关系之间的矛盾，比如拖欠工人工资、侵犯职工权益等一系列问题。

（二）新时代的劳动法治需要从数字经济中借鉴经验

1997 年依法治国成了中国共产党领导人民治理国家的基本方针，随着全面依法治国的纵深推进，2021 年底全国人大常委会修订的新《工会法》颁布，这是工会史上的一件大事，共七章 58 条内容，对包含工会权利与义务、工会经费与财产、法律责任等多方面做了阐述，并且对各基层工会组织做了明确要求。企业作为数字经济的主体，它既可以为工会收集职工民意，为职工发放工会福利提供第三方技术帮助，也可以成为职工权益保障的组织基础。但当下的数字经济毕竟作为新事物，产生发展矛盾也是情理中事。这种新生的矛盾需要工会组织不断在数字经济发展的洪流中运用法治手段当好

“阅卷人”和“监督人”。

二、数字经济平台发展引发的劳动关系挑战

数字经济总体上处于一个兴盛期，助力社会的技术变革和产业优化。数字经济虽为职工工作提供了平台，但在平台操作背后，也不得不说给劳动关系的和谐带来了不少挑战。总结下来包含以下几点：

（一）市场自发性造成法律约束力与执行力大打折扣

近几年，受国内疫情影响，各地“间歇性”经济趋势明显，有效用工时间明显缩短，临时工占比较大，工人失业风险加剧，加之国际部分地区冲突频发，经济增速有所放缓。部分企业为了维持生计，一味追求节约成本，用“数据分析”作为幌子，裁员、减薪，未遵照劳动合同的约束来执行工资和社保标准。另外，部分个体工商户，利用数字网络，给聘用来的农村闲置劳动力，给雇工发放低于当地最低工资标准的工资。以中部部分地区1650元的最低工资标准为例，少数私企环卫、个体手工作坊的人员工资仅停留在1200元左右，严重损害了工人获得合理劳动报酬的权利。不得不说，在网络条件下迅猛发展的数字经济，虽提供了一定岗位，但出现了“输入”与“输出”不相匹配的情况，加之工人自身权利意识空缺和工会系统维权执法的职能空缺，使“被临时工”“被降薪”的现象被雇主认为是理所应当，在实际职工诉求中更是置之不理。这也反映出数字经济下法律执行不力、法理制定不全等问题。

（二）数字经济经营主体参差不齐导致底层工人从业保障不足

2018年数字经济从业人数达1.91亿人，预计2025年人数将攀升至3.71亿人。大多数有本科以上学历的数字经济工作者能享受正常的工资待遇和“五险一金”，但学历低的农村流动人口进入数字经济行业则大都从事外卖、司机、快递等工作，并不能如国企、上市公司管理人员一样享受法定的待遇，甚至最基本的“五险”中的工伤保险和医疗保险都无法保障。2021年

北京的一名司机因提前上班在车内猝死，家人与公司产生纠纷，虽然事先公司与司机约定每月给500元作为员工的社保费，员工需自行缴纳社保，但工伤保险属于单位缴纳部分，公司要严格遵照义务执行，未缴实属是对工人权益的忽视，需要引起社会的关注。无独有偶，很多单位为减少开支私下与农民工订立条款，降低社保标准的情况也比比皆是，本是“四档”的职工医疗保险活生生换成“二档”的城乡居民基本医疗保险，年开支从3000多元降成了300多元，职工住院的开支也随之大幅上升，这种“双重转嫁”的做法，给数字经济带来了社会矛盾。

（三）工人群体受教育程度不一导致部分个体维权意识不足

数字经济的发展让手机主导下各大行业竞相发展，就以需求量大的美团外卖为例，截至2021年骑手超400万名。求职者仅需在App注册界面选择“骑手招募”，填写报名信息后即可完成申请。这也导致了从业人员年龄跨度大，知识水平参差不齐的情况。另外，美团送餐时效问题也一直是消费者关注的，迫于饿了么的竞争压力，不断打时间牌的美团，有时近10公里的送餐路程，加上商家出餐时间仅给外卖小哥限时30分钟，超时罚款，迫使外卖小哥超速、闯红灯、逆行……这不仅严重威胁交通安全，也让许多外卖小哥在送餐途中遭遇交通事故导致伤残甚至死亡。加之骑手作为个体，美团公司将与骑手的合约视为类似于“商家＋商家”的关系，导致外卖骑手的“五险一金”得不到落实，仅以一份人身保险作为其“身家性命”。无论从哪方面看数字经济下的外卖骑手都是赌上自己为全家增收，连最基本的安全权都得不到落实，部分骑手没有所谓的“行车记录仪”，责任难以界定，最终外卖骑手承担后果的现象不在少数。

（四）行业内卷“以时定绩”使加班成为常态

数字经济下的电商平台发展迅猛，消费者晚上睡觉前仍可以联系客服选择自己心爱的商品，在这种体验背后，反映的是无数平台客服工作的坚守。因为网络上班的原因，许多年轻人愿意整天坐在电脑前工作。除了“双十一”，很多时候客服凌晨一两点还在疯狂敲键盘，在平台上工作的客服没有人去核查他们工作了多少小时。从早上 9：00 到晚上 12：00 的工作量远超国家法定规定的 8 小时，长时间坐着的工作习性，也使从业人员患上肌肉劳损、颈椎病、腰椎间盘突出等职业病。另外，部分商家为了好评率，让客服发短信、打电话，每天下达任务清单，平台客服不得不每天加班疲于应付，也使这类员工急需一个数字经济下的维权平台来解决压力与待遇问题。

（五）产业技术变革和新技术的兴起导致部分工人结构性失业

随着人工智能技术的发展，不少大中企业投入机器人参与人工劳动，例如，酒店机器人提供送餐服务，虽方便了酒店内部人员流动的管理，但送餐速度慢、挤占电梯空间等问题还是没有人工服务方便。又如现今快递行业，机器人分流被广泛运用，简单的输入操作指令，就能将快递分流。虽方便，但一个机器故障不仅会影响其他共线的机器人运转，也会导致部分分拣工人失业，降低社会就业率。所以数字经济在权衡发展的同时，也要注重社会责任感，更多培育一批技术工人投入生产服务当中，不能简单地将人工与人工智能画等号，需要企业认真审视问题，合理调配产业用工和效益提升之间的配比。

三、数字经济下劳动关系改善和劳动法治推行的几点建议

在数字经济的大浪中既要顺势乘风，也要逆向破浪，充分利用数字经济中的软硬件来实现工会服务的更新换代。同时，也要聚焦问题，化解矛盾争议及纠纷，积极维护职工的合法权益，当好“娘家人”。

（一）工会需要运用数字经济的优势技术做好劳动关系的数据分析

一是建立数字平台。充分利用互联网技术，发展工会综合服务系统，并配备移动客户端小程序，在线倾听职工心声，解决职工心事。以“交管 12123”平台为例，此平台既保有电子驾驶证查阅功能，还推出了违法处理、免检车辆、车辆检验预约、学法减分等多种功能，属于综合性的服务 App，用户覆盖率极高。以河北省为例，截至今年 8 月，累计访问量已超 65 亿人

次。一个好的线上系统一定是综合性强、操作简便、需求量大的平台。当下各省已建立起工会财务信息系统且运行成效显著，给各基层工会提供了线上预决算备案的机会，上级工会可根据填报的情况，直接联系到基层工会，帮助其指导工作，中枢神经的指令能快速传达到末梢神经。但当下，职工综合性的权益保障渠道还不畅通，更多时候农民工遇到欠薪问题，第一时间会向人社的劳动保障监察局去寻求帮助，工会变成了“第二顺位”。这需要工会充分调研，结合上市公司例如阿里巴巴旗下的淘宝、腾讯旗下的微信等操作简便的 App，去借鉴经验，了解其运营模式，建立集职工维权、劳模奖补、法人申请等于一体的综合性枢纽平台。

二是充分利用好大数据。在保障用户信息安全的前提下，积极与其他部门对接，做好信息互通。例如与税务局对接，做好企业经营与个人全年收入的统计，面对低收入职工会员群体进行收入筛查，从而为各地的困难职工帮扶提供技术和数据支撑。与人社局对接，联合建立线上劳动合同签订，合同在平台上备案，依据合同约定及期限，建立督查组，督导企业为职工缴纳养老保险、工伤保险和失业保险，通过系统互联和信息发送，及时向职工用户反馈企业履约情况。与医保局对接，结合税务的大数据资料，全面排查未缴或未足额为职工缴纳医疗保险的企业名单，列入工会失信名单，并通过取证方式责令整改来维护职工健康权；严格履行生育保险的缴纳，落实生育休假制度，只有在系统上上传医院相关证明即诊断证明书、出院小结等佐证资料时，生育补助才能到达单位户。与法院对接，将《工会法》《劳动法》等知识上传至系统平台，设专职职工为维权法律顾问，线上为职工维权出谋划策，并统计维权类别的相关数据，作为工会下一步重点工作的依据。

三是充分利用好云计算技术。将系统优势转化为决策优势，在数据统计上动真格儿，例如统计好合同备案率、社保缴纳率、劳动失业率，利用好工会专项转移性支付补助，对落后地区采取政策帮扶，也应根据职工系统上报的纠纷案例，适时提供给权力机关，作为立法的重要依据，不断在《工会法》基础上完善更细致、更具操作性、更有执法力度的法律法规。也可利用云计算来对矛盾纠纷申报阶段、处理阶段、完成阶段、评价阶段的数据进行监控，了解职工群体对工会劳动关系调解的满意率。

（二）工会需要通过职能划分保障数字经济下的劳动关系

一是转变职能，组建一支维权执法队伍。数字经济下职工权益保障问题突出，加之县级总工会编制少，很多部室和二级单位负责人员皆是聘用人员，人员流动极快，人才不稳定因素加剧，不利于工会工作的开展。应适时增加一批事业单位人员补充到维权队伍中，并在《工会法》《劳动法》不断细化的条件下，建立一支有执法权限的二级单位，参与到包含工会组织建设监督、职工权益保障监督、工会经费开支监督等工会多项监督检查的工作中去，尽量避免工会经费被挪用、拖欠职工工资等不良现象的产生，并通过“上门式”服务提升工会号召力和职工幸福感。

二是利用职工服务中心、工会干校武装工人群体。培育一批职工讲师，邀请大学教授，为维权职工免费开办工会学习班，每年将培训支出纳入年初预算。培训包含法学、管理学、经济学、社会学等多门交叉性学科。充分结合“我为群众办实事”活动，积极组织工会教师下企业、走社区、进家门，帮助在数字经济下处于底层的、知识储备不足的环卫、货车司机、外卖小哥等群体，让基层职工树立维权意识。

三是用专项经费保障特困职工维权。工会的权益保障部、女职工部、财务资产管理部等多部门应充分调研，搭建特困职工评审帮扶平台，严控人员申报资格，建立特困职工台账，为后续职工维权做好统计。积极用好单位的法律顾问，为特困职工开展免费的法律咨询和服务。积极与医保局沟通，对评审通过的企业暂未按照法律规定为劳动者缴纳医保的，且无低保、五保等政策扶持的特困职工可以采取政策减免或工会经费补助的方式，为特困职工提供一份城乡居民基本医疗保险过渡，取消6个月的待遇等待期，保障特困职工生命健康安全。

（三）以劳动法治促进数字经济下的劳动关系和谐

一方面，现行的法律构架已基本形成，但在“新经济、新业态”的冲击下，法律法规的更新速率却不尽如人意。以外卖和家政工作人员为例，外卖交通事故、家政坠楼事件频发，公司、消费者、服务者看似平等的法律地位，实则服务者一方承担更多、风险更大。单位负担的是赔偿，虽然有一定数额，但这种赔偿的经济数额对于公司整体运营也只是“九牛一毛”，基本不会影响公司的运营。另外，消费者无论是聘请家政还是点外卖，大部分时间会被认定为“无过错方”，最终伤亡大概率都是服务者承担，加之有外卖小哥送餐途中撞人的情况，特殊工种没有一定保障，会导致公司与员工的劳动关系纠纷。这需要法律明确相关新业态下的数字经济工种，在工伤和医疗保险之外增加相应的补充职业保险。例如家政服务，以次数来提供服务，应在法律中约定防护措施，并要求雇主通过手机客户端在预订家政服务前，先为家政服务员购买一份小额补充职业保险，操作界面类似于淘宝购买运费险或铁路乘意险的方式，将险种购买纳入服务费中。

另一方面，建立配套的法律执行及约束制度。以劳动时间为例，《劳动法》规定“国家实行劳动者每日工作时间不超过 8 小时，平均每周工作时间不超过 44 小时的工作制度”。虽然法律有明确要求，但执行过程却并不理想，政府并没有有效渠道去核实工作时长。执法部门应该充分调研职工群体，征求工作意见，完善执法法律法规。例如在平台上线之前进行合法审查。在平台认领工作时，实行打卡制，可以借鉴“志愿汇”，志愿服务刷脸打卡、签退的方式。快递小哥在 8 小时的工作基础上，考虑到部分职工的生计问题，每周设置 3 次左右的延长工作 2 小时的平台机制，超时工作系统自动关闭接单功能，这样既保障外卖小哥的休息权，也可以减少执法成本。

（四）用好工会资源为数字经济下的基层职工送去温暖

针对“三新”工会组织，优先考虑一线福利保障不全的职工，例如环卫、货车司机、外卖配送员、快递配送员等。利用好送清凉、职工爱心消费专项补助等资金购买一批职工工作和生活物资进行发放。为解决发放登记困难的情况，可以利用手机微信、支付宝与工会研发的 App 对接，直接以个人扫码的形式领取物资，提升领取效率，改变手工签字认领的模式，也可借助平台给各级工会建立爱心帮扶网络台账，进一步提高基层职工对工会工作的认可度，改善部分企业福利分配不公的情况，让劳动关系更加和谐。

工会参与新就业形态劳动者职业伤害保护研究

（刘文彪，甘肃省总工会干部学校）

新就业形态劳动者是在数字经济发展背景下形成起来的劳动群体。近年来，随着网络的普及、经济的快速发展，劳动者数量也急剧增加。但随之而来出现的一些问题急需解决，其中最重要的便是如何保护好这一新兴群体的权益，尤其体现在新就业形态劳动者的职业伤害保护上，在现有法律制度尚未完善，司法实务与理论界存在不同认识的情况下，工会作为群团组织，要积极担负起责任，在保护和预防新就业形态劳动者职业伤害上做出贡献。

一、新就业形态劳动者职业伤害保护的特殊性与复杂性

在风险社会的背景下，规模化生产的推进，进一步增加了劳动者的工作风险，但企业天然的逐利性和劳动者的弱势地位，使对从业者的职业伤害在企业内经常被忽视。尤其在数字经济背景下，网络平台的快速发展，催生了与传统劳动关系不一致的新就业形态大量出现，新就业形态劳动者的权益保护也成为值得关注的问题。

在实践中，新就业形态劳动者主要集中在外卖送餐员、快递员，以及网约车司机等行业，这些行业工作强度较高，工作场景较为复杂，职业伤害风险较大，极容易在工作中出现意外情况，对劳动者造成职业伤害。加之，新就业形态劳动者普遍学历较低，多来自农村，以网络配送员为例，根据美团《2018 年外卖骑手就业报告》，初中、高中学历占到了 80.4%，2019 年，通

过美团平台获得收入的网约配送员，20至40岁的从业者超过83.7%[①]。由此可见，从业者普遍为青壮年，如果在工作过程中出现意外，即便用工单位为其购买了工伤保险，但丧失的家庭劳动力，很容易对其家庭带来严重影响，并且由于学历较低，在因为工作出现伤残的情况下，很难再寻找到合适的工作，甚至可能因此返贫。而现实情况是，在数字经济背景下，对于新就业形态劳动者与平台公司之间的劳动关系认定存在不同的认识，职业伤害的适用保险种类，也如上文所述，具有不同的认识。加之，即便劳动者以民事诉讼的形式，诉请造成伤害的第三方进行民事赔偿，对于劳动者来说也是一个劳神费力、“耗不起”的漫长过程。但就目前来看，虽然在法律法规层面，人力资源和社会保障部、国家发改委、交通运输部，以及中华全国总工会相继出台了有关新就业形态劳动者权益保护的规章和规定，但现有的劳动关系法律框架还没有完全进一步地跟上，尤其在职业伤害领域，如何进行具体的保障，并不明确。

二、新就业形态劳动者职业伤害保护的困境

（一）实践中工伤保险制度的保护现状

从法律体系上看，《中华人民共和国劳动法》《中华人民共和国安全生产法》《工伤保险条例》等是为了最大限度地避免职业伤害的发生，以及在发生职业伤害的情况下保护劳动者权益的具体规定。但这些法律主要涉及传统劳动关系领域的劳动者权益之保护，对于新就业形态下劳动者的职业伤害保护与预防还存在理论上的障碍。以与劳动者职业伤害保护最为密切的工伤保险制度为例，工伤保险是企业和劳动者抵御意外风险的重要途径，在制定之初，其价值定位就在于通过对劳动者和其亲属的保护，分担企业风险的基本价值，是劳动者在劳动过程中抵御意外风险所遭受损失的重要保障。工伤保险的强制性决定了三方主体的复杂性，劳动者、企业和社会保障部门之间形

① 《新职业——网约配送员就业景气现状分析报告》，中国人民政府网，http://www.gov.cn/xinwen/2020-08/26/content_5537493.htm。

成复杂的关系。在我国劳动关系领域，工伤保险与劳动关系具有天然的相关性，或者说工伤保险是建立在劳动关系领域之上，这也就和商业保险的合同关系产生了明显的差别。而新就业形态却恰恰难以与传统劳动关系的构成要件画等号，在实务中，广泛采用的劳动关系认定标准为原劳动和社会保障部《关于确立劳动关系有关事项的通知》（劳社部发〔2005〕12号）的第一条规定，即“用人单位招用劳动者未订立书面劳动合同，但同时具备下列情形的，劳动关系成立。（一）用人单位和劳动者符合法律、法规规定的主体资格；（二）用人单位依法制定的各项劳动规章制度适用于劳动者，劳动者受用人单位的劳动管理，从事用人单位安排的有报酬的劳动；（三）劳动者提供的劳动是用人单位业务的组成部分”。而新就业形态所产生的从业者与平台公司之间的关系却与此规定难以完全重合。这就造成了在新就业形态不断发展的背景下，广大新就业形态劳动者却难以得到充足的社会保障，尤其难以保障其在发生职业伤害情况下的权益。

（二）理论界对于新就业形态劳动者职业伤害保护的分歧

现有《工伤保险条例》中对认定工伤有较为具体的规定，但其前提依旧是具有相应的劳动关系，而新就业形态所产生的“劳动关系”是否能够被广泛承认，还存在一定的争议，具体到能否将新就业形态劳动者的职业伤害纳入工伤范围内的问题上，目前在司法实务界和理论界具有不同的看法。从理论界的现有研究来看，主要有三种代表性的观点，一种观点为工伤保险说，其认为“工伤保险应该突破现行的劳动关系理论，回归社会保险的保障理论，不再以劳动关系的存在为前提，而是以分散风险、保障公民的劳动权和生存权为价值追求”①。应当纳入工伤保险范围内。另一种观点为基本医保说，其认为应当建立强制的基本医保制度，并在地方立法中，要求企业对从业者职业风险较高的购买意外伤害保险，职业风险较低的鼓励从业者自行购

① 王显勇、夏晴：《共享经济平台下的网约工纳入工伤保险的理论依据与制度构想》，《中国劳动》，2018年第6期，第49—55页。

买意外伤害保险[①]。还有一种观点为行业保险说，其认为应当以从业者的行为作为保险的对象，打破原有以身份关系所固化的保险观念，以平台行业各企业均缴纳职业伤害保险金，从业者均可向行业保险基金理赔[②]。三种观点都认为因新就业形态从业者的身份不同于传统劳动者，从而产生了三种不同的保护路径，但这也只能作为学理上的探讨，现有制度的现状，决定了在实践中需要进行探索，广东、江苏、山东等地已经在社会保险层面进行了探索和试点，但各地的方式方法也各有不同，目前还没有形成全国统一的标准，制度仍处于过渡期。在这样的现实背景下，工会作为重要的由职工群众组成的群团组织，有必要就如何进一步维护和服务好新就业形态劳动者的权益，切实做好其职业危害的预防与保护进行探索。

三、工会参与新就业形态劳动者职业伤害保护的理论分析

（一）工会参与新就业形态劳动者职业伤害保护的价值基础

新就业形态劳动者作为新兴行业的从业人员，在其出现之后，不只是面临在法律机制上保护较弱的情况，同时存在劳动者不知通过何种渠道进行维权的情况。中国工会是中国共产党领导的群团组织，维护职工群众合法权利是其基本职责。《中华人民共和国工会法》（以下简称《工会法》）第三条第二款中规定“工会适应企业组织形式、职工队伍结构、劳动关系、就业形态等方面的发展变化，依法维护劳动者参加和组织工会的权利”，并出台了《中华全国总工会关于切实维护新就业形态劳动者劳动保障权益的意见》，进一步强调对新就业形态劳动者的保护。

中国工会也是国家治理体系中的重要组成部分，在社会治理中具有较强的聚合作用，在中国共产党的领导下，能够与政府部门、司法部门进行密切

① 娄宇：《平台经济从业者社会保险法律制度的构建》，《法学研究》，2020 年第 2 期，第 190—208 页。

② 王天玉：《从身份险到行为险：新业态从业人员职业伤害保障研究》，《保险研究》，2022 年第 6 期，第 115—127 页。

的协作与配合，从而形成治理的合力。中国工会的性质决定了工会的维权和服务职能的发挥并不仅局限于传统的劳动关系领域，随着时代的发展，也适应劳动关系的现状。因此，中国工会也更具有对新业态、新形式的适应性。新就业形态劳动者的权利维护也是工会的基本职责。如上文所述，在新就业形态劳动者的权益保障中，职业伤害是最为紧迫和实际的问题。如何在制度的过渡期，做好保护工作，需要工会积极发挥职能。

（二）工会参与新就业形态劳动者职业伤害保护的结构

工会参与新就业形态劳动者职业伤害保护的过程，实质上是工会参与社会治理的过程，因为劳动者的权益保护本身就是一个社会问题，涉及的主体很多，覆盖面很广，处理的结果也与社会稳定发展具有密切的关系。正如有的学者所言“社会治理是以实现和维护群众权利为核心，发挥多元治理主体的作用，针对国家治理中的社会问题，完善社会福利，保障改善民生，化解社会矛盾，促进社会公平，推动社会有序和谐发展的过程”①。治理需要聚合各方的力量，形成协作的共识，达到共同的目标，实现社会利益的最大化。因而，在工会参与到新就业形态劳动者职业伤害保护的过程中需要积极协调各方，解决现实问题。

具体而言，在新就业形态劳动者职业伤害保护中，主要存在五方主体——政府、法院、工会、劳动者和企业。工会作为中国共产党领导的群团组织能够起到关键性的沟通协调作用，劳动者是主体，工会在对劳动者进行职业伤害预防和事后保护中，与政府人力资源和社会保障部门等进行沟通，做好协作执法等工作，与法院在职业伤害类案件的处理中进行协调，协助法院通过诉调结合的方式，妥善解决好纠纷，为劳动者提供法律援助服务等。在企业方面，工会要积极地宣传鼓励企业为劳动者购买工伤保险，在条件不成熟的情况下也至少要为劳动者购买意外伤害保险，工会可以积极地与当地的保险公司进行协调沟通，针对意外伤害保险的相关保额，以及认定等做出有针对性的设置，以保障新就业形态劳动者的权益。

① 姜晓萍：《国家治理现代化进程中的社会治理体制创新》，《中国行政管理》，2014年第2期，第24—28页。

四、工会参与新就业形态劳动者职业伤害保护的路径

（一）加快推进新就业形态劳动者的入会工作

工会作用的发挥有赖于广大劳动者组建和加入工会，新就业形态劳动者对于企业的认同感与传统用工形式有一定的差别，在现实中，新就业形态劳动者常处于找不到“组织”的情况中，存在维权意识薄弱，维权途径不清楚不了解的问题，甚至存在“社会安全感不足引发负面的社会心态”[①]。这些都导致新就业形态劳动者在城市的归属感不强，对职业的认同感不高。因此，工会应当积极组织动员广大新就业形态劳动者加入工会，在鼓励入会的过程中，要注意关注新就业形态劳动者的诉求和关注点，切实地做到交朋友，解难处，不能只关注是否入会，更要关注工会的具体工作能给其带来什么获得感和满足感。工会还要积极地与各大网络平台公司进行沟通衔接，促进企业的建会工作顺利开展。

（二）加强宣传力度

在对新就业形态劳动者进行职业伤害保护的过程中，工会的宣传要有针对性，工会应当对企业进行积极的宣传，促进企业对网络平台工作人员进行关心和关爱，尤其在一些职业伤害风险较大的行业，应当要求企业为员工购买工伤保险。同时工会要在社会上对新就业形态劳动者这一群体进行广泛的宣传，尤其注重对新就业形态劳动模范的选树和宣传，让社会更加关注这一群体，更加理解这一群体的工作，促进新就业形态劳动者融入城市发展中来，在这一方面，工会能够起到很好的催化作用。这种氛围的营造有利于社会关注的形成，而数字经济对用户的喜好和评价较为敏感，社会整体对这一行业的认可和理解，能够很大程度上促使平台算法更加宽松，这就会使得网络配送员等在配送过程中更加从容，减少交通事故等职业伤害的可能性。同

① 陈晓、王道勇：《个体化视野下的快递小哥职业困境及其应对》，《社会工作》，2020 年第 6 期，第 90—96 页，第 110 页。

时有力的宣传会进一步促进政府推动职业伤害保护制度的构建，制定政策方针时更加关注其职业保护。

（三）积极参与推动相关立法

长期以来，工会一直都在积极参与劳动领域的立法。目前，关于新就业形态劳动者的劳动法律法规还不健全，整体制度依旧偏重保护传统劳动关系，对于新就业形态劳动者职业保护的制度还处于完善当中。因此，工会要积极参与和推动相关立法，在《工会法》中规定了新就业形态的情况下，各地在制定《工会法》的实施办法过程中要切实地落实相关规定，并进一步细化对新就业形态劳动者入会、劳动权益方面的规定，尤其对其职业伤害保护要进行进一步的规定。有必要的情况下，工会可以推动地方制定单独的职业安全保障条例，并将职业伤害纳入工伤保险，或是强制要求企业购买意外伤害保险等进行详细规定，以切实保护新就业形态劳动者权益。

（四）加强法律援助力度

《工会法》第三十条规定了工会进行法律援助的内容，为工会在实践中开展法律援助工作提供了依据，同时中华全国总工会还出台了《工会法律援助办法》，各地工会应当依据上述法律法规，结合当地司法行政部门的具体规定，对新就业形态劳动者积极提供法律援助，尤其在劳动者遭受职业伤害之后，劳动者可能面对的是具有较强实力的网络平台公司、保险公司等，急需工会为其提供专业的法律服务工作，具体包括工伤的认定、意外伤害保险的具体理赔程序，以及可能出现的对造成意外伤害方的民事诉讼等。因此，工会的及时介入，进行协商调节，或提供法律援助等，能够较好地保障劳动者的合法权益。

（五）加强法律实施监督

工会工作依据法律法规而展开，监督劳动领域法律法规的实施也是工会工作的内容之一。加强对新就业形态劳动者的职业危害保护，需要工会进一步监督企业对相关法律法规的具体实施，尤其对于已签订了劳动合同，确立为劳动关系的新就业形态劳动者，工会要配合相关政府部门，进一步督促企业加强劳动安全保护和购买工伤保险。各数字经济企业工会要尤其关注劳动者的权益维护。工会要运用好《工会劳动法律监督意见书》和《工会劳动法律监督建议书》等制度。

五、结语

在数字经济蓬勃发展的背景下，工会参与新就业形态劳动者职业伤害保护是工会履行职责的具体体现，不仅有利于数字经济的进一步发展，更有利于形成和谐稳定的劳动关系，但新就业形态劳动者的职业危害保护在理论界和实务界都还处在探索阶段，需要在不断的探索中完善，形成具有中国特色的保障体系，工会也将起到重要的作用。

新时代 新用工 新关系 新法制

——数字经济下的劳动关系与劳动法治思考

（邵建华，福建省数字经济产业工会）

党的十九大以来，全国各级工会贯彻以习近平新时代中国特色社会主义思想为指导，认真落实习近平总书记关于新时代工人阶级学习的重要论述和工会工作，牢记初心和使命，积极组织与引导职工、服务职工，为社会主义经济建设添砖加瓦，奋进新征程，贡献新能量。特别是在我国产业转型时期，在以发展数字经济大环境下，如何有效创建好数字经济型组织？如何构建好新就业形式和谐劳动关系？如何发挥好工会职能？更是做了积极的探索与思考。

近年来，我国数字经济规模发展速度之快，辐射范围之广，影响程度之深前所未有。随着时代的发展与社会的进步，随着我国与世界的逐渐接轨，随着互联网技术及大数据的运用不断迭代与升级，我国的数字产业出现快步发展势头。数字产业的发展不仅推动我国经济建设，而且对我国就业及就业形式产生深远影响。数字经济对就业的影响主要体现在：从长期来看，数字经济产业的发展会创造许多新型的岗位，会整体提高全社会的就业量与就业率；从群体来看，也会给城市化岗位带来冲击和变革，在短期内会影响部分群体就业，特别是基层群体的就业；从就业形势来看，数字经济发展创造了许多新的办公方式与用工形式。随着云平台、云计算技术的逐渐成熟，云办公、云接单也必将成为劳动主体的主要选择工作方式，这种新的工作方式也被称为社会化用工。它的特点就是给企业与劳动者带来灵活与自由，双方没有太多的约束关系。同时满足企业用工管理成本，也能满足劳动主体的从业需求。据国内社会化用工研究与服务机构——用友薪福社有关调查数据统计，目前以零工为主要就业形式的从业者占比63.6%，以业务承揽承包为主要就业形式的从业者占比42.7%，以共享平台形式就业的从业者占比22.2%，以合伙为主要就业形式的从业者占比21.6%。以上数据表明，动态型、网络型、无边界型企业组织越来越多，也越来越成为劳动者就业的青睐和主要就业的载体。一方面广大个体从业者依托网络平台实现更高质量的就业，获取就业的收益和资源对接的机会，另一方面广大个体从业者也能根据自身条件和想法自主灵活选择劳动方式和用工形式，节约社会资源和成本。新的工作方式的转变也必然带来劳动关系形式的转变，对就业市场和劳动关系的管理必将产生深远的影响，与历次产业变革相比，以数字技术变革为基础的数字经济发展所产生的就业创造效应和就业替代效应会更加激烈和深化。因此也会给劳动关系的界定和劳动争议的处理带来更大的难度。就目前来说，由于我国有关的劳动法律法规的滞后，加之企业与劳动主体的劳动合同与保障方面意识淡薄，许多数字经济产业的劳动纠纷、劳动争议与仲裁问题得不到积极回应和有效处理。

一、新用工形式劳动关系现状与问题

（一）劳动合同签约率不高，劳动主体自主选择权被削弱

目前，在以骑手、外卖配送、网约车、网络主播为主的新形态用工平台企业中劳动合同签约率普遍都不高。这主要一方面是缘于平台企业劳动时间与劳动内容的灵活，平台企业不愿意承担责任风险；另一方面也是由新形态下的个体劳动者对于劳动收益与劳动方式的自主选择且不愿接受企业约束关系造成的。在劳动主体自主选择权层面，许多平台企业个体从业者的选择会受到平台规则影响，做不到真正的自由选择。比如在派送订单和工作管理方面，以骑手为例，平台派单就必须接单，不能拒绝，但配送范围一般会考虑在两千米以内。工作的交通工具、服饰、相关设备虽由平台企业商家提供，但是要扣钱。同时在上班过程中必须穿戴统一并定时登录外卖系统，间

隔一定时间进行轮班等。这在一定程度上都导致个体劳动主体自主选择权被削弱。

（二）劳动安全风险系数提高，劳动保护权益减弱

还是以外卖配送骑手为例，骑手为了争取短时间完成配送任务会选择交通管制较松且路程较短的路线。而平台企业不会考虑这些因素，只会考虑客户评价和平台的收益，这在某种程度上会加大配送员的违反交通风险，使个体劳动者的劳动安全系数明显提高。同时在劳动防护层面，许多平台企业无法提供与之相配套的防护用品、基本医疗保障用品和防护知识的培训，另外在法定假日及炎炎夏日，许多平台企业也无法按照传统雇佣关系给予个体劳动者法定薪资和高温补贴，这些监管层面的漏洞或制度层面的漏洞，都使社会化用工劳动主体的劳动权益被削弱。

（三）劳动基准缺失，慢性职业病患病率提升

纵观现有各类数字产业平台，个体劳动者大部分都存在超负荷工作问题。据有关机构对国内著名外卖平台骑手工作情况调查：39.4% 的骑手每天超过 12 小时工作，37.2% 的骑手表示自己每月都不休息，88.3% 的骑手因担心订单超时或多接订单，而选择违反交通规则，劳动基准的缺失对于个体劳动者来说，身心健康得不到基本保障，劳累猝死的现象时有发生。同时，由于得不到合法休息，慢性职业病患病率不断提升，在外卖行业，24.8% 的骑手都不同程度地患有胃病、腰肌劳损、颈椎病等。

（四）社会保险缺位，理赔难、保障低

新就业形态劳动者参保率偏低，这一方面主要由企业控制成本所导致，另一方面也和个体劳动者参保意识不强有关。许多企业只投保交通意外险，为个体劳动者缴纳医疗保险、养老保险、工伤险、失业险等险种的企业少之又少。这主要由于数字经济下的新就业形态不属于标准化的劳动关系范围，难以满足现有保险体系的参保条件，尽管当前法律为灵活用工从业群体提供个人身份参保通道，但范围有限，且存在缴费基数偏高、申报手续复杂、异

地转接困难、户籍限制等问题。另外，工伤保险也常被商业保险替代，从而出现数字经济产业基础劳动主体理赔难、保障低等状况。

（五）企业利用垄断优势，不规范用工

部分平台企业在获得市场优势后，通过调整计价规则，设置过高抽成比例，且抽成规则的制定充满随意性、不透明性，从而出现与劳动主体的地位及利益不符的分配机制。严重损害了劳动主体的正当权益和需求。同时有些平台企业利用制度空白转嫁风险，通过层层转包或将劳动主体注册成为个体户等方式，将本应由平台企业承担的责任转嫁给个体劳动者与社会。据有关调查数据显示，国内某著名平台企业将骑手配送业务转包至外部公司，其承担用人单位责任与骑手认定劳动关系主体概率从 100% 降至 10%，从而让劳动关系认定变得困难，从而也提高了个体劳动者的维权成本。

（六）劳动法规跟不上变化，劳动争议处理有时无法解决现实问题

目前，现有的劳动法规是在工业经济的大生产背景下制定的，针对的是传统的组织用工模式，对于平台化、网络化的数字组织表现出明显的不适应性。以骑手、快递、网约车司机、网约主播为代表的新就业形态区别于传统雇佣式的创新特征，在二元分割的法律体系下遇到了身份认定与社会保障的巨大挑战，一方面，这部分灵活从业者具有从业年限拉长、工作时间剧增、经济依赖程度提升，因平台积分而受制于平台规则等特点，具有明显的劳动关系特征。另一方面，这部分灵活就业群体又具有能够自主决定是否工作、何时工作及何地工作，不同于劳动关系下受拘束给付劳务的灵活属性，且存在“多平台同时就业”的情况，与劳动关系并不相符，造成劳动关系难以认定。而我国现有法律规定包括劳动基准、社会保险、法定假日、离职补偿在内的福利劳动保障都是基于劳动关系之上，这也为新就业形态劳动群体带来巨大不确定性。据笔者从事劳动纠纷处理的朋友反映，他们公司每年都接到 100 多例新就业形态劳动者的投诉，大部分反映的是工资拖欠、工伤与社医保问题，但现实处理时，常出现劳动关系难以界定、数据和材料无法提供，现有法规难以支持的尴尬现象与境地。

二、新劳动关系下的劳动法制建设探索

（一）提升合同签约率监管，强化第三方劳动派遣机构与企业的沟通

政府劳动督察部门应根据数字经济下的劳动用工关系变化及平台用工情况，定期与不定期开展专项监督与联合检查，就平台企业劳动合同签订情况进行检查，推广电子劳动合同，不断提升企业和平台从业者的劳动合同签订意识，同时加强第三方劳务派遣机构的企业责任，强化他们和企业主动沟通意识和维权意识、保障其签约下的劳动者的合法权益。

（二）细化新时代的事实劳动关系类型，重塑事实劳动关系标准

数字经济时代，新产业、新业态、新模式促进传统劳动方式向数字劳动方式转型，随之而来的是“去劳动关系化”现象。政府有关监管部门应加强“去劳动关系化”的监管，应细化新时代数字事实劳动关系的类型，要把现在多种新用工形式如派遣式、灵活式、任务式、兼职式、合作式进行劳动关系主体的界定。“去劳动关系化”从表面上看是让劳动者有更多自主选择时间与空间的便利，但实际上是雇佣方想尽最大可能获取劳动者的剩余价值，最终反而使劳动者受到更加严格的控制。在重塑事实劳动关系标准上，要倾向保护个体劳动者原则，应充分考虑个体劳动者的合法权益，比如休息权、平等权、申诉权等，同时要明确劳动关系企业主体的连带关系。

（三）收集一批新用工关系的劳动争议案例，广泛听取公众意见与建议

新时代数字经济下的劳动纠纷、劳动争议与劳动仲裁反映的劳动者的诉求，体现的是基层老百姓的利益呼声，为此，我们各级政府有关部门职能人员应下到基层，积极参与基层劳动纠纷的调解，积极收集一些新时代新用工关系的劳动争议与纠纷的典型案例，展开分析与研究。同时积极召开有关座谈会与听证会，广泛听取公众意见与建议，为完善法制建设和构建社会和谐

劳动关系打下良好的群众基础。

（四）积极吸纳新职业从业者加入各级工会组织

充分吸纳灵活从业者等新就业形态劳动者加入工会各级组织，集中推动重点行业依法普遍建立工会组织，积极探索适应货车司机、网约车司机、快递员、外卖配送员、网络主播等不同职业特点的建会入会方式。通过单独建会、联合建会、行业建会、区域建会等多种方式扩大工会组织覆盖面，最大限度吸引新就业形态个体劳动者加入工会。紧扣新就业形态个体劳动者依托互联网平台开展工作的特点，大力推行网上入会方式，同时创新工会服务内容和服务模式，建立和推广网络工会云平台服务。

（五）建立新职业从业者集体协商机制，加强行业协会监督和指导

鼓励不同数字平台企业选出新职业从业者职工代表，与政府部门、工会、行业协会、头部企业或企业代表组织就行业计件单价、订单分配、抽成比例、劳动定额、报酬支付办法、进入退出平台规则、工作时间、休息休假、劳动保护、奖惩制度等开展协商，签订行业就业从业者集体合同或协议，推动制定行业劳动标准，不断提高新就业形态劳动者保障权益。同时加强行业协会应对本行业服务质量、竞争手段、技术标准、工资指导等问题进行严格监督，维护行业信誉，鼓励公平竞争，打击违规行为，保障个体劳动者收入水平。

（六）完善现有劳动法律法规，健全法律援助和争议调解处置机制

新就业形态劳动关系明显区别于传统雇佣劳动关系，具有创新的特征。因此，政府法规部门应尽快根据劳动关系的转变完善现有的劳动法律法规，同时应加强各级法院和劳动争议调解仲裁机构对于新就业形态劳动争议的办案指导，通过畅通裁审衔接，根据用工事实认定企业和个体劳动者的关系。发挥各类法律援助机构、调解组织及其他专业社会组织的作用，积极培养一批有专业、有能力的新劳动关系调解员队伍，向新就业形态劳动者提供法律咨询、法律援助、纠纷调解等服务。探索将互联网平台的灵活就业问题纳入

公益诉讼制度，采取国家诉讼和私人诉讼并行的双重机制。

（七）构建新时代和谐劳动关系契约精神

各级政府部门应严格按照国务院印发的《十四五就业促进规划》要求，以实现更加充分更高质量为主要目标，深入实施就业优先战略，健全有利于保就业、稳就业的促进机制，积极探索和构建新时代和谐劳动关系。以公平、民主、守法为主要原则，培育和建设新时代下的劳动关系价值观和契约精神，营造新时代下的良好劳动关系氛围和土壤。

三、未来与展望

新时代下的劳动关系与法制建设是一个长期的课题，需要各级政府和多方部门的共同努力，不可能一蹴而就。让我们脚踏实地，步步夯实。针对现有问题，找出对应的策略与方法，重点解决个体劳动者所关注的普遍问题和群体问题。各级工会干部更应该走到一线、开展调研、了解民情、收集资料、做好分析、提报建议，做好新时代新就业形态个体劳动者的知心人。展望未来，我们有理由相信，随着时代的进步、随着行业的发展、随着数字化运用的成熟、随着电子合同的普及、随着我国相关劳动法规的完善，数字经济背景下的劳动主体关系必将会得到进一步改善和提升，新时代、新用工、新关系、新法制必将成为我国一道关于劳动关系的美好风景线。

数字经济下的“女性友好”和工会的作为

（殷江波，厦门市总工会）

近年来，数字经济发展对我国经济增长的贡献程度不断提升。习近平总书记强调：“数字经济具有高创新性、强渗透性、广覆盖性，不仅是新的经济增长点，而且是改造提升传统产业的支点，可以成为构建现代化经济体系的重要引擎”“要提高全民全社会数字素养和技能，夯实我国数字经济发展社会基础”等。这些重要论述为我国发展数字经济指明了前进方向，也为工会女职工组织准确把握数字经济发展趋势和规律，引领女职工建功数字经济健康发展提供了重要遵循。

一、数字经济发展风生水起

数字经济这个名词出现于20世纪90年代，首次出现是在美国学者唐·泰普斯科特（Don Tapscott）1996年的著作《数字经济：网络智能时代的前景与风险》中。数字经济到底是什么？目前得到广泛认可的是《G20数字经济发展与合作倡议》中给出的定义：数字经济是指以使用数字化的知识和信息作为关键生产要素、以现代信息网络作为重要载体、以信息通信技术的有效使用作为效率提升和经济结构优化的重要推动力的一系列经济活动。

在数字经济的发展过程中，女性的角色不可或缺，女性的力量不容忽视。比如电子商务、平台服务市场、在线平台市场等数字经济领域，以及与数字经济相关的基础设施建设都对女性就业创业产生了广泛影响。

据阿里巴巴2022年发布的一份研究报告表明，在数字贸易、电商、直播等领域，数字经济已为5700万名女性创造了就业机会。电商平台上，约有2358万名女性淘宝店主，淘宝直播和抖音上约有1244万名女性主播，饿了么与美团平台上约有18万名女骑手，出行平台上约有136万名女司机，微信生态上约有1749万名女性社群经济参与者……

女性群体在数字经济中的快速成长引起了全社会的关注和聚焦。近年来，全国总工会把加强新就业形态劳动者工会工作作为一项重要的政治任务来抓。如就新就业形态女性劳动者而言，高度关注其劳动报酬、休息休假、职业安全和卫生、社会保险等权益实现情况，开展男女同工同酬问题研究；积极引领女性参与数字经济发展，实施人文关怀，促进女性就业创业、建功立业；重点聚焦人工智能等科技创新领域和家政服务等女职工集中的行业，开展劳动和技能竞赛；健全组织体系，坚持以工会组织建设带动工会女职工组织建设，推动新就业形态女性劳动者入会等，极大地营造了关心关爱的浓厚社会氛围。

二、数字经济对女性的影响

数字经济的发展使女性在劳动力市场的性别弱势逐渐减少，并显现出就业创业能力和独特价值，这一点较之男性所产生的影响更为深远。

1. 拓宽了女性职业选择

数字经济的快速发展，带来了生产方式、就业方式、生活方式和治理方式的深刻变革。这对女性既是机遇也是挑战。数字经济相对降低了女性就业创业的门槛，使女性获得更多的就业创业机会，就业创业质量也得到提升。有数据显示，我国互联网领域创业者中女性占比达55%。同时这种平台经济、共享经济、众创经济等新型模式和新型业态催生了女性自主创业、自主就业、自由职业、兼职就业等灵活的就业模式，拓宽了女性职业发展道路，特别是吸纳大量新生代、中生代女性劳动者快速加入。

2. 延伸了女性发展空间

随着数字经济下女性的工作场景和生活场景不断变化，带来了女性发展空间的网络化、个性化、社会化、平台化和智慧化。这充分满足了女性对新生事物和新型生活方式的强烈需求和未来期待，也增强了女职工的劳动自主性和积极性。另外，职业跨界壁垒被打破，有需求的女性可以不必进入传统企业或组织就可以进行职业活动。而且能够综合统筹个人技能、经验知识和有效时间，从事多种职业，做到了在多重职业中享受多元生活，在多元化职业中实现人生价值。在对女网约车司机的调研中得知，尽管她们认为当前从事的职业收入并不高且辛苦，但是她们所表现出来的抱怨和厌烦却并不多。

3. 平衡女性家庭和工作

传统观念认为女性相对男性需要承担更多的家庭责任，女性在劳动力市场的性别弱势又主要体现在生育导致的职场退出，这些都导致了职场性别歧视和男女不平等的现状。借助数字技术，女性一方面能够提供更多贴心式家庭照料服务，另一方面也获得更灵活的工作平台和空间，摆脱了时空束缚后的女性较好地维护了家庭和工作之间的平衡和和谐。笔者在对该领域群体的150个样本调查显示，女职工对家庭和工作状况的满意率均达到95%以上。

4. 催生女性的优秀潜质

数字经济时代凸显了女性在劳动力市场中独特的作用和价值。数字经济所强调的“沟通、分享、连接”等职业特质，跟女性更细腻敏感、更有同理心、沟通能力更强等优势天然吻合，她们洞察消费者和感知市场的能力更强，特别是在如远程医疗、在线教育、直播电商等方面，女性展露更多的才华和潜质，更容易得心应手、马到成功。

当然不可否认，女性在数字经济领域就业创业过程中仍然面临一些问题，需要大家重视和关注。

（1）传统观念的阻碍作用始终存在

数字经济的发展改善了女性就业创业的相对弱势，但是女性的事业进程仍然受到落后观念、文化习俗、不完善的法律制度等影响，如女主播、女网约车司机、女骑手等身份和职业还未完全被外界认可和理解。另外，传统性别角色观念、男女不平等等对女性依旧有负面作用，影响了女性从业者的工作热情和成效。

（2）源于家庭和事业的压力仍然显现

家庭是社会的重要组成部分，女性在家庭事务方面依然发挥着骨干作用，而担当数字经济发展的角色也越来越突出。灵活就业的一定程度上模糊了工作与生活的边界，有时候女性往往承担更多的事业和家庭双重责任，甚至较之前会更加分身乏术、身心疲惫。据样本调查，女性每天工作 8~10 个小时的占到 60%，每天工作 12 个小时的仍有 2.22%。如何平衡家庭与事业依然是数字经济中女性生存发展的障碍所在和焦虑来源。另外，由于女性接受学校数字教育有限，自身文化素质参差不齐等因素，努力提升个人数字职业能力，也是女性的一大压力。

（3）女性组织性和凝聚力还很薄弱

当前，女性自主创业、自主就业、自由职业、兼职就业等灵活的就业模式，也使女性从业者一定程度上游离在“单位”和“组织”之外，成为一批“散兵游勇”，不能很好地被组织、团结起来。也正因如此，她们的劳动权益难以得到保障，甚至还加重了职业风险的发生。样本调查中，还有 4.44% 的女性未买任何保险。与男性一样，高度依存于互联网科技，又不可避免地受制于互联网制定的系统规则和工作逻辑，维护女性从业者的合法权益和特殊权益举步维艰。

三、工会服务女性成长的策略途径

综上所述，在数字经济发展的背景下，工会组织应进一步优化女职工参与数字经济发展的社会、经济和人文环境，大力实施对数字经济从业女职工的关爱、服务行动，以进一步促进更多女职工在数字经济领域大显身手，展现出伟大而特别的“她力量”。

一是推动女职工需求与职场发展无缝对接。工会要推动政府、企业及劳动者通力协作，促进女职工在数字经济中实现更充分更高质量的就业创业。作为数字经济的排头兵，以互联网企业为主体的数字化企业应进一步降低市场准入门槛，扩大灵活就业岗位供给，帮助更多女性转型从事数字经济。工会要配合政府开发更多适合女性的岗位、创业项目，为从业女性提供更多招聘、就业、孵化对接的服务，鼓励女职工参与、发展新产业新业态。

二是推动女职工就业创业观念提升。工会要在家庭和社会宣传家务劳动应由男女共同担当的意识和理念，在企事业单位呼吁为数字经济下的女职工予以更多的关怀、宽容和理解，打造更加人文、法制的工作环境。当然也要推动女性自身转变就业创业观念，充分认识到数字经济时代的新机遇和广阔空间，从而大胆从事其中，尝试新的就业形态、创业模式。要充分用好微信、抖音等媒介的力量，在全社会引导女职工争当“数字工匠”，以典型示范带领一批女职工在数字经济领域中脱颖而出、实现价值。

三是推动女职工教育培训和职业指导。在调查数字经济下女职工最迫切的需求时，增加职业技能培训的需求占比 40% 以上，仅次于提高薪资水平的需求。各级工会要组织开展女职工数字赋能行动，不断提升女性参与数字经济发展的素质和能力。要大力统筹课程、资金、师资等资源，通过职工学堂、女职工周末学校等载体，开辟线上或线下的女职工数字技能培训和创业就业辅导，如举办直播课堂、电商培训、创业导师等。数字化企业特别是平台企业应发挥优势，为提升女性数字技术能力，培养数字技术人才出力。

四是推动女职工关爱和服务力度。数字经济领域劳动者需要空间，更需要保障。要探索网上入会、指尖入会等方式，加快推进数字经济领域女职工的入会率，由此带动女职工组织建设，把女职工们凝聚起来，让她们能切实享受到工会的关怀和服务。要加强源头参与，制定和完善与数字女性利益相关的法律法规等，大力推行企业工资集体协商和女职工专项集体合同工作。要为数字经济女职工开展送温暖、送法律、送健康、送权益、送技能“五送”关爱行动，推行职工医疗互助保障、申报“平安返厦”补贴等普惠性服务，全面、充分保障女职工的劳动经济权益和福利。

五是推动创建家庭友好型工作场所。家庭友好型工作场所通过制定优化的工作制度，发展有利于职工身心健康的工作环境，支持男女职工平衡工作、家庭和个人生活。围绕创建家庭友好型工作场所提倡的“六个友好”（理念态度友好、职业发展友好、生育保护友好、照护支持友好、工作安排友好、职业健康友好），当前，各级工会重点要督促用人单位依法落实产假、陪产假和育儿假、生育医疗费用和生育津贴等；要适应数字经济的特点，倡导为职工提供弹性和灵活的工作时间及地点，比如错峰上下班、调整工作时间、居家或远程办公等；要根据女职工的需要，设立单位的女职工休息哺乳室等场所，特别要为户外或流动工作的新业态女职工，打造诸如“工会爱心驿站”“宝妈馨屋”“共享职工之家”等休憩、补给之地。目前要鼓励有条件的单位，以寒暑托管或全日、半日制托管等形式，在工作场所内部或邻近场所为职工子女提供福利性照护服务，帮助女职工家庭消除后顾之忧，为女职工就业创业、成长成才提供优良的保证和支持。

参考文献：

[1] 杨志明. 新业态劳动用工发展趋势 [J]. 中国人力资源社会保障，2021 (4).

[2]《新业态下的就业及劳动用工相关问题研究》，中国就业网，http://chinajob.mohrss.gov.cn.

[3]《平等・创新・成就：新时代的性别平等与妇女发展》，中国妇女网，http://www.cnwomen.com.cn.

新形势下做强做优新就业形态劳动者维权服务的实践与思考

（陈晶，莆田市总工会）

随着以数字经济、平台经济为代表的新业态迅猛发展，以货车司机、网约车司机、快递员、外卖员为代表的新就业形态群体不断壮大，为推动经济社会发展发挥着越来越重要的作用。习近平总书记指出，要高度关注新业态发展，坚持网上网下结合，做好新就业群体的思想引导和凝聚服务工作。近年来，市总工会将做好新就业形态劳动者工会工作作为重点任务，加强统筹谋划、精心组织安排、勇于探索创新，努力推动新就业形态劳动者工会组织覆盖和工作覆盖双提升。调研组通过一线调研、查阅资料、座谈交流、问卷调查等方式，全面了解全市各级工会推进新就业形态劳动者维权服务的实践与探索，分析存在的问题，研究提出对策建议。

一、主要做法

（一）聚焦思想引领，增强工会凝聚力

一是点上赋能，增进思想认同。坚持一体多能、一站多用，持续拓展共享职工之家、爱心驿站等服务职工阵地宣传教育功能，发挥劳模工匠宣讲团作用，组织主题宣讲 120 余场次，开展党史学习教育、“中国梦·劳动美”主题宣传教育，开办读书班、知识竞答、公益阅读等近百期，推送相关学习主题微信（网页）近千条，推动习近平新时代中国特色社会主义思想入脑入

心入行，引导新就业形态劳动者听党话、跟党走。二是网上发力，增强担当意识。聚焦市委“党建引领、夯基惠民”工程，发挥新就业形态群体就业人数多、工作范围广、社会参与度高等优势，引导其下沉基层治理网格，参与疫情防控、平安建设、文明创建等群防群治工作。疫情防控期间组建300多名网约车司机防疫保障车队，护送医护人员、核酸检测样本、防疫物资等2.3万多趟次，助力疫情防控。莆田邮政速递、顺丰等10家主要快递企业75名快递员参与全市快递行业文明行车、文明服务宣传活动。三是面上引领，激发争先活力。将新就业形态劳动者纳入各级劳模工匠、五一劳动奖、工人先锋号等荣誉评选范围，选树宣传职工身边看得见、摸得着、学得上的先进集体和个人，增强新就业形态劳动者职业归属感和荣誉感。目前，1人获评2020“全国最美货车司机”，1名外卖送餐员获评省五一劳动奖章，22名快递员获评省“最美快递小哥”。

（二）聚焦建会入会，汇聚工会向心力

一是常态化摸底排查。针对新就业劳动者信息难收集、总数难见底等问题，与市邮管局、市场管理局、交通局等行业主管部门加强联动，聚焦货运物流、快递、送餐、网约车等重点行业领域，深入新业态企业，采取“数据共享、联合调研、共同摸排、边摸边建”模式常态化排查，摸清平台企业及关联企业底数，稳步有序推进工会组织和工作覆盖。全市共排查新就业形态企业86家，覆盖从业人员1万余名。二是分类别强化覆盖。推行“重点突破、行业覆盖、区域兜底”模式，根据新就业形态群体特点，分门别类实施覆盖攻坚，借助行业力量“抱团建”，推动成立建筑、快递、网约车、数字经济产业、货运行业工会联合会5个，紧抓龙头企业“牵头建”，新就业形态平台企业及其合作单位组建工会229家，做实“小三级”工会“兜底建”，建设5个县区新就业形态工会联合会，依托掌上工会“云上建”，为运用传统建会方式难以覆盖的小微企业提供建会渠道，构建横到边、贯到底的组织体系。三是多渠道壮大队伍。线下，聚焦重点区域、重点行业、重点对象，开展8场以“工会进万家”为主题的新就业形态劳动者集中入会行动，赠送入会爱心礼包，吸引9758名新就业形态劳动者入会。线上，大力推行“码

上入会”，在掌上工会平台开设入会通道，推行“一次入会、动态接转”，为新就业形态劳动者加入工会提供最大便利，做到应入尽入。目前实现网约车司机、快递员、外卖送餐员入会全覆盖。

（三）聚焦服务关爱，提升工会吸引力

一是服务内容提质。坚持需求导向，以实施生活、健康、平安、家庭、工作五大关爱行动等为载体，帮助解决急难愁盼问题。多渠道征集服务需求，实现700名新就业形态劳动者微心愿；为7300名新就业形态劳动者购买人身意外伤害险，组织110名新就业形态女职工免费健康体检；开办职工子女暑托班21个，服务37名新就业形态职工子女，开展青年职工交友会8场次，吸引580名职工参与；举办邮政快递业务员职业技能竞赛，成立莆田工匠学院，开展技能实训25场次，受训职工1430多名；开展“工会相伴一路守护”关爱货车司机服务、“情暖新春、留莆快递小哥关爱‘邮’我”送温暖活动，走访慰问2081人次，发放款物14.5万元及“抗疫礼包”“工会福袋”3000多份；在全市4个县区7个站点同步举行“莆工迎新年‘粥’到暖人心”关爱新就业形态群体爱心粥全城联赠活动，送出爱心粥1万多份。二是服务阵地扩面。综合分析新就业形态群体分布，整合社会资源，联合环卫、医院、银行、邮政、移动、电信等行业单位，采取自建、合建、改建等方式，布局打造26个免费取水点、10个省级“共享司机之家”、4个市级“司机之家”、54个户外劳动者休息室、60个快递行业标准化“绿色爱心驿站”，在菜溪岩服务区设立“工会爱心漂流站点”，为新就业形态劳动者提供冷可取暖、热可纳凉、渴可喝水、急可如厕、累可歇脚、饥可热饭、伤可用药“七可”关爱服务，并同步开设线上站点位置标注功能，使工会服务线上触手可及、线下随处可见。三是服务触角前移。按照功能多集聚、服务多下沉、职工少跑腿原则，在全市98个“党建+”邻里中心建设共享职工之家，实施打造一支社区工会工作者队伍、选树一批社区劳模工作室、下沉领办一项社区工会服务项目、一键连通社区“掌上职工之家”、共享一个活动阵地“五大举措”，做实四季四送服务、维权服务、莆工学堂服务、文体活动服务、健康安全服务、特惠服务“六项服务”，打造新就业形态劳动者

家门口的“一刻钟服务圈”。2021 年以来筹集资金 150 多万元购买社会化服务，为共享职工之家赋能，开展常态化活动 100 多场次。

（四）聚焦权益维护，扩大工会影响力

一是全方位普法宣传。面向新业态领域开展“尊法守法·携手筑梦”服务农民工公益法律服务行动，组建 16 支服务分队深入新就业形态劳动者相对集中的区域和场所，举办讲座培训、提供咨询服务，普及劳动合同签订、社会保险保障、劳动争议处理等职工最关心的切身利益法律知识。组织线上线下普法宣传 44 场次，发放宣传资料 16250 份，参与职工 5675 人次。紧扣新就业形态劳动者依托互联网平台开展工作的特点，运用“两微一端”等线上宣传手段，开展网络有奖竞答、知识竞赛吸引 1 万多人次参与，营造尊法学法守法用法浓厚氛围。二是全领域法律援助。与市法院、市人社局联动，在市职工服务中心设立莆田市劳动人事争议调解中心，聘请律师担任常年法律顾问，为劳动者提供劳动、民事、商事、刑事、行政等全领域法律咨询和援助服务，有效缓解快递员、外卖配送员等新就业形态劳动者确认劳动关系、追索报酬和职业伤害赔偿等维权难题。2022 年上半年接待并处理职工来电来访 15 件。三是全天候法律服务。联动司法、人社、法院等部门，选取 5 个重点工业园区试点打造职工法律服务“园区枫桥”机制，探索园区企业、职工劳动纠纷“预、调、裁、诉”全链条服务。以快递行业为试点，推动建立新就业形态行业、企业集体协商机制，推动构建和谐劳动关系。针对新就业形态劳动者工作时间灵活、法律需求多样等特点，在“莆田职工”掌上工会平台设立法律咨询模块，为新就业形态劳动者提供 7×24 小时线上法律咨询。

二、存在问题

（一）职业特性更加凸显，政治引领力度仍需再加大

一是整体学历偏低。莆田市新就业形态劳动者以货运、快递、送餐、网

约车等行业为主，就业容量大，准入门槛低，职工年轻化、学历低的特点显著。例如，全市 27 家快递企业 5200 多名快递员中中专及以下学历占比 78.56%。二是工作时间长。新就业形态劳动者生活节奏快、工作强度高、空闲时间少，四季无休、三餐不定、两腿不停是工作常态，据统计，55.6% 的职工每天工作 10 个小时以上，导致工学矛盾突出。三是组织学习难。新就业形态群体呈分布广、流动快等特点，长期在户外奔波，作息时间不固定，很难统一集中组织学习，且职工以“业务量”“绩效”为目标，参与学习意愿不高。

（二）用工关系更加多元，劳动权益保障仍需再强化

一是劳动关系认定难。新就业形态下，用人主体、用工方式、管理模式趋向多元，从业者与平台及相关企业的关系性质难以厘清，劳动者与企业之间的法律关系常常游离于劳动关系之外，现行法律规定难以涵盖快速发展的用工实情。二是权益保障难。从业者缺乏维护权益的实体依据和程序渠道，增加了维权难度，例如，以网约配送员为代表的大多数新就业形态劳动者面对配送时间短的压力，存在较大工伤风险，但劳动关系认定难、职业伤害保障制度目前还不完善等因素使大部分劳动者无法满足现行工伤保障制度的参保条件。三是作用发挥难。一些企业虽已成立工会，但对企业发展影响不大，对出资人、管理层影响力弱，参与企业重大经营事项难，工会经费收缴渠道不畅，在推动督促集体合同、工资集体协商等方面措施不多，协调劳动关系、反映职工合理诉求、维护职工合法权益的职能作用发挥不明显。

（三）职工需求更加多样，职工服务体系仍需再完善

一是组织认同低。新就业形态群体兼职多、分布散、流动快，更注重自身经济利益，与平台企业关系不紧密，对工会性质认识模糊，对工会作用缺乏认同，导致自主入会意愿不强。二是需求日益广泛。新业态涉及行业领域较多，因行业属性和特点差异，新就业形态群体对企业、工会的需求呈现多样性、差异化，且多为新生代劳动者，使用互联网频率高，对工会服务范围覆盖、服务方式手段、服务平台载体提出了挑战。三是价值取向多元。随着

新知识、新技术在工作场景的不断引入和应用，新就业形态劳动者追求自主性、灵活性、即时兑现的工作方式，对自我价值实现、职业发展空间的诉求越发强烈。

三、对策建议

（一）把握政治引领这一关键

一是红色领学。坚持不懈用习近平新时代中国特色社会主义思想教育引领职工，坚持正确政治方向、舆论导向、价值取向，提升职工政治涵养、职业素养和工作认同，引导职工以实际行动忠诚拥护“两个确立”、坚决做到“两个维护”。二是指尖送学。针对新就业形态劳动者空闲时间零散、学习方式年轻化等情况，建立“空中莆工学堂”，探索“点单式”送学模式，实行定期发布“菜单”、职工提前“点单”、分批按时“送单”，鼓励职工利用碎片化时间在线自学，提升学习主动性、积极性。三是典型带学。广泛开展“中国梦·劳动美——喜迎二十大　建功新时代”“劳动创造幸福”“强国复兴有我”等主题宣传教育，组织劳模工匠宣讲团进企业、进驿站、进一线，面对面宣传宣讲，推动党的创新理论入脑入心入行。

（二）聚焦素质提升这一重点

一是创造技能提升条件。适应新业态就业特点，建立线上线下课时衔接、直播点播课程互补、知识技能跨界学习的灵活培训模式，全面推广“八闽工匠学堂”线上职业技能培训平台，扩大线上培训资源供给，支持院校、培训机构、企业建设线上培训平台，开发线上课程，鼓励平台企业自主开展职工职业技能培训，加大培训补贴资金直补企业工作力度。二是改进职业评价方式。引导行业协会、龙头平台企业探索建立新职业评价标准规范，推动职业技能等级企业自主认定和专项职业能力开发，畅通新就业形态劳动者职称申报评价渠道，建立健全新就业形态劳动者技能评价体系。加大对技能要素参与分配的激励力度，在部分重点平台企业、行业和区域，推动建立基于岗位价值、能力素质、业绩贡献、工作年限等各种要素的激励制度。三是深化就业创业服务。落实工会援企稳岗政策措施，积极为各类新就业形态劳动者提供多元化职业介绍、职业指导、创业培训等服务，依托人力资源市场、就业服务中介机构和求职网络平台等渠道信息，定期分析研判全市企业劳动岗位需求，及时发布职业供求信息，便利职工求职就业和企业招工用工。

（三）突出维权服务这一主责

一是完善职工服务体系。建立完善“从业人员—平台企业—行业工会联合会”诉求直通机制，常态化收集新就业群体的意见建议和困难诉求，梳理服务事项清单，落细落实关爱帮扶措施及各项激励政策，为新就业形态群体排忧解难、纾难解困。针对新就业形态劳动者的多样化需求，整合工会线上线下服务资源，推送订单式、个性化服务，深化新就业形态劳动者关爱行动，完善“掌上工会”业务功能，推动工会服务更方便职工、更贴近基层。二是补齐权益保障短板。针对新就业形态用工关系和纠纷解决、新业态企业劳动保护责任、新就业形态劳动者反映强烈的劳动报酬、社会保险、休息休假、职业安全等突出问题，探索通过制定行业劳动标准、建立协商机制、完善社会保障等方式，建立健全新就业形态劳动基准和社会保险体系，配合开展平台灵活就业人员职业伤害保障试点，不断补齐劳动者权益保障短板。三是激发企业工会活力。实施精准化、差异化指导和服务，将力量配备、服务资源、工会经费更多地向新业态领域倾斜，强化平台企业建设、维护、参与、教育四项职能，建立健全工会工作机制，打造组织健全、制度完善、工作规范、维权到位、职工满意、充满活力的企业工会，不断提升基层工会规范化建设水平，发挥工会职能作用，黏合企业职工关系，助力企业和谐发展。

（四）抓牢政治安全这个根本

一是强化源头参与机制。注重源头参与、抓好源头维护，发挥政府与工会联席会议制度、协调劳动关系三方机制作用，积极参与涉及新就业形态劳动者切身利益的法律法规政策的制定和修订，推动《关于维护新就业形态劳动者劳动保障权益的指导意见》《贯彻落实人力资源和社会保障部等八部委关于维护新就业形态劳动者劳动保障权益指导意见的十五条措施》落实落地，使新就业形态劳动者权益保障有法可依、有章可循。二是强化维权维稳机制。积极融入“党建引领、夯基惠民”工程，加强与司法、人社、法院等部门沟通协作，发挥市劳动人事争议调解中心、“园区枫桥”机制作用，为新就业形态劳动者提供更加便捷、优质、高效的纠纷调解、法律咨询、法律援助等服务，健全劳动争议多元化解机制。聚焦新业态劳动领域常态化开展职工队伍稳定风险隐患矛盾排查，健全劳动关系风险监测、分析、预防、处置长效机制，切实把“五个坚决”要求落到实处。三是强化民主协商机制。按照先易后难原则，探索行业性集体协商新途径，引导行业协会、头部企业就行业计件单价、劳动定额、工作时间、劳动保护等开展集体协商，为企业和职工搭建理性有序的沟通交流平台。适应企业差异性，引导有条件的平台企业建立健全以职代会为基本形式的民主管理制度，维护新就业形态劳动者民主权利。加强工会劳动法律监督，落实“一函两书”制度，切实维护劳动领域政治安全和职工队伍稳定。

参考文献：

[1] 蔡蕊 . 引导快递从业人员树立行业新风 [N]. 湄洲日报，2022-05-23（A2）.

[2] 王芳 .【工作研究】锻造高素质产业工人队伍 助力高质量发展 [N]. 2021-09-13（7）.

[3] 刘贵堂 . 找准新就业形态劳动者权益保障发力点发挥好工会作用 . 中工网 . https://www.workercn.cn/c/2022-02-14/6759861.shtml.

关于加强快递从业人员权益保障的思考

（李涛　王丽，莆田市总工会权益保障部）

近年来，伴随着数字经济的浪潮，我国快递行业高速发展，成为人们数字生活的关键基础设施，快递员作为一个新产业新业态新模式的就业群体，队伍规模不断扩大，已经成为劳动者大军的重要组成部分，是畅通经济循环、推动消费升级、促进创业就业、增进民生福祉、维护社会稳定的重要参与者、实践者和推动者，为经济社会发展作出了积极贡献。如何切实保障包括快递员在内的新就业形态劳动者合法权益，为他们创造更好的发展环境、职业环境，是工会履行好维权服务基本职责，构建和谐劳动关系的应有之义。市总工会走访快递行业工会联合会和快递企业，通过与工会干部座谈、与快递员交流等形式了解快递企业工会工作开展情况和快递员生产生活现状，梳理快递从业人员权益保障方面存在的问题，提出加强快递从业人员权益保障的对策建议。

一、莆田市快递行业基本现状

全市现有快递企业 27 家，分支机构 41 家，末端网点 1209 个，从业人员 5000 余人。经营的快递品牌有 22 个，主要企业包括邮政速递（EMS）、顺丰、申通、圆通、中通、韵达、百世、极兔等。

（一）快递业务平稳发展

2022 年上半年，快递服务企业业务量累计完成 12270.18 万件，同比增长 19.60%；快递业务收入累计完成 10.83 亿元，同比下降 6.49%。其中，同城快递业务量累计完成 246.96 万件，同比下降 28.14%；异地快递业务量累计完成 11359.43 万件，同比增长 24.51%；国际 / 港澳台快递业务量累计完成 663.79 万件，同比下降 16.25%。莆田市同城、异地、国际 / 港澳台快递业务量分别占全部快递业务量的 2.01%、92.58% 和 5.41%；业务收入分别占全部快递收入的 1.53%、51.26% 和 29.81%。与去年同期相比，同城快递业务量的比重下降了 1.34 个百分点，异地快递业务量的比重上升了 3.65 个百分点，国际 / 港澳台业务量的比重下降了 2.32 个百分点。

（二）用工形式多样发展

目前，国内快递企业经营模式分为直营和加盟两种。直营模式企业较少，但规模较大，其代表为顺丰、京东和中国邮政。企业与快递员直接签订劳动合同，为其缴纳各项社会保险，快递员合法权益得到较好保障。加盟模式企业较多，其代表为“三通一达”（中通、申通、圆通、韵达）。企业与合作伙伴和管理者签订劳动合同，与快递员劳动合同签订率不是很高，快递员社会保险等权益保障落实不到位。用工分为全日职工、非全日职工和劳务派遣工。

（三）全力推进工伤保险

莆田市邮管局将基层快递网点优先参加工伤保险工作纳入工作重点。联合市人力资源和社会保障局印发《关于做好基层快递网点参加工伤保险工作的通知》，明确了基层快递网点工伤保险的参保范围和参保缴费、参保方式和登记流程、工伤认定鉴定和待遇支付以及工作要求等相关事项，为推进全市快递员工伤保险办理工作落地提供政策支持。积极开展工伤保险政策宣传引导，邀请劳动仲裁专家向快递企业进行政策宣讲和具体参保流程培训，最大限度提高政策知晓率。目前，全市寄递企业基层快递网点优先参加工伤保险人数为 653 人。

（四）权益保障不断加强

2019 年，依托莆田市快递行业协会成立了莆田市快递行业工会联合会，目前全市 27 家快递企业，已单独成立工会 19 家，5 家直接加入市快递行业工会联合会，3 家企业由总部工会统一管理，实现对全市 5000 多名快递小哥的建会入会全覆盖。2022 年，市总工会积极推动快递行业通过集体协商建立起权益保障的常态化机制，维护职工劳动报酬、劳动安全、技能培训等方面合法权益，促进新就业形态企业构建和谐稳定劳动关系。在莆田市圆通速递物流园打造共享职工之家，建筑面积 850 平方米，辐射周边社区工会、企业工会 20 多家，可服务周边群众近万人。建设 20 家省、市级户外劳动者服务站点，满足包括快递小哥在内的户外劳动者休息、补给需要。

二、存在问题

（一）工资收入不稳定

快递员收入与收派快递件数紧密挂钩，这种收入结构虽然满足了市场竞争环境下的工资激励性要求，但是劳动者承担着收入不稳定的风险。其中派件费的收入是其最主要的收入来源，也是保障快递员基本收益的基础，当前受疫情反复影响，货运物流不畅导致快递包裹数量减少，部分快递员每月收入根据业务量会出现浮动。快递员的高工资很大程度上来自超长的工作时间，且自身必须为高工资承担责任风险，一旦脱离了高强度的时间投入，将导致快递员工资收入减少。当前快递行业竞争激烈，一线快递员收入受到层层挤压，送得多挣得不多，增量不增收，收入与付出不成正比，职业获得感较低。

（二）考核机制不健全

调研显示，有 24.96% 的快递从业人员反映所在企业有“以罚代管”的现象存在，加盟型快递企业罚款现象较为严重，考核项目存在过多过杂等突出问题，如百世考核项多达55项、圆通48项。各品牌快递企业的考核项目，一般包括揽件及时率、发件重量不符、虚假签收等操作类项目，收寄违禁品、未实名等安全类事项，延误、破损、客户投诉等服务质量类项目。无规矩不成方圆，快递品牌总部早期通过罚款进行管理直接、高效，但随着行业规模逐渐扩大，通过简单粗暴的罚款来起到警示作用，以达到管理的目的，已不适应行业高速发展需求，以罚代管，严重挫伤一线加盟商发展热情和职工的归属感。

（三）劳动保护不到位

快递行业超时劳动情况较为普遍，特别是双十一等快递服务高峰期，职工基本都是加班加点，甚至通宵达旦，而且双休日等基本也没有休息保障，这不利于快递员群体的身心健康。在工作场所方面，一线快递员室外作业时间长，吃饭、饮水、如厕难是他们面临的最现实的问题。在作业工具方面，多为电动三轮车，快递员多数是在送快递的路上，工作环境不稳定，容易出现交通安全隐患。在职业技能培训权利方面，快递企业对快递员的培训局限于企业内部自身业务培训，注重提高员工的工作技能，普遍忽视对员工安全防护知识、心理健康知识、自身发展能力提升的培训。

（四）社会融入不充分

调研显示，快递从业人员对企业归属感较强的占比65.2%，对从事快递职业的自豪感较强的占比68.5%，快递员自身缺乏对本职业的认同，缺乏自豪感和自信心。参与调查的快递小哥几乎都被客户刁难、投诉过等，34.5%的快递小哥认为客户态度傲慢，自己不被尊重，42.2%的快递小哥遭遇过客户的恶意投诉，7%的快递小哥遭遇过过高索赔，还有16.3%的快递小哥遭遇过其他形式的刁难，社会对快递员的理解和尊重不足，使快递员群体社会地位难以保障。快递员工作时间长，劳动强度大，工作压力使很多快递员缺少正常的社会交往和必要的休闲娱乐，身在城市却无法享受城市生活。大多数快递员对未来发展充满迷茫，看不到行业发展的希望。

三、加强快递从业人员权益保障的建议

工会组织作为党联系职工群众的桥梁纽带，应深入学习贯彻习近平总书记重要指示精神，认真贯彻落实上级决策部署，始终把团结引领广大职工，夯实党执政的阶级基础和群众基础作为重要政治责任，紧紧围绕工会改革重点任务，持续推进快递员等群体建会入会，充分发挥组织优势做好维权服务工作，着力把包括快递从业人员在内的新就业形态劳动者紧密地团结在以习近平同志为核心的党中央周围。

（一）推进党工共建，引领好快递员群体

最大限度地把快递员群体组织到党领导下的工会工组织中来，团结带领广大职工同心合力、同频共振、同向发力。一是强化思想政治引领。随着互联网技术的普及，微信、微博、抖音等自媒体平台丰富，快递从业人员教育程度不高、容易受到虚假网络信息的误导，各级工会组织应认真贯彻落实意识形态工作责任制，牢牢把握正确的政治方向。广泛宣传党的路线方针政策和保障新就业形态劳动者群体权益的政策举措，帮助他们认清形势，释疑解惑。深化“中国梦·劳动美”主题教育活动，以劳模工匠宣传宣讲活动为载体，大力宣传工人阶级奋发有为的时代精神，广泛宣传职工群众在平凡岗位上所创造的宏伟业绩，唱响劳动最光荣、劳动最崇高、劳动最伟大、劳动最美丽的主旋律，提升新就业形态劳动者群体主人翁使命感、责任感和荣誉感。二是扎实推进建会入会。坚持把推进快递员等群体入会工作放在重中之重的位置，左右协同、上下联动，全力做好建会入会工作，不断扩大工会组织和工会工作的有效覆盖面。坚持因地制宜、因企施策，通过快递员集中企业“单独建”、头部企业“牵头建”、借助行业力量“推动建”等方式，探索多种建会模式，开辟网上申请便捷入会渠道，采取培训座谈、热线解答、政策宣传等措施吸引职工入会，确保快递员“有会可入、入会有门”，让工会组织真正成为快递员群体看得见、找得着、信得过、靠得住的“娘家人”。不断加强基层工会规范化建设，发挥企业基层工会的优势与作用，加强以职

工代表大会制度为主要形式的民主管理制度建设，帮助广大快递从业人员全面了解企业的生产经营状况及发展前景，引导他们自觉把自身发展与企业发展统一起来。

（二）完善关爱机制，凝聚好快递员群体

立足职能主动作为，发挥工会组织示范带动作用，营造关心关爱快递员群体的社会氛围。一是打造关爱平台。一方面维护职工合法权益，组织开展工会法律进快递企业、“尊法守法·携手筑梦”服务农民工公益法律行动等，在广大快递员中广泛开展法律宣传、法律咨询等服务。依法履行维权和服务职责，畅通职工诉求表达渠道，做好快递人员的法律援助和心理疏导。在新业态聚集区推行“园区枫桥”机制，构建劳动纠纷多元化解机制。另一方面加大普惠服务力度，紧扣需求办实事，推动四季四送、职工子女暑托班、青年职工交友、困难帮扶等向新业态群体延伸，唱响工会服务职工“四季歌”。整合服务资源，拓展服务项目，丰富服务手段，多做雪中送炭、温暖人心的工作，尽力帮助一线快递员工解决生产生活中的难题，使快递职工体会到工会组织家一样的温暖，不断增强工会组织的吸引力和凝聚力。二是加强阵地建设。充分利用工会自有资源和社会资源，建好用活工会阵地，把职工之家建设作为联系职工、服务职工的重要载体，搭建一个集学习、健身、休闲、交流于一体的平台，丰富快递员群体的业余生活，提升职工的幸福指数。在快递员最需要的地方建立服务平台，帮助解决快递员在就餐、饮水、休息等方面面临的实际困难，加强户外劳动者服务站点、“绿色·爱心”驿站等的建设推广，打造一批设施完善、服务到位、贴心暖心的“温馨港湾”，构建“十分钟服务圈”，为快递从业人员提供工作生活便利。

（三）聚焦急难愁盼，服务好快递员群体

突出问题导向，为快递从业人员实现体面劳动、舒心工作保驾护航。一是聚焦“安全”痛点，增强安全感。加强“快递小哥”劳动保护，督促企业严格执行安全生产法律法规和标准，落实全员安全生产责任制，建立健全安全生产规章制度和操作规程，配齐劳动保护用品。工会组织开展的一线职工

免费疗休养、免费健康体检、高温慰问等方面活动向快递企业及快递员实行政策倾斜，保障快递从业人员职业健康。加强交通安全的宣传培训，强化快递员的交通安全意识，快递企业可以设置“安全奖”等鼓励方式，或者将交通违规情况与快递员的业绩相挂钩，使其提高遵守交规的自觉性，减少交通事故的发生。二是聚焦“利益”盼点，增强幸福感。指导快递企业健全用工制度，依法与快递员签订劳动合同，规范缴纳社会保险。着力解决好“派件费”这一快递员群体最关心、最直接、最现实的利益问题，推动形成合理收益分配机制，保障快递小哥劳动报酬，督促快递企业严格执行《快递末端派费核算指引》，保持合理末端派费水平，保障快递员基本劳动所得。以行业劳动定额、计件单价、订单分配、抽成比例、报酬支付办法、工作时间、休息休假、劳动安全卫生和奖惩等事项为重点内容，推动企业建立健全协商协调机制。在双 11、双 12、春节等特殊时期，考虑以工资集体协商的方式适当提高快递员的工资待遇和福利待遇，营造人性化用工环境，构建和谐劳动关系。三是聚焦“地位”热点，增强获得感。在快递行业迅速发展的当下，对快递从业人员技能要求也逐步提高，围绕职工和行业发展的需求，广泛组织开展具有快递行业共性的技术比武、技术竞赛、技能培训，推动行业革新、管理创新和服务创新，引导网点提质增效。实施职工（含农民工）“求学圆梦”学历提升行动，与国家开放大学等院校合作，为包括快递小哥在内的在职职工就读大专、本科且符合条件的给予学历提升、学费补助，帮助快递从业人员提升学历水平。推广应用“八闽工匠学堂”，为职工提供多元化、多样化、多层次专业培训，拓宽职业发展空间。从快递行业中发现和培育先进典型，将其纳入各级劳模工匠评选表彰范围，开展“最美快递员”等先进人物评选活动，充分发挥先进模范人物的示范引领作用，提升快递员群体的社会地位和职业归属感，促进快递从业人员融入城市。

参考文献：

［1］孙洁 . 加强快递员权益保障 促进快递行业健康发展［EB/OL］.https://baijiahao.baidu.com/s?id=1708308055060485812&wfr=spider&for=pc.

［2］董永祥．加强团结引领 做实维权服务 努力提升快递员群体获得感［J］．中国工人，2021（8）．

［3］梁瑶．做好快递从业人员群体权益保障——以黑龙江省为例［J］．前进论坛，2022（9）．

新就业形态职业伤害保障路径探索

——以试点情况为视角

（曾佳魁，湖南天地人律师事务所律师）

随着大数据技术的普及和使用，平台经济蓬勃发展，加之2020年新冠肺炎疫情突然暴发以及现今的疫情常态化发展助推，依靠平台派单的新型灵活用工方式发展迅猛，并形成了新就业形态。法律自身存在的局限之一是其存在滞后性，难以及时对新生事物进行规制，这也导致了新就业形态就业人员权益保障处于较为尴尬的境况，新就业形态就业人员职业伤害保障就是其中一个方面。这种境况主要体现为原有法律制度明显不适应新型的用工模式，而新制度仍未推出施行，引发了法律适用上的争议，同时影响着就业人员的切身利益。

一、新就业形态职业伤害保障发展现状

（一）新就业形态就业人员群体不断扩大

“截至2022年6月，我国网约车用户规模达4.05亿，占网民整体的38.5%，同比增长2.1%；在线医疗用户规模达3亿，占网民整体的28.5%，同比增长24.9%”。“截至2021年12月，我国网上外卖用户规模达5.44亿，占网民整体的52.7%，同比增长29.9%”。同时，“2021年我国网约车客运量占出租车总客运量的比重约为31.9%，2021年我国在线外卖收入占全国餐饮业收入的比重约为21.4%，同比增长4.5%”。可见，平台消费具有较高的普

及率，且普及率正稳步上升，而在服务行业中，依托互联网平台经营和开展的业务亦在该类业务中占有不小的比重，消费需求的存在刺激着企业不断扩大平台业务规模，从而引发了对新就业形态就业人员的用工需求，吸纳劳动者以维持业务的顺利开展。

（二）新就业形态用工形式不断变化发展

迄今为止，“平台企业用工主要通过三种模式进行：即传统雇佣模式、众包模式和专送模式，而第二种、第三种模式成为现如今的主要用工模式，原因是其可以通过众包、劳务外包、让就业人员注册个体工商户等方式阻断就业人员与平台之间的劳动关系，从而降低平台企业的用工成本和用工风险”，这就直接导致新就业形态中的不完全劳动关系占据主要地位。在这种情况下，就业人员往往难以认定用工主体，在发生职业伤害或产生第三人侵权责任时亦无法确定用工责任由何者承担。

（三）相关指导性政策相继出台

为顺应经济发展形势以及规范新型劳动用工模式，人力资源和社会保障部等八个部门于 2021 年 7 月 16 日颁布实施了《关于维护新就业形态劳动者劳动保障权益的指导意见》，并强调要强化新就业形态就业人员的职业伤害保障。随后，各省市相继出台相关指导意见，进一步落实了新就业形态就业人员职业伤害保障的措施。笔者使用威科先行数据库，以“新就业形态”和“职业伤害保障”进行全文检索，结果显示：截至 2022 年 10 月 10 日，涉及新就业形态就业人员职业伤害保障的规范性文件已经有 128 部。其中，专门针对新就业形态就业人员权益保障进行规定文件的共 26 部，并且都在不同程度上规定了新就业形态就业人员职业伤害保障的相关内容。

（四）新就业形态就业人员职业伤害保障试点陆续开展

《关于维护新就业形态劳动者劳动保障权益的指导意见》实施以来，部分地区率先开展新就业形态就业人员职业伤害保障试点，基于新就业形态下劳动关系具有特殊性，试点实行主要分为两种：一是将新就业形态下的职业伤害保障纳入工伤保险中，主要有两种表现形式，即单险种参加工伤保险（北京[①]、浙江省[②]、广东省[③]等）和工伤保险＋补充商业保险模式（湖州市[④]、泰州市[⑤]等）；二是针对新就业形态下劳动者新设职业伤害保险（九江市[⑥]、苏州市吴江区[⑦]）。

二、新就业形态职业伤害保障试点中存在的问题

（一）新就业形态就业人员纳入工伤保险保障范围并无上位法依据

笔者注意到，浙江和广东均采用单险种参与工伤保险的模式，但依据的

---

① 北京市就业工作领导小组印发的《关于促进新就业形态健康发展的若干措施》第三条第七项规定：“增强工伤和职业伤害保障。企业应为‘平台单位就业员工’参加工伤保险，对在两个及以上企业同时就业的，涉及企业应当分别为其缴纳工伤保险费，发生工伤的企业依法承担工伤保险责任。按照国家部署，以出行、外卖、即时配送、同城货运等行业的平台企业为重点，建立职业伤害保障制度，保障遭受职业伤害的“平台网约劳动者”获得医疗救治和经济补偿。鼓励平台企业为新就业形态劳动者购买人身意外、雇主责任等商业保险，引导商业保险公司开发适合的产品，提升保障水平。”

② 《浙江省数字经济促进条例》第五十七条第二款规定：“数字经济新业态从业人员通过互联网平台注册并接单，提供网约车、外卖或者快递等劳务的，平台经营者可以通过单险种参加工伤保险的形式为从业人员提供工伤保险待遇。平台经营者单险种参加工伤保险的，社会保险经办机构应当予以办理。法律、行政法规另有规定的，从其规定。”

③ 《广东省灵活就业人员服务管理办法（试行）》第八条规定：“用人单位应当为其非全日制从业人员参加工伤保险。在两个或两个以上用人单位同时就业的非全日制从业人员，由各用人单位分别为其缴纳工伤保险费，依法享有工伤保险待遇权利。试行在单位就业的非劳动关系特定人员参加工伤保险办法。在单位就业的非劳动关系人员，可以由单位为其缴纳工伤保险费，参照工伤保险规定享受工伤保险待遇权利。”

④ 《湖州市人力资源和社会保障局等5部门关于试行快递企业等新业态从业人员职业伤害保障办法的通知》第一条规定：“探索建立新业态从业人员职业伤害‘1+1’保障模式，遵循自愿原则，由新业态企业根据自身实际需求，为其从业人员参加单险种工伤保险，鼓励新业态企业参加补充商业保险，实现工伤保险、商业保险与新业态企业三方共担机制。”

⑤ 《泰州市人力资源和社会保障局关于印发泰州市补充工伤保险办法的通知》第二条第一款规定：“补充工伤保险的投保人为用工单位，被保险人为用工单位的雇员，保险人为商业保险机构。灵活就业人员投保人为本职业所属的行业协会。我市承办补充工伤保险项目的商业保险机构为中国人寿保险股份有限公司泰州市分公司、中国太平洋人寿保险股份有限公司泰州中心支公司、中国人民健康保险股份有限公司泰州中心支公司、都邦财产保险股份有限公司泰州中心支公司、大家养老保险股份有限公司江苏分公司。”

⑥ 九江市人力资源和社会保障局在《九江市灵活就业人员职业伤害保险办法》政策解读中指出：“参保范围”，明确了不能纳入工伤保险范围的就业人员均可参加灵活就业人员职业伤害保险。

⑦ 《吴江区灵活就业人员职业伤害保险办法（试行）》第三条规定：“新经济、新业态下在吴江区灵活就业的人员参加吴江区灵活就业人员职业伤害保险。”

文件分别是《浙江省数字经济促进条例》和《广东省灵活就业人员服务管理办法（试行）》，分别属于省级地方性法规和地方规范性文件，而《工伤保险条例》属于行政法规，地方性法规和规范性文件在没有上位法规定的情形下，是否有权突破劳动关系，更改工伤保险保障群体的范围，值得深思。

（二）劳动关系的突破将导致工伤认定的边界更加模糊

新事物产生后，若直接套用旧办法，不仅可能无法规制新事物，还可能冲击原有制度。劳动者享受工伤保险待遇的前提是构成工伤，构成工伤的前提是存在劳动关系或用工主体责任，而新就业形态处于劳动关系的模糊地带，甚至不符合劳动关系的群体占多数。若这部分人亦能享受工伤保险待遇，那么意味着工伤认定的前提不再是具备劳动关系或用工主体责任，工伤认定的标准和范围将被无限制地扩大，也对传统工伤认定形成较大的冲击。若统一适用这种标准，则非新就业形态领域的工伤认定将不存在统一的界限，标准适用的模糊性将导致自由裁量权不当扩大，相同案件认定结果不同将引发新的法律纠纷。若仅针对这一领域适用，那么适用的合法性仍未解决，公平性亦难以解释。

（三）自愿参保无法有效保障新就业形态就业人员的权益

部分地区在职业伤害保障试点过程中采取自愿参保的方式①，由平台和就业人员自主选择是否参保。一方面，新就业形态就业人员大部分属于收入较低且不稳定的群体，生活成本较高的情况下，再额外承担职业伤害保险费用无疑增加了他们的负担，因而无法调动他们参保的积极性，职业伤害保障问题仍无法有效解决。另一方面，若由平台企业承担保费，在无强制的情况下，出于节省用工成本的考量，企业亦倾向于不购买，或者转而购买商业保险，因而同样面临着参保率低，劳动者得不到保障的问题。

---

① 《泰州市人力资源和社会保障局关于印发泰州市补充工伤保险办法的通知》第二条第二款规定："补充工伤保险采取自愿参保的原则，由投保人视情况自行选择缴费标准，自主选择承保商业保险机构办理参保手续，按年一次性缴纳保费。保费设定三个档次：每人每年360元、540元和720元。"

（四）过于重视商业保险的作用

无论是八部委联合发布的《关于维护新就业形态劳动者劳动保障权益的指导意见》，还是地方各级规范文件中涉及新就业形态职业伤害保障内容的文件，均可以看到一种倾向——鼓励购买商业保险。不可否认，商业意外保险门槛低，手续快捷，在职业伤害保障制度尚不明确的现阶段，是保障新就业形态就业人员的有力措施。但是，目前试点工作中存在过于强调商业保险保障作用的倾向，商业保险与社会保险在保费、保障范围、保险待遇等方面均不一致，商业保险仅能作为补充性保障，无法实现替代性保障。一方面，商业保险投保门槛低，但理赔门槛高，且免责情形多，并且根据职业差别设定价格高低不等的保费，商业化色彩浓厚。另一方面，商业保险的缴费主体并无强制性规定，而平台往往和保险公司有合作，有相当一部分新就业形态就业人员的意外险通过平台自行缴纳意外险，保费较高，“且平台企业会从中提取相当比例的服务费，商业保险公司和平台企业均可从配置保险产品形成的隐形利益链上获利”。

三、新就业形态职业伤害保障制度模式选择

笔者认为，结合目前应当统一新设职业伤害保险用以保障新就业形态就业人员合法权益，不宜将新就业形态职业伤害保障纳入工伤保险。

一方面，纳入工伤保险模式与工伤保险制度的制定逻辑相悖。两种模式下劳动者参保均不以劳动关系为前提，但根本区别在于是否与劳动关系理论相矛盾。我国工伤保险制度是针对传统用工模式而制定的职业伤害保障制度，因而认定劳动者构成工伤则需要三大条件，即工作时间、工作地点、工作原因。即使立法又将前述条件的适用进行了相应的扩展，即规定了工作时间前后、上下班途中、外出等发生事故伤害亦属于工伤，且专门规定了视同工伤的情形，但总体不变的是前述情形和条件均以存在劳动关系为基石。

《关于维护新就业形态劳动者劳动保障权益的指导意见》首次提出新就业形态中的“不完全符合劳动关系”的概念，这类群体与德国法中的“类雇

员”相似，其不具备传统劳动关系的人身从属性，“但因经营性劳动而具有一定的自主性，又因其劳动方式、市场地位、生存依赖等因素而形成对平台的经济从属性”。

新就业形态中大量存在“不完全符合劳动关系”的情形，若为保障这部分就业人员而将其一并纳入工伤保险保障范围则突破了劳动关系的限制和三大原则的适用，这种突破与工伤保险制度的制定逻辑相悖。为了满足新事物急切的适用需求而简单地对旧制度适用范围做扩大解释，将模糊其运作的边界，也难称得上是合理、科学的规制方法。同时，“目前的社保经办流程和服务承载设计以面向机构组织为主，若大量零散的新业态就业人员以个体身份投保工伤保险，社保经办机构恐不堪重负”。

另一方面，新设新就业形态职业伤害保险制度更具可行性，原因有两个方面。一是新设新就业形态职业伤害保险制度的保障范围更广。新就业形态职业伤害保险制度可将保障范围延伸至所有新就业形态就业人员，且其适用条件界定的重点更多集中在从业性质和职业伤害认定等方面，无须纠结和苦恼于劳动关系的认定，只要是不属于稳定建立劳动关系的新就业形态就业人员均可纳入保障范围，新就业形态就业人员在发生职业伤害后更易获得保障。因而，新设新就业形态职业伤害保险制度可以很好地解决纳入工伤保险模式的弊端，亦不会有违反上位法和冲击现有法律制度的情形。二是新就业形态职业伤害保险制度的强制性体现了比商业保险更强的保障力。新就业形态职业伤害保险作为国家推行的社会保险之一，与工伤保险制度相似，具有缴纳和参与上的强制性。在国家强制力的推动下，新就业形态职业伤害保险参与度高、覆盖面广，能够更好地保障对新就业形态就业人员的合法权益。

四、构建和完善新就业形态职业伤害保障制度的建议

新设职业伤害保险是目前对新就业形态就业人员职业伤害保障的优选方案，但新制度的产生必定要随着实施和运用而不断完善和优化。在职业伤害保险制度的实施过程中，需要从如下几个方面进行细化和完善。

（一）立法先行

需要尽快以立法的形式明确新就业形态职业伤害保险制度各方权利义务、运行机制以及配套机制。目前全国范围内的新就业形态职业伤害保险制度文件还未颁布和推行，但这项工作宜早不宜迟。这项立法工作可以遵循从个性到共性，从点到面的逻辑，“先在地方以行业划分类别推行单行法规，总结出成功经验”，提炼出共性，在此基础上推出全国范围内统一的新就业形态职业伤害保险法规。同时，在单行法规实施过程中发现的具体问题，先由地方探索解决办法，并以实施效果决定是否纳入全国范围内统一的新就业形态职业伤害保险法规中。

（二）明确新就业形态职业伤害保险缴费主体

新就业形态职业伤害保险应当采取强制缴纳的方式，所有新就业形态就业人员均需参加，从而获得保障。新设新就业形态职业伤害保险不可避免要考虑到资金来源的问题，作为社会保险的其中一种，其资金来源大体可以分为财政资金支持和主体缴费两个方面。新的社会保险支付建立后，为了保障其正常运转，必然需要财政资金予以支持，而关键的争议在于主体缴费中的“主体”如何界定。

笔者认为，新就业形态的发展目前仍处于初级阶段，典型的职业类型包括网约配送员、网约车司机，但随着往后的不断发展，可能会有更多的职业类型纳入新就业形态的范围，但是每一种职业类型的工作方式和职业伤害风险均存在不同程度的差异。因而在确定缴费主体时，可以通过对平台和企业从属性的强弱进行类别划分，制定不同的缴费方案。

首先，对于对平台和企业从属性较强，但属于不完全劳动关系类型的就业人员，如众包骑手、网约车司机、快递员、家政服务人员等，可采取个人和平台共同缴费的模式，就业人员多个平台就业的，由平台之间均摊费用。其次，对平台、企业的从属性较弱且不构成劳动关系的就业人员而言，不宜将平台列为缴费主体，可以由就业人员个人缴费，同时由财政专项资金进行部分补贴，费率和风险成正比。最后，可以遵循风险与缴费数额成正比的原则，对各类新就业形态中的各类职业进行风险等级划分，风险越高，缴费数额越高。

（三）完善职业伤害认定规则

新就业形态职业伤害与工伤既有相似之处，也存在较大的差异，相似之处在于二者均属于在工作过程中因完成工作而受到的伤害，差异之处在于人身从属性的强弱：构成工伤的劳动者与用人单位存在较强的人身从属性，通常由用人单位安排工作场所和工作时间，自身选择空间较小，工伤认定标准较为统一和明确；而新就业形态就业人员用工方式较为灵活，对于工作时间、工作场所有较大的自主性，因而职业伤害认定边界较为模糊，可能会在各方主体之间产生一定的争议。

新就业形态的用工方式较为灵活，认定是否构成职业伤害时，可以弱化工作场所的因素，但工作时间和工作原因仍是核心因素，即需要证明伤害与工作之间存在相当的关联性。

在工作时间方面，有学者认为："可以借鉴劳动过程理论，将劳动者自接单起至派单完成，这一时段界定为劳动者的劳动过程，该阶段与平台企业发生联系，需要平台企业对该阶段内劳动者的劳动保障承担相应责任。"该观点很好地体现了职业伤害与工作时间的直接关联性，但是笔者认为，出于保护新就业形态人员合法权益的角度，对于某些发生职业伤害风险较高的职业而言（如网约配送员、网约车司机及快递员等），就业人员等待接单时期也应算入工作时间内。等待接单时期由于并不处于完成工作任务的阶段，但是该等待期与完成派单的期间紧密连接，循环交替并且占据就业人员出工时间不小的比重。因而，将这部分群体的等待接单期间算入工作时间内，具备合理性和必要性。这部分人员在该期间发生职业伤害的，可以由派单平台共同承担职业伤害保障责任。

在工作原因方面，所受伤害与完成工作任务之间存在原因力，即直接关联性，证明伤害与完成工作任务相关的主要证明责任由劳动者承担。

一方面，由平台和企业承担举证责任不具备现实性。"新业态就业模式下劳动者的工作时间、地点较为灵活且与工作场所可能存在重叠，用人单位对职业伤害事故的发生存在不可控性，对于从业人员遭受职业伤害时是否存在故意很难界定且调查取证困难较大。”

另一方面，制定一项新制度的目的在于解决矛盾，而矛盾纠纷解决的途径是实现利益平衡。可以说，新就业形态职业伤害保障保险制度是对就业人员的倾斜性保护，这种保护不仅有必要性，还有相当的紧迫性。但是这种倾斜性保护需要把控好合适的度，在实现保障新就业形态就业人员合法权益的同时，需要兼顾平台企业的利益，否则容易伤及经济和企业发展。职业伤害保险制度已经将保障范围扩展到所有不符合劳动关系的就业人员，在职业伤害认定上需将条件收紧。只有真正因工作任务受到的伤害才属于职业伤害，由就业人员承担举证责任能够更精确地认定职业伤害，防止平台企业因为职业伤害认定条件过宽而支出更多的成本，否则会打压企业发展的积极性和影响整个互联网服务产业的发展。

（四）强化平台和用工企业责任

减少损害新就业形态就业人员合法权益的根本途径是规范用工企业的用工行为。一方面要敦促平台和用工企业主动、积极为就业人员购买职业伤害保险，让就业人员获得有效的保障。另一方面，在平台和企业未依法为就业人员购买职业伤害保险时，要通过明确责任主体来保障就业人员的合法权益。

笔者认为，新就业形态领域可以参照使用建设工程劳务分包领域的用工主体责任规定，为未购买职业伤害保险就业人员的事后救济提供确定的导向。明确平台对劳务分包公司的用工资质具有审查义务，若平台将劳务分包给了不具备用工主体资质的组织或个人，应当由其和用工企业对就业人员的职业伤害保障损失承担连带责任。同时，在劳务多层分包、转包时导致劳动者无法确认用工主体时，由分包、转包平台共同承担职业伤害保障责任，相关企业可以通过帮助劳动者确定用工主体来减轻或免除自身责任，从而形成倒逼和激励机制，规范平台企业和用工企业的用工行为，维护新就业形态就业人员的职业伤害保障权益。

新冠肺炎疫情常态化发展对我国经济增长产生了一定的阻力，而新就业形态的发展在当前可以增加就业机会，促进劳动力资源的有效配置，从而培育出新的经济增长点。当前需要从立法确定统一的职业伤害保障制度，再对制度具体内容进行完善，在保护新就业形态就业人员合法权益的同时平衡各方利益，明确责任主体，从而规范企业用工行为，维护劳动力市场的用工秩序。

参考文献：

［1］张成刚．就业发展的未来趋势，新就业形态的概念及影响分析［J］．中国人力资源开发，2016（19）．

［2］谢雨，吕莉，邵玉姿，等．互联网＋激活新就业形态［N］．人民日报，2018-03-17．

［3］常凯．平台企业用工关系的性质特点及其法律规制［J］．中国法律评论，2021（4）．

［4］白艳莉．新业态从业人员职业伤害保障体系构建研究［J］．中州学刊，2022（7）．

［5］王天玉．互联网平台用工的"类雇员"解释路径及其规范体系［J］．环球法律评论，2020（3）．

［6］朱小玉．新业态从业人员职业伤害保障制度探讨——基于平台经济头部企业的研究［J］．华中科技大学学报（社会科学版），2021（2）．

［7］关博．加快完善适应新就业形态的用工和社保制度［J］．宏观经济管理，2019（4）．

［8］毛艾琳．新就业形态劳动者权益保障问题研究——基于平台责任的理论思考［J］．长白学刊，2022（1）．

［9］苏炜杰．我国新业态从业人员职业伤害保险制度：模式选择与构建思路［J］．中国人力资源开发，2021（3）．

实践篇

数字经济下的工会基层工作研究

（裴新岗，全国总工会基层工作部）

一、研究背景及意义

（一）研究背景

根据中国互联网络信息中心发布的《中国互联网络发展状况统计报告》显示，截至 2022 年 6 月，我国网民规模为 10.51 亿，互联网普及率达 74.4%，网民人均每周上网时长为 29.5 个小时，网民使用手机上网的比例达 99.6%。

2005 年我国数字经济规模为 2.6 万亿元，占 GDP 的比重为 14.2%。中国信息通信研究院发布的《全球数字经济白皮书（2022 年）》显示，2021 年，我国数字经济发展取得新突破，数字经济规模达到 45.5 万亿元，占 GDP 的比重达到 39.8%。居于世界第二。特别是新冠肺炎疫情暴发以来，数字技术、数字经济在支持抗击新冠肺炎疫情、恢复生产生活方面发挥了重要作用。

（二）研究意义

马克思主义唯物史观认为，生产力决定生产关系，经济基础决定上层建筑。数字经济的发展引起企业组织形式、运行方式和职工队伍的变化，出现了产业数字化、数字产业化的趋势，劳动关系出现了新的特征，在数字经济下研究工会基层工作具有很强的理论意义和现实意义。

1. 理论意义

当前，数字经济下的工会基层工作的研究尚处于探索阶段，深化数字经济下的工会基层工作理论研究，有助于回答数字经济下劳动者入会的现实困惑，强化工会基层工作的理论支撑，推进中国特色社会主义工会发展道路理论的丰富和发展。

2. 现实意义

贯彻落实习近平新时代中国特色社会主义思想，特别是习近平总书记关于工人阶级和工会工作的重要论述，贯彻落实习近平总书记关于加强基层工会工作的重要指示批示精神，坚持中国特色社会主义工会发展道路，结合数字经济和工会基层工作实际，把握数字经济下的工会基层工作的规律，为我国工会在推进数字经济下的工会基层工作提供可行性意见和政策建议。

（三）研究现状

数字经济的蓬勃发展，从理论和实践方面对数字经济下的工会基层工作研究形成了相关的成果。例如，任国友研究认为，注重服务职工群体新需求、提升产业工人数字新素质、运用网上入会新手段和关注平台用工新方式，成为数字经济时代中国工会的对策选择。金世育研究认为，上海首批成立的 6 家新业态行业工会证明，数字经济时代行业工会在组织新业态劳动者加入工会时更容易实现，可以从资源优化的角度创新行业工会建设路径。戚聿东等研究认为，工会应吸纳新职业从业者加入工会组织，加强对从业者的技能培训，以行业为基础建立数字平台工会和行业协会，推动建立新职业从业者集体协商机制。韩雪基于马克思主义政治经济学视角对数字经济下劳动的概念属性、价值创造等进行研究，建议加快非公有制企业特别是数字平台企业的工会组建，创新企业工会组织工作模式，构建平等协商机制。谭淇华、蔡辉研究认为，数字经济驱动下的企业工会更应该积极面对新形势，迎接数字经济带来的机遇与挑战。褚雪霞研究认为，数字经济下，企业工会需要不断创新工作模式，加强互联网技术的应用，提高员工的综合能力水平。

当前，对数字经济下的工会工作特别是基层工会工作实践多探索多，理论研究相对较少，滞后于工会工作实践的发展，需要加强数字经济下的工会基层工作理论研究，厘清概念观念，为数字经济下工会基层工作提供理论支撑和指导。

（四）研究内容

第一部分是绪论，阐述数字经济下的工会基层工作研究背景、理论价值以及现实意义，回顾数字经济下工会基层工作研究进展。第二部分总结数字经济下工会基层工作取得的进展和成效。第三部分分析数字经济给工会基层工作带来的机遇和挑战。第四部分提出数字经济下工会基层工作的举措对策。第五部分是结语。

二、数字经济下工会基层工作已经取得的成效

近年来，工会基层工作认真贯彻落实习近平总书记关于工人阶级和工会工作的重要论述，适应数字经济的发展和职工队伍的变化，工会基层工作取得了进展。

（一）加强数字经济在工会基层工作中应用

1. 强化组织领导

全国总工会在深化改革过程中，专门设置信息中心、网络工作部，开通全国总工会微信公众号以及今日头条、央视频、抖音官方账号，省级工会开展网上工作平台建设并上线运行。加强工会报刊媒体融合，建设工会新媒体矩阵，推动“十四五”全国总工会信息化建设工程。建立工会领导机关干部赴基层蹲点长效机制，全国总工会机关率先垂范，各级工会积极推动，2021年开展全国工会系统机关干部赴基层蹲点活动，全国省市县三级工会共组成蹲点组 4488 个，选派蹲点干部 12865 人，努力打通联系服务职工的“最后一公里”。

2. 加强网上职工之家建设

各级工会主动适应信息化网络化趋势和数字经济迅猛发展，以满足职工

个性化、差异化需求为目标，因地制宜、因需谋划，广泛吸纳整合社会资源、创新建家载体，大力推行网上职工之家建设、职工之家共享阵地建设、区域性（行业性）职工之家建设等多种方式，提升服务职工、服务企业、服务区域发展的能力水平。全国总工会深化“会、站、家”一体化建设，大力推进工会户外劳动者服务站点建设，目前已建8.6万余个，投入资金11.67亿元，覆盖服务户外劳动者群体6200余万人。北京市总工会积极探索打造适应大数据和人工智能时代要求，符合疫情防控常态化需要，线上线下融合互动的智慧化、便捷化、个性化服务模式，全方位“零距离”服务职工；天津市总工会通过津工智慧平台、“知工”App等新媒介，为职工提供更直接、更精准、更普惠、更便捷、更温馨的服务；浙江省宁波市总工会打造“1+1+N”数智工会，开展“1+2+N”普惠服务模式，以数字化改革全面推进职工之家建设。

3. 开展网上工会基层工作

各级工会在工会基层工作上探索使用信息化手段，加快智慧工会建设，积极探索互联网技术在建会入会、企业民主管理、职工之家建设、集体协商、劳动竞赛等方面作为线下工作的有益补充，坚持线上线下相结合，切实提升利用互联网开展工会基层工作的能力。如上海、江苏、浙江、安徽等省市工会积极探索通过网络召开职代会、开展集体协商等，做到工会基层工作“云上线”，受到基层单位和职工群众的普遍欢迎。调查显示，36.4%的职工选择微信群、QQ群、电子邮件、OA系统、意见箱等方式发表意见、参与工会工作，职工群众参与工会工作的积极性比较强。

（二）推动数字经济下建会入会工作

1. 推进新就业形态劳动者建会入会工作

各级工会积极适应数字经济形势的发展，不断巩固扩大党执政的阶级基础和群众基础，2018年以来，着力推进货车司机等八大群体和新就业形态劳动者入会工作。开展货车司机入会集中行动，推进货车司机、快递员、护工护理员等八大群体入会，全国新发展八大群体会员874.3万人。2021年9月，全国总工会出台《关于推进新就业形态劳动者入会工作的若干意见（试行）》等文件，贯彻落实新修订《工会法》和人力资源和社会保障部等八部委《关于维护新就业形态劳动者劳动保障权益的指导意见》，为全会联动开展新就业形态劳动者入会集中行动提供了制度保障。截至2022年6月底，新发展新就业形态劳动者会员687万人。货车司机、网约车司机、快递员、外卖配送员4个重点行业的12个头部企业均已实现建会突破。

2. 推动工会组织和会员实名制管理工作

2017年4月，全国总工会制定《推进基层工会组织和工会会员实名制管理工作方案》，建立整体谋划、分层管理、分工负责、紧密协作的工作机制，指导各地加快推进实名制管理工作的制度化、规范化。各级工会加强会员信息化动态管理，一体推进“互联网+”工会普惠性服务和会员实名制管理工作，以有效服务吸引职工入会。加强宣传动员，开辟劳务市场入会、集体登记入会、流动窗口入会等多种途径，探索创新职工沟通会、网上入会、扫码入会等多种方式，畅通入会便捷渠道。如北京市总工会自2009年以来开展实名制信息采集工作，为会员办理“京卡”工会服务卡，目前纳入数据库实名管理的会员超过650万人。

三、数字经济给工会基层工作带来的机遇和挑战

数字经济下工会基层工作取得了成效，同时与党中央的要求、基层职工群众的期待有差距，需要继续深入研究数字经济给工会基层工作带来的机遇和挑战，全面具体分析数字经济给经济结构、职工队伍、劳动关系、工会组织、工会干部等带来的影响，明确工作的切入点和目标。

（一）数字经济下经济结构和职工队伍的发展变化

数字经济的发展对经济结构和职工的影响，经历了几个阶段，20世纪90年代互联网逐步进入人们的生活，搜狐、新浪等互联网公司兴起，到后来的网易、腾讯等，出现了电子邮箱、网络即时聊天工具等，再后来阿里巴巴、京东等网上交易平台开始发展壮大。智能手机出现，手机即时聊天工具广泛运用，数字经济从开始的电脑操作逐步发展到每时每刻智能手机的使

用，时间范围、地域范围、人员范围等更为扩大，进一步产生了以抖音、滴滴、美团、支付宝、数字人民币等为代表的一批新的数字经济。上述以互联网公司为代表的经济组织，带来了职工就业方式的重大变化，出现了以货车司机、网约车司机、快递员、外卖配送员等群体为代表的新就业形态劳动者。据统计，2021 年依托互联网平台的新就业形态劳动者大约为 8400 万人，灵活就业人员达到 2 亿多人；农民工总量则从 2012 年的 2.6 亿人增加到 2021 年的 2.9 亿人。如何把他们组织到工会中来，对工会基层工作提出了新的机遇和挑战。

与传统领域和传统行业相比，数字经济企业在用工方式、组织架构等方面具有一定特殊性，在推动工会组建、履行建会程序等方面存在一定难度。工会服务难以满足职工日益凸显的多元化需求，工会组织“黏性”相对不足，职工对工会缺乏归属感，入会意识不强。部分单位主观上对工会认识程度不够，对工会的性质和职责作用认识不到位，建会积极性不高。数字经济下职工的工资基数难以确定，工会经费难以收缴，缺少相关制度规定。同时，随着大量数字经济工会组织会员的加入，后续的管理和维权服务等各项工作的开展需要进一步细化和完善。

（二）数字经济下劳动关系方面的问题

在数字经济下，灵活就业人员多，大多数没有签订劳动合同，兼职从业人员多，具有组织方式平台化、工作机会互联网化、工作时间碎片化、就业契约去劳动关系化、流动性强、收入不稳定等特点。这些劳动者有的是新从业人员，有的是从传统产业中转移出来的，工作方式、计酬形式、企业管理方式等都出现了重大变化，劳动关系认定问题成为数字经济下劳动关系领域亟待解决的最大“短板”，现有政策法规难以对数字经济下职工的权益保障进行统一有效的规制。数字经济企业与职工之间的用工关系性质如何认定，是劳动关系还是民事关系，成为当前劳动争议案件中的热点难点问题。数字经济活动中，职工劳动强度大，劳动风险高，职工缺乏利益诉求的表达渠道，参加社会保险的比例低，导致这部分职工社会保险覆盖率远低于传统就业群体，给工会维护职工权益工作带来了新的挑战。

（三）工会干部开展数字经济下工作能力欠缺

1. 工会基层工作方式方法不适应问题

各级工会在利用网络开展工会基层工作上还在探索阶段，方式方法较为单一，不平衡问题突出。对数字经济下如何开展建会入会、召开职代会、厂务公开、职工董事、职工监事、集体合同等工作，缺乏明确的有效认定和统一的规范指导。存在政策指导不精准、服务保障不到位、解决困难不给力等问题，缺少科学系统的评价、检查和考核机制，监督制约机制滞后，重部署、轻落实，重形式、轻实效，影响了工会基层工作的开展。

2. 基层工会干部素质能力有待提升

基层工会干部专职人员少，兼职人员多，流动性大，对开展数字经济下工会基层工作的认识不统一、存在畏难情绪，有的不注重学习数字经济下的相关政策理论，凭感觉靠习惯开展工作，工作能力、创新精神不适应新形势的需要，存在本领恐慌。有的事业心和责任感不强，缺乏服务意识和实干精神，对新情况新问题研究不够、办法不多。有的对职工感情不深，个别工会干部作风懒散、脱离群众，得不到职工认可。

四、数字经济下工会基层工作的举措对策

数字经济下工会基层工作的目标就是坚持习近平新时代中国特色社会主义思想，贯彻习近平总书记关于工人阶级和工会工作的重要论述，坚持中国特色社会主义工会发展道路，围绕增强政治性、先进性、群众性，创新制度机制和方式方法，激发基层工会活力，提升基层工会对职工群众的吸引力、凝聚力、战斗力，不断扩大党执政的阶级基础和群众基础，把广大职工群众吸引凝聚到工会中来，为实现第二个百年奋斗目标而不懈努力。

（一）坚持党的领导保持正确政治方向

1. 保持正确政治方向

对数字经济下工会基层工作需要解决的新情况新问题，如基层工会组织

关系、运行机制、服务方式等进行创新，要把坚持党的领导贯穿始终，坚持中国特色社会主义工会发展道路，避免出现削弱党的领导的情况，对出现的错误倾向及时进行纠正处理。

2. 坚持党建带工建，工建服务党建

数字经济下工会基层工作要主动融入党政工作大局，把基层工会建设情况作为党的建设的重要内容，建立与政府机构的联席会议制度，争取将工会基层工作与基层党建同部署、同推进、同考核，一体促进、共同发展。

（二）坚持资源力量倾斜

1. 集中力量解决难题

尽快研究出台数字经济下工会工作的制度规定，做到资源集中、力量集中，避免力量分散、不统一。制定数字经济工会经费收缴使用管理办法，建立完善数字经济工会工作经费“上级补助、党政支持、本级自筹”的资金保障机制。充分利用各级工会领导机关具有人、财、物的优势，把这些优势落实到基层工会和职工群众。

2. 加强调查研究

集中研究数字经济下工会基层工作的现状、急需解决的问题，继续深入开展对数字经济下职工权益维护工作的调查研究，总结各级工会的经验做法，寻找解决问题的方案和措施。在制定政策和措施时，多听取各级工会、工会干部、职工的意见建议，集思广益，对好的建议吸收。在政策落实过程中，注重基层的反馈，做好宣传工作，统一思想和认识。

（三）坚持重点突破

1. 坚持先易后难

数字经济下开展工会基层工作，要遵从先易后难、去繁就简的原则。首先集中在数字经济下的建会入会上，对有影响力和示范性的头部企业，全国总工会和地方工会注重重点头部企业建会入会，可以采取全国总工会、地方、基层各级工会合力推进，借助党政力量，以点带面进行突破。基层工会注重从职工入会进行突破，采取多种措施吸引职工入会，在建会入会上取得突破后，职代会、集体协商、技能培训、劳动竞赛、维权等逐步开展，层层深入推进工会工作。

2. 加强分类指导

制定政策充分考虑数字经济下工会基层工作实际和职工需求，分地区、分类型开展工作。鼓励各级工会结合数字经济实际开展工作创新，给予一定政策资源支持，及时总结推广基层的好经验好做法，防止出现闭门造车、“一刀切”、千篇一律的情况。

（四）持续推进新就业形态劳动者建会入会

1. 继续开展入会集中行动

聚焦货车司机、网约车司机、网约配送员等重点群体，推动重点行业头部企业建立和完善工会组织。继续实施重点群体入会工作项目制，以 25 人以上非公有制企业为重点，推行网上申请入会、集中入会仪式等做法，推进规模较大的数字经济企业依法规范建立工会组织。

2. 创新建会入会思路方式

对农民工、新就业群体等入会，及时明确原则，通过集中入会行动促进新就业群体入会，发挥乡镇（街道）工会——村（社区）工会——企业工会“小三级”工会组织作用，鼓励基层工会进行探索，及时总结基层的经验做法，不断扩大工会组织和工会工作覆盖面。

（五）创新工会基层工作方式和工作方法

1. 创新建家工作模式

根据数字经济下企业和职工的特点和需求，创新服务适应数字经济下的基层工会方式和思路，打破传统“一对一”建家模式，推广职工之家共享阵地建设、区域职工之家建设等经验，开展“会、站、家”一体化建设。解决单独建家供给不足、力量薄弱问题，充分调动社会力量，在数字经济职工集中的地方科学设立服务阵地。

2. 创新服务职工的理念和方式

用互联网、大数据开展普惠服务、精准服务，以会员实名制为基础，推进“互联网+”工会普惠性服务，运用“互联网+”重塑工会工作流程，降低职工参与门槛，延伸工会工作手臂，扩大联系职工渠道，把准职工需求脉搏，拉近服务职工距离，使职工更有获得感。

3. 提升互联网工作能力

加快推进智慧工会建设，继续探索试行网上入会，推动“指尖入会”“扫码入会”。不断健全支持网上便捷入会的大数据系统和服务平台，搭建多层次工会网上平台，推动基层工会利用互联网进行工会工作，促进线上入会与线下入会相结合。

（六）加强工会干部能力建设

1. 建立完善工会干部联系数字经济制度机制

工会领导机关建立和落实联系基层制度，建立蹲点活动长效机制，要注重选择数字经济企业、工会和职工开展联系和蹲点，密切工会领导机关与数字经济企业、工会和职工的联系，增强工会领导机关干部对职工的感情，锻炼提高工会干部开展数字经济下工会基层工作的能力。

2. 加强培训提升数字经济工作能力水平

针对基层工会干部和数字经济工会工作的特点，围绕增强工会干部数字经济工作本领，提高数字经济思维能力和专业素质，开展集中培训、现场观摩等多种形式的培训，重点讲解基层工会需要落实的政策制度、工作方法、服务内容，丰富培训方式，扩大培训受众面。

五、结语

在数字经济迅猛发展的时代背景下，发展数字经济成为国家战略。数字经济给工会基层工作带来了机遇和挑战，全国总工会和各级工会积极适应这一趋势，在深化工会改革、开展工会工作上做了大量工作，取得了积极成效。国内学者对此也进行了研究分析，提出了一些建议，但相比工作实践，存在差距。

本文坚持习近平新时代中国特色社会主义思想，贯彻习近平总书记关于工人阶级和工会工作的重要论述，坚持中国特色社会主义工会发展道路，运用马克思主义的立场观点和方法，回顾国内对数字经济下工会基层工作的理论研究，总结工作成效，分析面临的机遇和挑战，提出数字经济下工会基层工作的思路举措。期望本文能够有助于数字经济下工会基层工作的研究，为实际工作提供借鉴。

参考文献：

［1］任国友．数字经济下中国工会改革的动力机制［J］．山东经济论坛，2021（6）．

［2］金世育．上海新业态行业工会建设：实践、困境与路径创新［J］．工会理论研究，2021（5）．

［3］戚聿东．数字经济时代新职业发展与新型劳动关系的构建［J］．改革，2021（9）．

［4］韩雪．政治经济学视域下的数字劳动研究［D］．吉林：东北电力大学，2022.

［5］谭淇华，蔡辉．互联网企业员工成长现状与提升对策［J］．新西部，2020（16）．

［6］褚雪霞．数字经济驱动下企业工会组织管理分析［J］．商讯，2021（17）．

外卖配送不需要劳动管理吗？

（窦学伟，全国总工会基层工作部）

一、背景与问题

近年来，我国的平台经济迅猛发展，创造了大量的新就业形态劳动者，外卖骑手就是其中的典型代表。根据有关平台企业发布的研究报告，一年内有配送记录的外卖骑手有700多万人，日均活跃的外卖骑手数量则达到200万人。每天调度数百万名骑手完成上亿份配送订单，是一项规模浩大的社会工程。为了有序、高效和优质地完成配送任务，各大平台企业普遍依赖互联网、大数据和人工智能等信息技术，以去中间环节的扁平化管理方式组织运营。这导致外卖配送行业的用工方式日益灵活化，使外卖骑手劳动关系的认定和劳动权益的保护等问题日益凸显出来。

对此，一种流行的观点认为，互联网平台企业在用工方式上实现了重大创新，其劳动控制方式与传统行业大不相同。具体表现为：平台企业与劳动者之间的关系极为松散，“劳动者可以在平台上接单和工作，可以自由决定工作时间、地点、休息休假，甚至能够决定劳动供给和薪资水平”，劳动者拥有了一定程度的自由和自主性。这为平台企业“非劳动关系”的相关论述提供了一定依据。

与之相对，一些研究者深入劳动过程中，从平台企业与劳动者的具体关系出发，揭示了平台企业借助信息技术实现劳动控制的特点。具体表现为：平台企业普遍应用信息技术实现定价派单、骑手匹配、路线规划和时间控制，并以消费者的评分为依据对骑手进行奖惩。在“接单—到店—取餐—送达”的整个配送过程中，每一个步骤都受到平台系统的指导、约束、监管和评价。换言之，平台经济并没有消除劳动控制，而是转换了控制方式，从依赖组织制度与管理人员转换为依赖信息、数字技术，即算法控制或数字控制。

一般来讲，劳动从属性是雇佣劳动的本质特征，也是判定用工方式是否为劳动关系的基本原则。而劳动从属性应当从企业运营的实践过程，或者说从具体的劳动过程出发，才能得到清楚的认识，不能被产权关系和业务关系的复杂设计遮蔽。从这个角度看，技术控制（算法控制、数字控制）理论深入分析了平台经济的劳动组织方式，展示了平台用工方式的具体过程和丰富细节，对于认识平台用工的性质具有重要的参考价值。

不过，技术控制理论还存在一些认识上的误区，即过度强调劳动控制的技术方面，放大了信息技术和平台算法的能力，仿佛平台企业只依靠信息技术就实现了对数百万名骑手的精准管理。果真如此的话，平台用工可以称得上是人类历史上最伟大的组织创新和管理创新。但是，这种技术神话是否有足够的经验资料支持？不可否认，大数据、后台算法和送餐软件的强大功能有效缓解了平台企业劳动组织的巨大压力，大大提高了运营管理的效率，是平台经济得以实现的物质基础。

但是，技术是否已经强大到可以完全忽略人的因素在劳动管理中的作用？在平台运营的实际过程中，是否依然需要发挥人在管理中的作用？如果是的话，那么人的管理如何与技术控制相结合，以最大化地实现管理效能？这些问题在当前的学术研究中较少涉及。本文以经验观察为基础，对上述问题进行初步探讨。

本研究采用质性研究方法，资料收集以访谈和观察为主。具体来说，本研究的经验资料主要来自笔者团队的实地调研。笔者于 2021 年对 E 平台的总部管理人员、合作商管理人员、外卖站点站长、骑手队长和普通骑手进行了座谈与访谈；笔者的学生于 2022 年对 M 平台位于广东省的一个专送站点进行了为期 1 个多月的田野观察。上述调研收集的资料包括座谈记录、访谈记录，以及观察日志和照片实物等。

二、技术控制与劳动管理

（一）多元化的用工方式

为规避与外卖骑手建立劳动关系，外卖平台普遍采用专送和众包相结合的用工方式。专送是指外卖平台将配送业务外包给第三方合作商，由合作商招募和管理骑手，借助外卖平台和送餐软件完成配送任务。众包是指骑手直接在送餐软件上注册登记，自行在送餐软件上抢单以完成配送。

对于外卖平台来说，众包是比较理想的用工方式。自由、灵活和高薪等特点主要体现在众包方式上，众包骑手则成为平台企业着重宣传的外卖骑手的理想类型。但从实际情况看，由于外卖配送的行业性质，众包很难成为外卖配送的主力，只能算是一种运力的辅助或补充。

外卖配送是“峰谷波动”极为明显的一种业务。其中，高峰期主要体现在四个方面：一是年度内的夏季（7~9 月）和冬季（12~1 月）是高峰期；二是每天的中午（11~14 点）和晚上（17~19 点）是高峰期；三是节假日与恶劣天气造成单量暴增从而产生高峰期；四是居住区周末高峰期与办公区工作日高峰期的交织。剧烈的峰谷波动使外卖配送的业务稳定性每天都在经受巨大考验：外卖平台既要保障高峰期有充足的运力供给，防止爆单，又要在低峰期留住人，防止骑手因为单量少、低收入而流失。如此复杂微妙的组织目标在去除劳动管理后，几乎无法实现。

众包骑手的自由和自主性意味着不稳定、韧性不足，使平台运营者很难对其“打硬仗”的能力给予充分信任。事实上，只有专送骑手才能在运单高峰期坚持配送，也才能在运单低峰期承受低单价、少单量的收入损失。这是因为，专送骑手比众包骑手受到更多、更严格的约束和管理，使专送骑手比众包骑手更有纪律性，在面对沉重的任务压力时更具韧性和战斗力，因而成为外卖配送最值得信赖的骨干力量。外卖配送的业务性质决定了，只有管理严格、纪律严明的骑手队伍才能保证其运营稳定性。

受多方面因素的影响，很难从数据上证明专送的主力地位。这是因为，目前对骑手的统计分析主要依据用工性质，只能从专送骑手与众包骑手的人数考察两者的比例关系，而专送与众包完成单量的比例数据却鲜有公布。按照现在的统计规则，骑手只要在年度内或者一日内送过一单，都会被计入统计范围。不结合人数与单量，就难以体现专送的地位。不过，据2020年新京报的一次问卷调查数据，专送骑手的比例达到60%。

另外，还有一种值得关注的发展趋势，即为了在合作商之外寻找稳定的运力，外卖平台在众包系统上发展出了乐跑、优选等用工方式。其特点是，骑手在众包平台接单，直接受平台委派的队长管理，不与第三方用工企业及平台企业签订劳动合同。与专送相比，乐跑和优选的用工成本更低；与普通的众包相比，它们对骑手的控制力更强。这种用工方式集中了专送和众包的优点，并在一定程度上消除了两者的缺点，既有灵活性也有纪律性，已成为一种可与专送并驾齐驱的用工方式。

（二）外卖配送中的劳动管理

合作商对专送骑手的管理与传统行业的劳动管理并无本质区别。合作商的规模大小不一，大的可以横跨多省市，小的管理城市的某个区域。但是不管规模大小，合作商的基层组成基本以站点的形式存在。站点的设置往往与城市商圈区域的划分相一致，是由历史文化传统、城市商业地理空间和人口集聚分布特点决定的。每个站点设站长、副站长和若干队长，负责本站点几十位外卖骑手的日常管理工作。

站点对专送骑手的管理主要表现在劳动时间、配送行为和消费者反馈等三个方面。（1）专送的劳动时间存在强制性要求。例如早上9点半的早会不能无故缺席、不能迟到，总在线时间不能低于8小时，午高峰和晚高峰必须上线接单。每月休息天数不高于3天或4天，且节假日、恶劣天气“非必要理由”不能请假。又如公众已经熟知的送达时间等，都是平台企业在劳动时间方面对专送骑手的约束。（2）为了保障配送质量和平台形象，平台和站点对骑手的配送行为有着严格的规定。如统一着装，符合规定的电动车，以及干净卫生的送餐箱等。有的平台还通过“微笑行动”“蓝色风暴”等方式对骑手是否本人、着装、头盔和送餐箱等进行抽查和检测，不符合要求的账号将被罚款、强制下线甚至永久封号。专送以系统派单为主，有时是人工派单，骑手不能拒单或转单数量受到严格限制，基本上有单必接；有站点要求日完成订单 18 单以上且精细化排班得分超过 9 分才算有效出勤；骑手不能为了规避延迟送达时间提前点送达；骑手应当服从站长和队长的安排，不能拒接电话、微信拉黑、不配合站点任务、顶撞管理者等。（3）来自消费者的反馈是平台和站点衡量配送任务完成情况的核心依据。对于差评、与顾客发生肢体言语冲突、遭到顾客投诉的骑手，平台和站点往往以体罚或者罚款等方式予以管制。

值得注意的是，上述管理行为是技术与人工的结合。派单接单、人脸识别、开工时间、过程检查、质量反馈等方面的结果都直接体现在平台数据中，站点通过对后台数据的掌握和分析，可以便捷地对骑手进行管理，减少骑手作弊和违规的机会。已有研究指出信息技术在外卖配送过程全面监视中的作用，如骑手位置、接单状况、骑行轨迹可通过软件终端、无线网络、卫星定位等实时监测。但在数据收集上来后，异常情况的处理需要站长等管理人员的介入，如出现骑手不能按时接单，配送时效过长，订单准备超时等状况时，为提高配送效果会把订单转派给其他人。可以说，信息技术的广泛应用，大大增强了平台和站点大规模复杂管理的能力。后台数据的实时监测方便了管理者，但是在实践过程中，除极少数性质明确的行为由系统自动定性和做出处罚决定外，大多数行为需要站点管理者依据后台数据做出管理决策。

虽然乐跑和优选的管理要求不如专送严格，但在很多管理维度上是一致的。一般来说，乐跑和优选骑手虽然属于众包，但同样按照商圈片区分布，由专设队长管理。队长的权责很大，如骑手招募和团队组建，利用平台数据对骑手的考勤、单量、用户反馈等指标进行通报督查；每日定期召开早会，流程内容与专送雷同等。这种用工方式一方面反映了平台企业在寻找合作商替代选择方面的考虑和布局，另一方面也反映了众包骑手的自由自主与工作任务的严肃性存在一定张力。尤其是后者，平台企业必须保证运力的充足与可靠，避免出现“有单无人”的情况，这是外卖配送的行业信誉，也是行业得以存续的根本。

因此，完全依赖后台算法的劳动组织方式不可能实现，必须返回到线下依靠人的管理方式上去。在外卖行业中，我们观察到一种传统的管理模式的回归，同时，传统的人的管理与技术控制相结合，发挥出巨大的管理效能，才保证了每天上亿份订单的正常完成。

在调研中，我们发现一些平台现有算法还不能处理的复杂情景，其派单行为主要依靠站点的人工调配。现实世界的复杂性、随机性和不确定性无法被完美的数字还原，平台算法无法预料所有情况，总有一些预料之外的事情发生，打乱系统的正常运转。如平时可以正常送达但在恶劣天气下无法做到，消费者的定位与实际送货地址不符，顾客无法确定自己位置却要求按时送达，等等。这些特殊情景的处理无法通过平台算法实现，要将这些特殊情景纳入算法范围中，往往需要极多的资源投入，而站长和队长的管理既可暂时弥补技术漏洞，又可以不断积累的经验为算法迭代提供训练数据。

（三）外卖骑手的自由自主

“自由自主”一直是平台企业对外卖配送职业的宣传重点，后来逐步成为社会各界对外卖骑手的一般印象。但实际上，这种特点是普通众包骑手的特征，而对本文探讨的专送、乐跑和优选等用工方式并不适用。从表象上看，外卖骑手的劳动时间有一定的弹性，如专送在满足上线时间 8 小时后可以自主决定上下线；外卖骑手受到的管理似乎也比较有限，集中在晨会考勤和高峰期人工调度上；自由地穿梭在城市的大街小巷；不必完全听命于系统平台 App 的指挥，不必按照预计出餐时间取餐，不必按照导航地图送餐，等等。

这种自由自主反映了外卖配送行业以配送任务完成为导向的劳动控制方式，即开放的劳动空间、离散的劳动时间和精准的劳动管理。外卖配送的工作地点不可能固定在封闭的空间，必须在开放的社会空间中完成。不过，这种劳动空间的自由自主不是平台企业改善骑手劳动条件的主动作为，而是外卖配送的业务性质决定的。对外卖配送来说，有效的劳动时间是间断的、不连续的，而且一个任务往往需要在很短的时间内（如 30 分钟）完成。流水线工人不可能在车间干完一个零件后就回家休息 1 小时，然后再回到生产线上，但外卖骑手完全可以在没有订单的时候下线休息。因此，外卖平台不需要控制外卖骑手完整的工作日，只需要控制其接单后的半小时。外卖平台与合作商对骑手午高峰和晚高峰的上线时间做出严格规定，是因为在此时间段内，订单数量多到不会给骑手留下空闲时间。因此，我们发现一种精准细致的劳动管理方式，即只为“创造价值”的劳动时间支付管理成本，不对其他时间投入任何（有成本，但无效）管理。事实上，我们已经看到了外卖平台与合作商站点将技术控制与劳动管理相结合，通过不对等的权力关系，织造出一张绵密严苛的控制与管理之网，将劳动者的劳动力压榨到极限。

外卖骑手自由自主的劳动空间和劳动时间，是平台企业不需要管理、也没有必要管理的，是外卖配送的业务性质减轻了平台企业的管理成本。当然，平台企业对这种自由自主的“放纵”，促进了骑手劳动力的再生产，使其在高强度的劳动之后有一点喘息的时间，恢复体力、精力和情绪。另外，骑手主动地开发更合理的送餐路径，就为平台企业创造了许多高价值的数据点，促进了平台系统的更新迭代。

（四）劳动管理中的非正式关系

如上文所论，外卖平台强调平台用工的去劳动关系特征，否认用工中管理因素的存在，这与实际的运作过程不符。而且，由于这种否认和无视，使平台企业、合作商与站点不能将注意力放在管理模式的规范化与合法性上。这使外卖配送行业的劳动管理水平比较低，不仅充斥着各种非正式关系运作，而且不时地侵害劳动者的正当权益。

外卖配送行业中比较典型的管理方式是以罚代管。惩罚的方式主要包括抄写规定、做俯卧撑、下线培训和罚款等类型。而惩罚的理由则包括了劳动时间、管理规定和消费者反馈的方方面面。如早会未出勤一次罚款 20 元，一个差评罚款 30 元，一个投诉不满意罚款 50 元，拒接站长电话罚款 100 元等，不一而足。这些罚款名目与罚款金额由合作商和站点单方面确定，骑手基本没有发言权和异议权，只能接受。而某些罚款的事项是否为骑手责任，则缺乏标准的认定和申诉程序，常常使骑手感到被冤枉，滋生强烈的不满情绪。

外卖配送的劳动组织过程，与人的管理似乎背离，但实际上两者关联从未断开。对于组织运转，正式制度的运行发挥主要作用，但不可忽略其中人的因素的作用，诸如关系、沟通、变通等机制。在正式制度不健全的情况下，人的因素在管理中的作用发挥更加明显。在正式规则不完善的外卖配送行业，非正式关系对于维护组织运行具有重要作用。有选择地派单和经常性的人情关怀构成了站长、队长等基层管理者的主要手段。

在笔者学生的田野站点，拉帮结派现象非常突出，关系好的一些人主动加入小微信群，组成一个内部的团体。如此，70 多名骑手被分为站长派、副站长派和闲散人员。在站长值班时，一些好单会优先直接派发给站长派骑手，而副站长值班时，这些好单就派给副站长派骑手。这使站点内排班通常是站长班排站长的人，副站长在班时排副站长的人。除了优先派单，站长和副站长还传授“自己人”一些系统漏洞，帮助其申诉以减轻惩罚，还为其提供一定程度上的庇护。在一次站长将副站长派一位骑手的人工单转走后，副站长直接去找站长理论，维护“兄弟”的利益。

能不能招来骑手，能不能留得住人，骑手靠不靠谱，违规、差评和投诉的比例有多大，是体现站长和队长管理能力的主要指标。在严格执行的奖惩措施之外，站长和队长还需要通过人情世故的运作来建立和维护与骑手的关系，缓和与骑手因为严苛的惩罚措施所产生的紧张关系。如站长和队长会时不时地请相熟的骑手喝酒吃饭，在天气炎热时为骑手们准备冰镇饮料，在天冷的时候在站点内煮一大锅火锅，在群里招呼骑手们回站点食用。灵活处理关系，恩威并重地对待骑手，成为评判一个站长或队长管理水平的主要标志。

当然，这种非正式的关系运作也会对组织运行产生一些负面影响。如一些骑手的离职就是因为对站长、队长不满，认为他们“有一点小的权力就作威作福”，骑手若是不跟站长、队长搞好关系（买烟、送奶茶、喝酒吃饭等），就可能遭到派单的不公平待遇。

除上述情形之外，外卖配送行业内还存在一些管理乱象，严重侵害外卖骑手的劳动权益。比较典型的如责任底薪和招聘套路。前者是指平台在招募骑手时往往将“有底薪”作为吸引人的噱头，但所谓底薪是有条件的，即必须每月完成一定数额的单量才能触发。如一个站点规定每月达到900单且每月休息时间少于或等于4天才能拿到3675元的底薪，否则只能按照最低的单价核算薪酬。实际上，即便按照最低的单价，900订单的薪酬已经与底薪相差无几。这使很多新加入的骑手大呼上当。另外，合作商和站点在招聘骑手时，还常常做出一些虚假承诺欺骗骑手。如电动车租赁、住宿费减免等，甚至出现骑手送一个月外卖，倒欠站点几百元的极端情形。

三、结论与建议

本文探讨外卖配送行业的劳动管理问题，指出尽管平台企业高度依赖信息技术和后台算法进行劳动组织，但由于配送业务的特点与现实世界的复杂性，越来越多地表现出传统劳动管理的特征。

闻效仪提出平台经济实质上仍然属于劳动密集型经济，是高端先进的算法系统与低技能劳动（力）结合的产物。问题在于，高科技的信息技术如何顺畅地指挥数百万低技能劳动力，以稳定地完成每日以亿计的配送任务？如果将外卖配送行业的平稳运营简单归因于信息技术的强大和去中间环节的运营方式，那就夸大了技术的作用，不符合现实世界的实践逻辑。

平台企业对于运营模式的创新性论述基本建立在技术创新的基础上，用技术创新讲运营管理的新故事。从表面上看，平台经济不需要管理调度的中间环节，一个外卖平台系统就可以每日对数百万名骑手进行工作安排和管理调度。由于信息技术的运用，传统的组织制度和人工管理因素被减到最低限度。平台企业不对劳动者实施直接的管理控制，劳动者享有某种程度的自主决定权，企业与劳动者的关系更加松散。但从外卖骑手劳动过程的事实和实质来看，不被管理和约束的自由式众包，不可能成为外卖配送的主力，而外卖配送严重依赖传统的劳动管理，且劳动管理的重要性越来越大。

信息技术虽然是强大的工具，但一方面它并不完美，还存在一些缺陷、漏洞，无法涵盖现实世界的不确定性，另一方面工具和机器都为人所用才能发挥功能，不是平台和算法在控制外卖骑手，而是管理者利用和发挥技术优势管理骑手。对技术和算法的过度强调是一种认识的误区，忽视了管理者与劳动者的主体性因素，不利于正确理解平台用工的性质。

本文强调了外卖平台越来越注重劳动管理的作用，虽然信息技术的加持增强了其劳动组织的能力，但无论是专送还是乐跑、优选，都在实践中强化传统意义的劳动管理。由于名义上的模棱两可，导致平台用工在规范化与合法性上还有很多需要改善的地方。

党的二十大报告指出，要“完善劳动关系协商协调机制，完善劳动者权益保障制度，加强灵活就业和新就业形态劳动者权益保障”。一是深入开展调查研究，掌握实际状况。调查清楚外卖骑手的内部结构、不同类型骑手的比重、不同类型骑手的劳动管理和从属性状况。依据单量而非活跃用户来判断专送、乐跑和优选骑手等类型的比重，以作为平台用工定性的基础。二是深化认识，推进政策立法。在充分调研的基础上储备认知，在政策咨询和立法实践中，推动对平台用工性质的确认。三是强化建会入会，切实维权。进一步推动外卖骑手的建会入会工作，探索开展行业性集体协商，切实维护其合法合理权益。四是引导人文关怀，履行责任。积极引导平台企业从人道主义出发，对外卖骑手开展关怀行动，鼓励其履行企业社会责任。

参考文献：

［1］常凯，郑小静．雇佣关系还是合作关系？——互联网经济中用工关系性质辨析［J］．中国人民大学学报，2019（2）．

［2］吴清军、李贞．分享经济下的劳动控制与工作自主性——关于网约车司机工作的混合研究［J］．社会学研究，2018（4）．

［3］陈龙，“数字控制”下的劳动秩序——外卖骑手的劳动控制研究［J］．社会学研究，2020（6）．

［4］孙萍，“算法逻辑”下的数字劳动：一项对平台经济下外卖送餐员的研究［J］．思想战线，2019（6）．

数字经济产业工人服务高质量发展的研究

（张花妹，福建省总工会政策研究室）

福建是数字中国建设的思想源头和实践起点，也是数字经济大省。习近平总书记在福建工作时就高度重视数字福建建设，作出了建设“数字福建”的战略部署。为深入了解数字经济蓬勃发展给职工队伍、劳动关系及工会工作带来的机遇和挑战，进一步加强福建省数字经济产业工人队伍建设、推动数字经济高质量发展，根据省委办公厅、省政府办公厅关于组织开展2022年省重点课题调研的通知精神，结合省委统战部牵头的重点课题“汇聚统一战线人才资源服务高质量发展研究”，省总工会设立子课题“数字经济产业工人服务高质量发展的研究”。本研究采取抽样调查、实地调研和文献研究相结合的方式，在数字经济核心产业抽取职工样本700名。在快递、外卖、网约车、货运等新业态企业抽取劳动者样本300名，并实地走访了福州、泉州、龙岩等市县。本报告所作分析及结论主要基于上述调查。现将情况报告如下：

一、基本情况

近年来，福建省把发展数字经济作为全方位推进高质量发展超越的重要引擎，大力推进国家数字经济创新发展试验区建设，数字经济发展驶入快车道。2021年福建省数字经济增加值达2.3万亿元。随着各地加快布局数字经济，以计算机科学、软件工程、人工智能、数据科学和电子工程等技术流学科为背景的典型数字人才需求快速增长。数字经济快速发展的同时催生出大量灵活就业人员和多种新就业形态，依托互联网平台的新就业形态就业容量大、进出门槛低、灵活性和兼职性强，已成为福建省新增就业的重要组成部分。

（一）数字经济核心产业职工队伍情况

根据国家统计局发布的《数字经济及其核心产业统计分类（2021）》，数字经济核心产业是指为产业数字化发展提供数字技术、产品、服务、基础设施和解决方案，以及完全依赖于数字技术、数据要素的各类经济活动，主要包括数字产品制造业、数字产品服务业、数字技术应用业、数字要素驱动业 4 大类。

1. 职工队伍年轻，学历较高

福建省数字经济核心产业职工队伍整体年轻，参与此次调查的 700 名职工，“80 后”“90 后”是主体，84% 的职工在 39 岁以下，40 岁（含）以上职工仅占 16%（见图 1）。如晨曦信息科技 100 多人，员工平均年龄仅 29 岁。与全省职工队伍相比，数字经济核心产业职工受教育程度明显更高，66.3% 的职工学历为本科及以上，大专学历占 25.6%，高中以下仅占 8.1%。有的公司如永福电力，本科学历及以上占 91%（见图 2）。

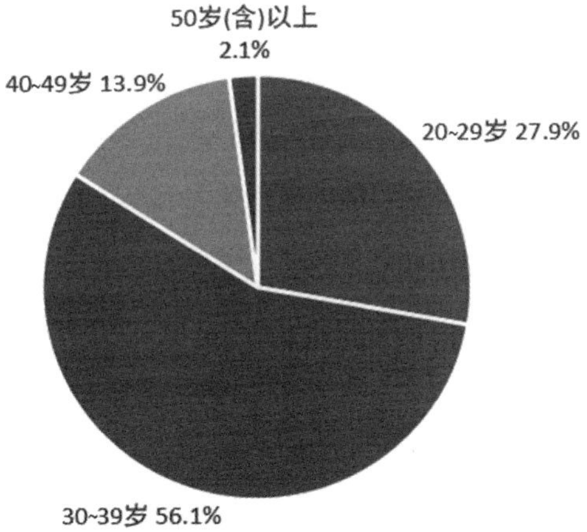

图 1　数字经济核心产业职工的年龄结构

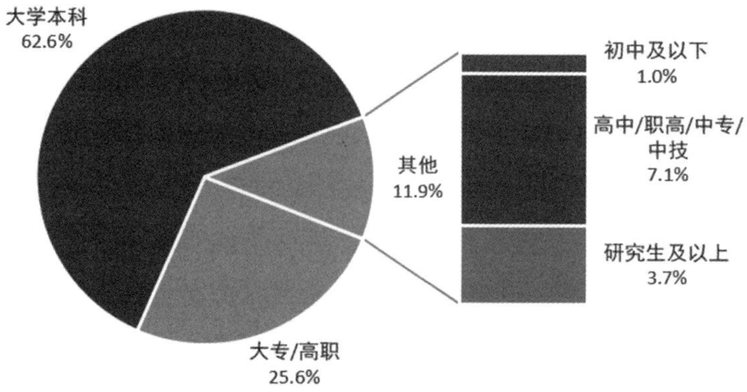

图 2　数字经济核心产业职工的受教育程度

2. 职工技术技能水平高于全省职工整体水平

在被调查的 700 名职工中，35.3% 的职工有职业技能等级，其中，初级工、中级工、高级工（含）及以上的占比分别为 11.9%、13.9%、9.6%。36.7% 的职工拥有专业技术职称，其中，初级、中级、高级职称的占比分别为 44.0%、46.7%、9.3%。数字经济产业职工拥有职业技能等级的比例比全省平均水平（24%）高出 11.3 个百分点，拥有专业技术职称的比例则比全省平均水平（33.0%）高出 3.7 个百分点（见图 3）。

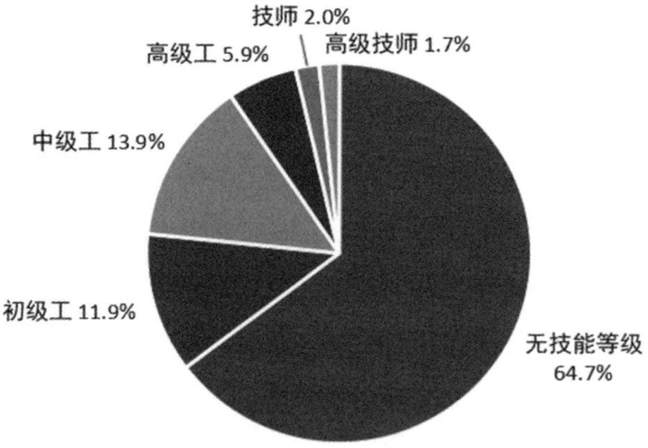

图 3　数字经济核心产业职工的职业技能等级情况

3. 职工就业渠道多元，就业稳定性较好

职工获取工作的途径多样，如图 4 所示，网络应聘占比最高，为 52.6%；人才市场、校园招聘、亲友帮忙分别占 11.7%、7.6% 和 7.9%。部分高技能人才和高级职称人员通过单位人才引进、猎头公司等方式获得工作。（见图 4）职工就业稳定性较好，85.4% 的职工最近两年没有换过工作，57.3% 的职工认为单位发展机会较多。与其他行业相比，数字经济产业劳动用工更为规范。98.9% 的职工与单位签订了劳动合同，劳动合同过期未续签及签订其他用工合同的仅占 1.1%。

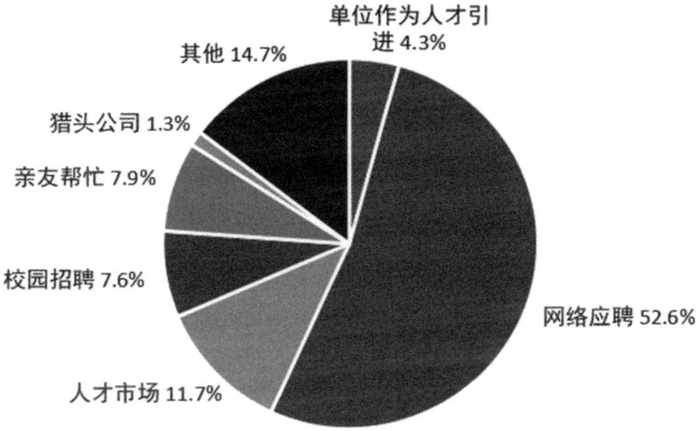

图 4　数字经济核心产业职工获取工作的途径

4. 职工对学习新技能态度积极

调查显示，27.9% 的职工参加过单位开展的劳动和技能竞赛。60.7% 的职工参加过单位组织的数字技能培训（见图 5）。近五年有 18.6% 的职工自费参加过数字技能相关的进修或培训。最受职工欢迎的三种学习方式是单位内部集中授课培训、利用网络在线学习和业余时间参加培训课程。有 10% 的职工参加过各级工会组织开展的“数字工匠”技能大赛，13.7% 的职工没参加过但计划参加。半数职工认为“数字工匠”技能大赛在选拔人才、以赛促训、激发职工工作热情、促进企业发展等方面发挥了积极作用。

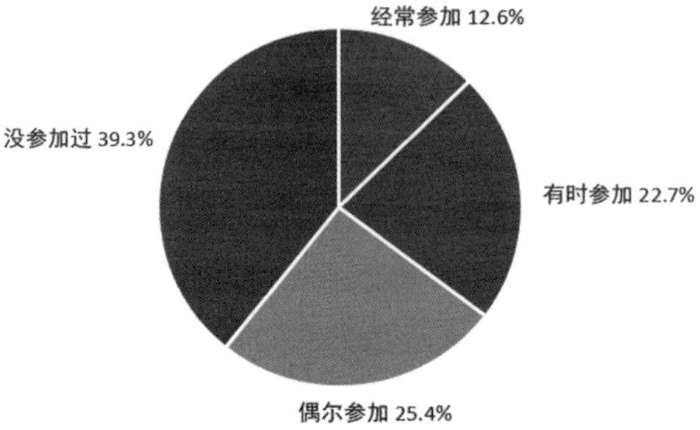

图 5　数字经济核心产业职工参加单位组织的数字技能培训情况

5. 职工权益保障较好

职工工资收入较高，57.6% 的职工月收入高于 6000 元，34.9% 的职工月收入高于 8000 元，4000 元以下占比仅为 8.4%（见图 6）。带薪年假政策执行较好，90.6% 的职工享受了带薪年假，没有享受带薪年假且没有获得补偿的职工仅占 7.7%。在女职工权益维护方面，女职工生育政策执行较好，限制女职工怀孕或因女职工怀孕、生育、哺乳而被降低工资、辞退、解除合同或被转岗等现象极少。

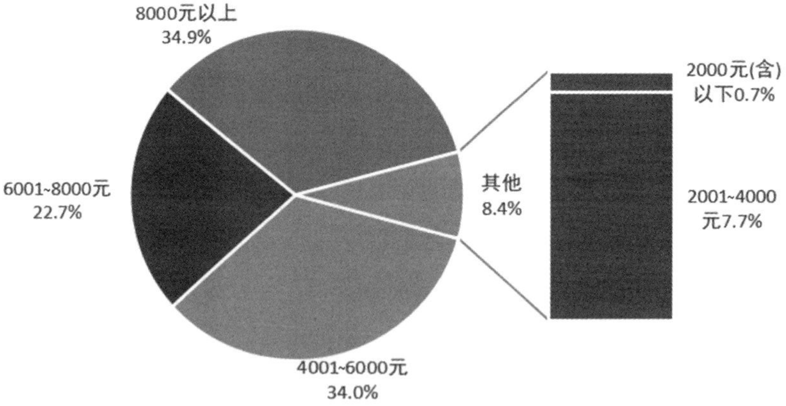

图 6　数字经济核心产业职工上月从单位获得的到手全部货币收入

6. 数字人才地区和产业分布不够均衡

由于数字经济沿海山区发展不平衡，数字人才分布同样呈现地区不平衡，主要分布在数字经济发达的福、厦、泉等地。数字化人才产业分布不均衡，主要集中于第三产业，由于数字化改造提升传统产业面临较高壁垒，中小企业数字化转型发展不够平衡，目前数字化就业岗位在第一产业、第二产业中占比相对较低。

（二）新就业形态劳动者队伍情况

相比传统就业，新就业形态呈现出匹配效率高、组织方式新、就业观念新等特点。全省目前共 5109 家新就业形态企业建会，入会职工约 33.3 万人。

1. 新就业形态劳动者以青壮年为主

男性占 85.0%，女性从业人员相对较少，主要分布在快递外卖行业。从图 7 可见，30~39 岁年龄段的占五成以上。其次为 40~49 岁，占比为 26.0%。20~29 岁的占比为 18.7%（见图 7）。从政治面貌看，共青团员和中共党员分别占 14.3%、4.0%，八成从业人员未加入任何党派。从受教育程度看，大部分从业人员为高中（41.7%）和大专学历（35.0%）。

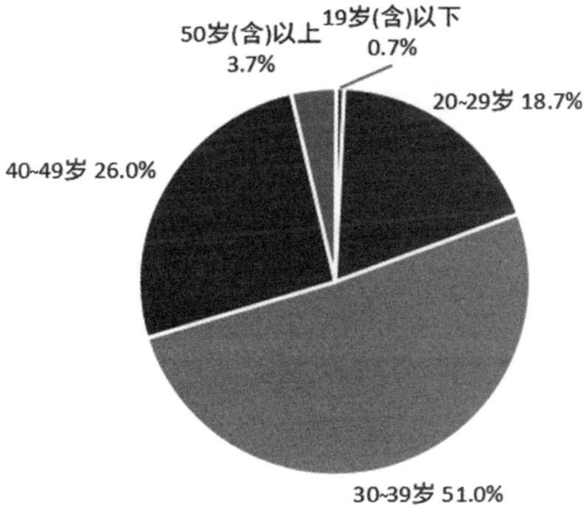

图 7　新就业形态劳动者的年龄结构

2. 工作时间自由和收入较高是新就业形态劳动者的首要择业原因

新就业形态劳动者选择当前职业的原因，排在前三位的分别是：工作时间更自由（71.3%）、收入较高（51.7%）、工作环境（26.0%），此外，被迫选择、发挥个人特长、个人爱好和其他原因，分别占 18.7%、17.7%、16.7% 和 7.7%（见图 8）。55.3% 的新就业形态劳动者月收入在 6000 元以上，其中，货车司机的收入明显高于快递外卖等行业，40% 的货车司机月收入在 8000 元以上。新就业形态劳动者的派单方式灵活多样。首先占比最高的是平台派单为主 + 自由接单为辅（36.7%），其次为平台派单（32.0%），最后是自由接单（14.3%），其中网约车行业比较依赖平台派单，货运行业则以自由接单和其他方式接单为主。超六成新就业形态劳动者劳动报酬按月发放，按单发放、按周发放、按天发放的比例分别为 13.7%、13.7%、8.0%，其中，快递行业劳动报酬以按月发放为主，网约车行业以按周发放为主。与 2021 年相比，47.3% 的被调查对象平均月收入无明显变化。由于受疫情影响，36.0% 的货车司机收入有所下降。

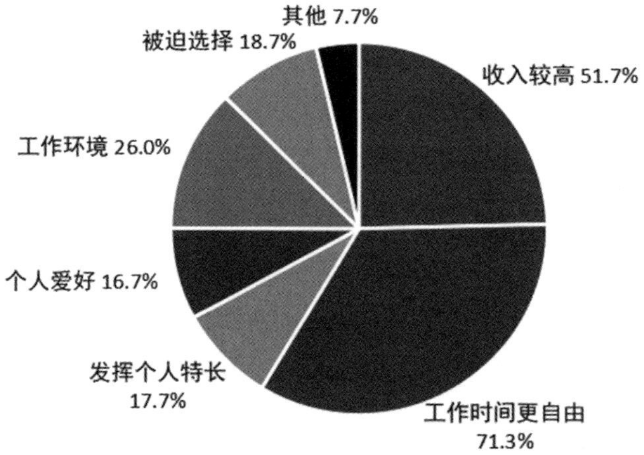

图 8　新就业形态劳动者选择当前职业的主要原因

3. 新就业形态劳动者工作流动性较大

31.3% 的被调查对象两年内换过工作，其中，流动性最高的是外卖行业，相对稳定的是货运行业，已婚职工的流动频率小于未婚职工。针对出现的劳动纠纷问题，新就业形态劳动者维权意识普遍较高，会选择采用多种方式进行维权（见图 9），排在前三位的维权方式分别为向劳动保障部门投诉

（67.0%）、找主管人员协商（61.7%）、寻求工会帮助（28.3%）。

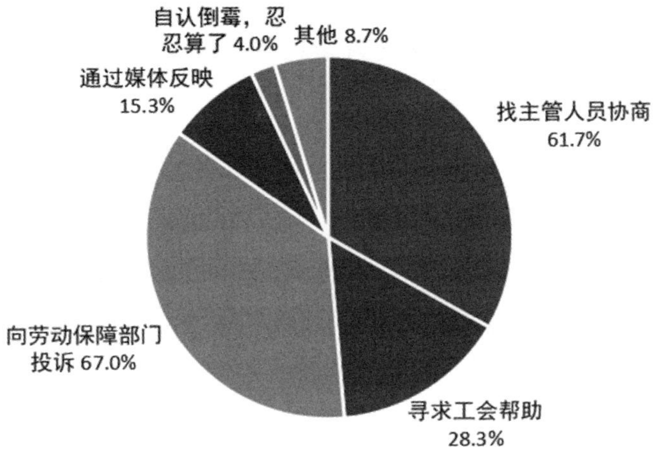

图 9　新就业形态劳动者发生劳动纠纷的解决途径

4. 新就业形态劳动者职业危机感比较强烈

新就业形态作为一种新生事物，有其生机勃勃的一面，但也存在劳动关系不明晰、劳动者权益保障难等问题，调查显示，只有 24.0% 的被调查人员认为所在单位发展机会较多，比全省职工队伍状况调查（35.68%）低 11.68 个百分点。64.7% 的新就业形态劳动者有提升技能等级或专业技术等级的愿望。实用是新就业形态劳动者学习培训的主要动机。新就业形态劳动者希望得到的培训和学习类型分别是技能类培训（70.3%）、专业知识类培训（59.3%）、管理类培训（44.0%）（见图 10）。其中，货运行业和快递行业职工更倾向于选择技能类培训。

5. 新就业形态用工关系复杂化

行业龙头企业如顺丰快递、好慷家政等，与员工大多签订劳动合同，建立正式的劳动关系，从业人员的权益相对比较有保障。其他新业态企业的用工方式灵活多样，有建立劳动关系的，也有劳务派遣关系、劳务关系、承包关系、居间服务关系等，还有部分从业者同时就职于多个网约平台，这些都给劳动关系的认定和权益维护带来极大的挑战。

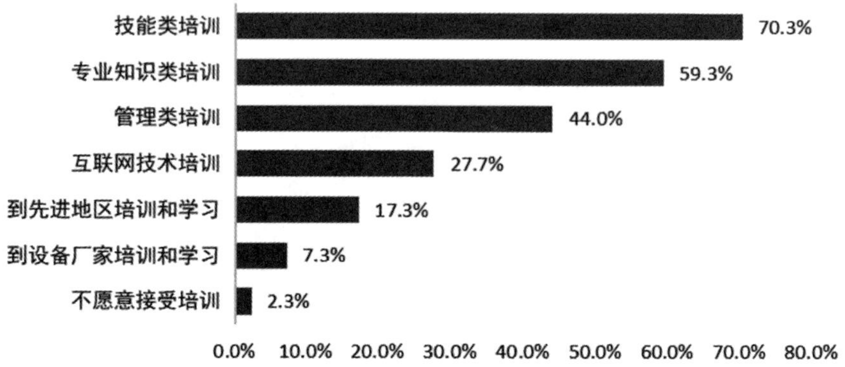

图 10　新就业形态劳动者希望得到的培训和学习类型

二、存在问题

（一）数字产业职工队伍技能结构不合理

尽管福建省数字经济核心产业职工技术技能水平远高于全省职工整体水平，但高技能人才和高级职称专业技术人员占比偏少，在拥有职业技能等级的职工中，高级工以上只占 27.2%；在拥有职称的专业技术人员中，高级职称只占 9.3%。数字人才的供给还无法满足全省数字经济快速发展的需要，高端数字化人才和产业跨界人才尤为紧缺。当前，福建省在加速推进产业数字化，数字技术与实体经济加速融合，以晋江市为例，全市 90% 以上企业实现“触网”，有 101 家企业通过两化融合管理体系贯标、超过 1100 家企业上云上平台、超过 60% 的规上工业企业应用“数控一代”智能装备技术，需要大量熟悉和掌握智能制造新技术新工艺的高素质人才。随着数字经济的进一步发展，高质量、高素质劳动力短缺的结构性矛盾将会更加尖锐。

（二）数字产业工人培养体系还不够健全

数字人才的学科培养体系滞后于新兴职业的涌现速度。调研中，部分数字企业负责人反映，省内理工科类高校相对较少，数字人才培养储备不足，相关专业培养规模有限，教育资源分布不够均衡，无法满足数字领域技能人才需求。职业院校专业课程与数字化知识的融合程度低，实训不足，课程体系难以满足新岗位对数字素养的能力要求。企业培育产业工人的主体作用发挥不足，产业工人的技能提升和培训主要由企业承担，受经营理念、成本控制、职工流动率等因素影响，企业自主培养产业工人特别是高技能技术人才的意愿度不高，重使用轻培养、重眼前轻长远，更倾向从外界招收高层次数字技能人才。教育培训资源有待进一步整合，校企合作还不够密切，存在信息不对称、职业教育和培训供需脱节、培训层次偏低、培训质量不高等问题。职工职业教育和技能培训基础设施仍需完善，数字领域高技能教育培训师资力量仍然比较薄弱。

（三）职工提升技术技能等级还存在一定困难

现有职业技能标准主要包括初级工、中级工、高级工、技师、高级技师5个等级体系，每一个等级的晋升，除了对学历和已经取得的技能等级有要求外，还对取得技能等级后的工作年限有要求，晋升难度较大，时间跨度较长。技能人才成长的立交桥还未完全搭建起来，技能人才参评职称渠道还不够通畅，技能人才与专业技术人才贯通发展成效有待提升。职工对提升技术技能等级相关政策缺乏了解。89.7% 的数字经济核心产业被调查职工有提升技能等级、专业技术等级的愿望，在提升技能技术存在困难方面，52.6% 的职工选择不了解相关政策，33.9% 的职工选择技术技能评定程序繁杂，选择实践操作能力不够和理论考试不过关的分别占 28.6% 和 17.7%（见图 11）。

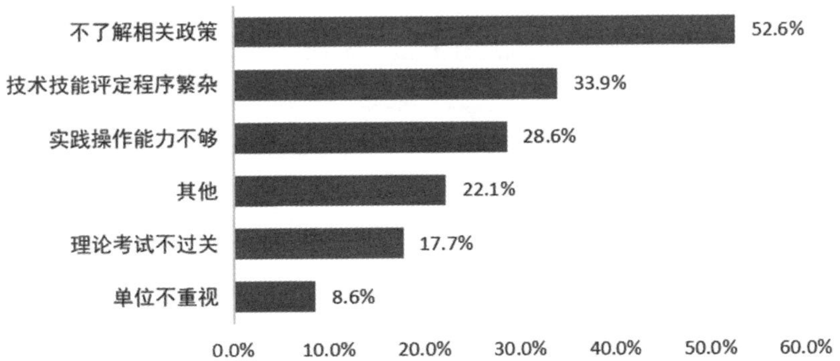

图 11　数字经济核心产业职工提升技能等级 / 专业技术等级存在的困难

技能人才成长激励不足，部分企业对职工技术技能的认定与职位晋升、薪酬增长并无关联，技能人才薪酬与福利待遇保障不到位，尊重技能、崇尚技能的良好氛围有待进一步形成。

（四）职工生活（心理）压力较大

调研显示，数字经济核心产业42.0%的职工表示生活压力很大，新就业形态劳动者选择压力很大的比例达到55%。在压力因素中，排在第一位的是收入低，职工家庭最大的三项支出为房租或房贷、日常吃饭和孩子教育费用；排在第二位的是新冠肺炎疫情影响工作生活；排在第三位、第四位的分别是买不起房和子女教育（见图12）。近年来，福建省住房保障体系不断健全，住房保障能力不断增强，但远不能满足需求，特别是福州、厦门、泉州等人口净流入城市。职工反映买房难租房贵；教育方面，子女入学问题是异地引进高端专业人才关注的重点，也是企业普遍反映的在引进和留住人才方面的痛点。尽管城区学位一直在增加，但仍然有职工反映子女就近入学难和学前教育资源紧张等问题；看病就医费用高也是造成职工生活压力大的一个重要因素，重大疾病费用高仍是职工致困的首要原因。此外，职工加班情况较为普遍，在对心理健康的评价方面，3.3%的数字经济核心产业职工经常

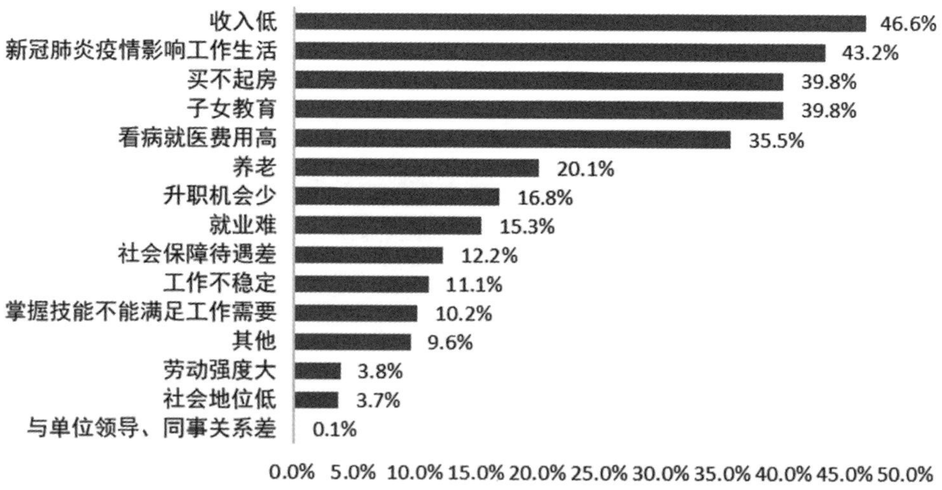

图12　数字经济核心产业职工生活压力大的原因

有情绪困扰或是认为自己可能有点儿疾病倾向，而新就业形态劳动者这一比例达到 7.3%，新就业形态劳动者的心理健康状况亟待关注。

（五）新就业形态劳动者权益保障亟须关注

部分新就业形态企业为了降低劳动成本，刻意规避劳动法律，不与劳动者直接建立劳动关系签订劳动合同，仅签订劳务协议或合作协议等，致使劳动安全、劳动报酬、社会保险、教育培训、休息休假等相关权益难以保障，同时，住房保障、子女教育等基本公共服务也难以享受。53.3% 的新就业形态劳动者与所在企业（平台）签订了劳动合同，17.7% 的签订了其他用工合同，25.3% 的没有签订任何合同，3.7% 的合同已过期未续签（见图 13）。快递、外卖、网约车、货运行业签订劳动合同的比例分别为 81.0%、41.2%、33.3%、60.0%。新就业形态劳动者工作时间长，劳动强度大。76.3% 的新就业形态劳动者每天工作时长在 9 小时以上，其中 9~10 小时、11~12 小时、13 小时以上的占比分别为 55.3%、18.0%、3.0%。其中货运司机每天工作 13 小时以上的达到 10.0%（见图 14）。新就业形态劳动者的工作场所和服务对象大多是不特定的，需要长时间在路上奔波，所面临的交通风险、人身损害风险较高，24.7% 的被调查者表示自去年以来身边有同事遭遇过交通事故等职业伤害。由于这个群体还有部分从业人员没有参加工伤保险，相关人员在工作中遭遇损害后往往无法申请工伤认定获得赔偿。

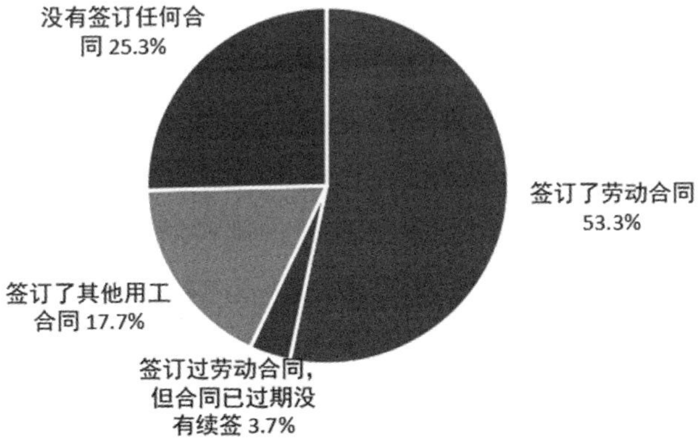

图 13　新就业形态劳动者签订工作合同的情况

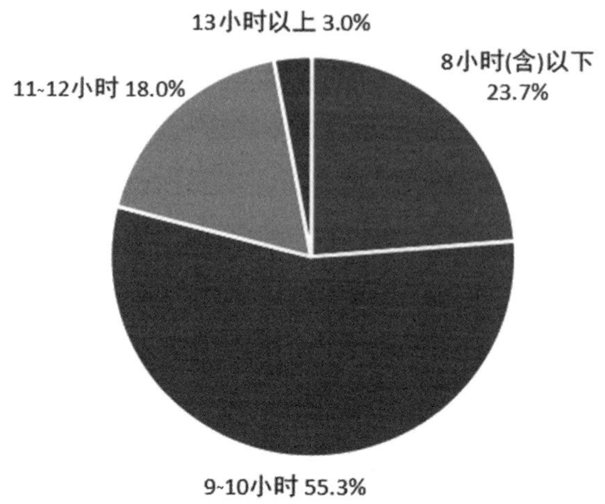

图 14 新就业形态劳动者工作日平均每天的工作时长

（六）职工对工会工作有更高期待

福建省各级工会积极服务数字经济产业职工队伍和新就业形态劳动者，组建了全国首家省级数字经济产业工会，实施“数字工匠赋能提升行动”，启动首届全省数字工匠技能大赛，承办“全国职工数字化应用技术技能大赛”，推进数字领域劳模、工匠人才创新工作室建设，开展新就业形态劳动者入会集中行动、关爱行动、温暖行动、法治护航专项行动、7×24 小时关爱货车司机等一系列行动，助力打造数字经济新引擎，助推提升职工生活品质等。职工对工会工作的认知程度和参与程度不断提高。但工会提供的服务相对还比较传统，尚不能很好地满足数字经济产业职工和新就业形态劳动者不断增长的美好生活需要。职工最希望工会开展或加强的工作，前四项分别是开展职工职业技能培训、送温暖慰问、组织职工开展文体活动、职工子女教育托管（见图 15）。在创新数字经济产业职工服务模式方面，职工最希望工会服务能在带给职工的实惠力度、普惠性、网络参与便利程度等方面作出改进。越年轻、学历越高的职工，对工会服务网络参与便捷程度和个性化服务的需求越高。

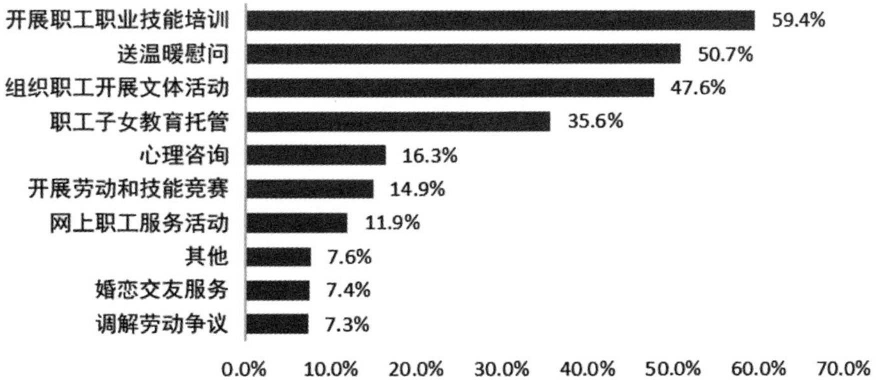

图 15　数字经济核心产业职工最希望工会开展或加强的职工服务工作

三、对策建议

深入贯彻落实习近平总书记对数字经济和技能人才工作的重要指示精神，坚持党管人才、服务发展、改革创新、需求导向原则，加快建设数字人才高地，深化数字经济产业工人队伍建设改革，深入实施“技能福建”行动，健全数字技能人才培养、使用、评价、激励制度，完善职工权益保障，努力造就一支知识型、技能型、创新型、高素质的劳动大军，为不断做强做优做大福建省数字经济提供强有力的人才支撑。

（一）构建以需求为导向的多层次数字人才培养体系，提升数字经济劳动供给水平与质量

一是积极推进数字经济学科体系建设，支持高校和科研院所围绕人工智能、集成电路、大数据、区块链、智能制造、基础研究等领域设置相关学科和专业，着力培养创新型、应用型数字技能人才。二是加强职业院校（含技工院校）数字技术技能类人才培养，深化数字经济领域新工科、新文科建设，支持企业与院校共建一批现代产业学院、联合实验室、实习基地等，发展订单制、现代学徒制等多元化人才培养模式。三是发挥企业技能人才培养主体作用，加大职业培训补贴力度与范围，落实职工教育经费税前扣除政

策，支持企业通过建立职工培训中心、行业性职业技能培训联盟等，广泛开展数字职业技能培训。四是建立互联网职工数字技能提升平台，运用数字技术创新职业培训方式，调动职工参训积极性。

（二）完善数字技能人才评价激励机制，多措并举提高数字人才技能和水平

一是深化技能评价改革。以国有企业、上市公司等龙头企业为重点，实现有条件企业自主评价全覆盖。支持企业自主设置数字技能岗位等级，自主开发制定评价标准，自主开展人才评价。二是加强数字领域高技能人才与专业技术人才职业发展贯通。贯彻落实《关于健全完善新时代技能人才职业技能等级制度的意见（试行）》，落实“新八级”职业技能等级制度，拓宽数字领域高技能人才与专业技术人才成长贯通领域，搭建两类人才成长立交桥。三是大力开展数字技能竞赛。以政府名义每年举办全省性“数字工匠”技能大赛等，完善技能竞赛体系，加大场地设备投入和对竞赛获奖选手奖励力度，充分发挥职业技能竞赛在高端数字人才选拔和培养中的作用。四是加大政策宣传力度。多渠道多途径宣传国家和福建省出台的职工技术技能等级提升相关政策，切实提高职工对政策的知晓度。

（三）优化数字人才发展环境

一是加大数字人才引进力度。制定更加精准的数字人才引进办法。鼓励企业设立数字人才飞地，柔性吸引和使用“高精尖”数字人才。支持省内数字企业与“双一流”高校合作培养数字人才，二是优化数字人才服务保障。将数字领域人才纳入各类人才计划支持范围，在研发、落户、住房、配偶就业、子女就学等方面给予更具吸引力的政策。三是加快完善以公租房、保租房和共有产权住房为主体的住房保障体系。进一步降低准入门槛、扩大保障范围。四是着力减轻职工家庭教育负担。加大学位扩容力度，在数字产业集中区、产业基地及其周边新建中小学校、幼儿园，保障职工子女入学。进一步优化中小学生课后服务工作，积极开展职工子女托育和暑托班服务。

（四）切实做好新就业形态劳动者权益保障工作

一是完善新就业形态劳动者权益保障制度。坚持支持与规范并重、鼓励与约束并举，健全新就业形态劳动者社会保障、权益保障、职称评定等政策制度。督促、引导、推动平台企业切实做好劳动者的管理、保障工作。二是完善劳动者休息休假制度。加快推动行业明确劳动定员定额标准，科学确定劳动者工作量和劳动强度，保障劳动者的休息休假权利。要通过“算法取中”等方式，合理确定订单数量、准时率、在线率等考核要素。三是有序引导新就业形态劳动者加入工会组织。各级工会主动协同人社、交通、邮政、市场监管等行业主管部门，进一步加强新就业形态劳动者建会入会工作。推动头部企业及其关联企业与劳动者就劳动报酬、奖惩制度、休息休假和职业安全等事项开展集体协商。

（五）充分发挥工会作用助力数字经济产业工人队伍建设

一是积极构建省、市、县三级联动，工会、行业双向互动的数字经济产业工会工作格局。以省数字经济产业工会为龙头，加强数字产业工人思想政治引领、实施数字经济产业工人队伍建设改革、提高数字经济产业工人生活品质和幸福指数。二是实施“数字工匠赋能提升行动”，做强做大数字工匠技能大赛，搭建竞赛交流平台。三是充分发挥数字领域劳动模范、大师工匠等高技能人才传帮带作用，探索建设数字领域劳模和工匠创新工作室联盟，为传统产业数字赋能推动助力。健全数字技术创新成果转化激励机制，激发职工创新创造潜能。四是推进“数字工会”建设。创新网上普惠服务模式，在做好送温暖、医疗互助等传统品牌项目的基础上，进一步丰富内容，更好地满足数字经济产业职工的个性化、多样化需求。

参考文献：

[1] 数字经济及其核心产业统计分类（2021）. 国家统计局网站 .http://www.stats.gov.cn.

［2］陈柏良 . 加强数字人才高地建设推进新时代数字福建建设［N］. 福建日报，2021-05-05.

［3］国务院关于印发“十四五”数字经济发展规划的通知 . 中华人民共和国中央人民政府网站 .http://www.gov.cn.

［4］关于印发江西省“十四五”数字经济发展规划的通知 . 江西省人民政府网站 .http://www.jiangxi.gov.cn.

［5］数字工匠，助推数字福建提速增效［N］. 福建日报，2023-06-14.

从典型案例看数字经济下劳动关系确认的顶层设计和实践探索

（马京，陕西省总工会权益保障部）

近年来，随着数字经济的繁荣发展，依托互联网平台就业的新就业形态劳动者数量大幅增加，成为我国劳动者大军的重要组成部分。本文旨在从新业态劳动关系确认的典型案例入手，分析我国数字经济发展中新就业形态劳动关系的顶层设计和实践探索，提出意见建议，以实现促进数字经济发展与新业态群体权益保障的良性互动，促进经济持续健康发展，社会大局和谐稳定。

一、数字经济下劳动关系发展现状和存在问题

（一）我国新就业形态发展现状

新就业形态是经济业态、市场竞争与技术进步交互作用的必然结果。新就业形态就业容量大、进出门槛低、灵活性和兼职性强，正成为吸纳就业的重要渠道。疫情防控期间，在网络零售、移动出行、线上教育培训、互联网医疗、在线娱乐等行业，越来越多的劳动者跳出传统的劳动岗位，依托互联网平台实现就业。统计显示，我国新就业形态劳动者已成为劳动力大军的重要组成部分，平台经济就吸纳了 8400 万新就业群体。按人社部等部门公布的数据，我国灵活就业从业人员规模达 2 亿左右。

根据国家信息中心分享经济研究中心发布的《中国共享经济发展报告

（2021）》显示：共享经济参与者人数约为8.3亿人，其中服务提供者约为8400万人，同比增长约7.7%；平台企业员工数约631万人，同比增长约1.3%。中国人民大学发布的《中国灵活用工发展报告（2021）》显示：企业采用灵活用工同比增长逾11%，达到55.86%，有近30%的企业表示稳定或扩大使用规模。

（二）数字经济发展下新业态劳动关系优势比较

一是匹配效率高。由于新就业形态依托互联网、大数据等新技术来组织劳动力资源，新技术让互联网平台可以在劳动者与消费者之间进行大规模、大范围的资源调配、任务分派等活动，组织协调更为精密，极大降低了交易成本，提高了劳动者与消费者的匹配效率，实现了劳动供需快速对接。二是组织方式新。数字经济下的新就业形态，劳动者和工作岗位之间的关系不再像传统产业模式下那么紧密，原本1个劳动者的工作可以被拆分为10个、100个甚至更多的工序和任务，就业分工更为细化，与此同时，关于薪酬、工作时间、地点等内容的约束呈现更加灵活化的特征。三是就业观念新。从灵活包月的共享设计师、线上接单的“到家老师”，我国新就业形态在从业人员规模、服务类型多样化等方面都处于世界前列。这部分群体不再追求“铁饭碗”式的工作，更愿意从事工资收入高、灵活度高、自主性强的工作。

（三）新就业形态劳动用工中存在的问题

从多方面反映的情况看，当前新就业形态劳动者在劳动争议处理过程中面临的维权难点主要有以下几方面：一是劳动关系认定难。自平台用工这一用工形式出现后，从业者与平台企业之间是否存在劳动关系即成为争议焦点。实践中相关案例处理结果各异，并未形成统一认识，确认劳动关系者存在难点，尤其是众包模式下的网约配送员与平台企业之间的关系，突破传统标准认定为存在劳动关系的案例较少。二是工伤认定难。由于工伤认定需以确认劳动关系为前提，在劳动关系难以认定的情形下，平台从业者向劳动行政部门申请认定工伤的请求难以得到支持。三是劳动者异地诉讼维权难。劳动争议由劳动合同履行地或用人单位所在地的劳动争议仲裁委员会管辖。不管是劳动者还是用人单位，如果不服仲裁裁决，均可以向法院提起诉讼，而诉讼的管辖地由用人单位所在地或劳动合同履行地的基层人民法院管辖。这样就出现了一种现象：劳动争议仲裁中败诉方可以选择异地法院提起诉讼。由于互联网平台经营方式的特点，许多全国性平台都存在异地用工的状况，诉讼管辖地的选择过宽给劳动者维权带来很大障碍。四是争议解决程序烦琐并耗时冗长。以一名在送快递过程中发生交通事故的网约配送员的维权经历为例：为获得救济，劳动者首先要申请劳动仲裁，请求确认与平台企业的劳动关系，其次经过法院诉讼一审程序、二审程序。若网约配送员确认劳动关系的请求获得支持，他需要再去劳动行政部门申请认定工伤；若平台企业不同意工伤认定结果，网约配送员还需要通过行政诉讼来请求获得支持。程序耗时长，一些急需医药护理费的网约配送员往往被迫选择降低诉求，尽快和解，权益难以得到保障。

二、从典型案例看新业态劳动关系确认的现实困境

数字经济的发展在为市场和企业盘活资源、促进供需双方快速匹配提供最优化资源配置的同时，也对传统劳动关系的认定和劳动权利义务保护带来了巨大的冲击。

（一）法院判例中新业态劳动关系裁审结果分析

自海淀法院宣判首例涉网约车的交通案件以来，全国各地法院纷纷受理涉及多个网络平台的提供出行、外卖、家政、快递、直播等不同服务类型的服务提供者要求确认与网络平台之间存在劳动关系的案件。因我国现行劳动法律法规体系以传统劳动关系为架构基础，对于平台经济下“网约工”的用工形态确认，立法层面尚未明确，司法实践中差异较大。从裁判结果而言，认定存在或者不存在劳动关系皆有之，而裁判理由，才是我们需要关注和讨论的重点（见表 1）。

表 1　2014—2022 年司法实践中裁审结果对比

案号	争议焦点	裁判法院	裁判结果
（2014）一中民终字第 6355 号	庄燕生与亿心宜行公司是否存在劳动关系	北京市第一中级人民法院	庄燕生与亿心宜行公司之间不存在劳动关系
（2015）三中民终字第 04810 号	是否存在劳动关系，亿心宜行公司是否承担连带责任	北京市第三中级人民法院	双方之间不存在劳动关系，存在一定的管理与被管理的属性，亿心宜行公司与李晓增承担连带责任
（2015）沪一中民一（民）终字第 1778 号	董全群与亿心宜行公司之间系合作关系还是雇佣关系	上海市第一中级人民法院	董全群与亿心宜行公司之间符合雇佣关系的一般特征，应认定双方为雇佣关系。确认董全群事发时正在执行职务，属于职务行为
（2017）辽 01 民终 7210 号	李辉与沈阳众业科技有限公司是否存在劳动关系	辽宁省沈阳市中级人民法院	沈阳众业科技有限公司与李辉从 2015 年 11 月 26 日起存在劳动关系
（2017）京 03 民终 11768 号	张琦与上海乐快信息技术有限公司是否存在劳动关系	北京市第三中级人民法院	张琦与乐快公司实质上建立劳动关系，双方所签《合作协议》实际亦系履行劳动关系的协议
（2018）鲁 02 民终 5401 号	杜德水与青岛运河恒通物流有限公司是否存在劳动关系，物流公司是否承担赔偿责任	山东省青岛市中级人民法院	杜德水与青岛运河恒通物流有限公司为雇佣关系，青岛运河恒通物流有限公司承担赔偿责任
（2019）渝 04 民终 920 号	圆鑫酉阳分公司与吴艳波之间是否存在劳动关系，由谁承担损害赔偿责任	重庆市第四中级人民法院	吴艳波与圆鑫酉阳分公司形成劳动关系，由圆鑫酉阳分公司承担用人单位责任，即损害赔偿责任
（2020）苏 05 民终 2639 号	苏州云霆网络科技有限公司与蒙景平是否存在劳动关系	江苏省苏州市中级人民法院	苏州云霆网络科技有限公司与蒙景平存在劳动关系
（2021）皖 0207 民初 4238 号	安徽坤灵物流有限公司与鲁德书是否存在劳动争议	安徽省芜湖市鸠江区人民法院	确认被告鲁德书与原告安徽坤灵物流有限公司之间从 2021 年 3 月 29 日起存在事实劳动关系

续 表

案号	争议焦点	裁判法院	裁判结果
（2022）辽09民终122号	上诉人彰武新途文化传媒有限公司与被上诉人杨威、崔某、崔宪生、周素芳确认劳动关系纠纷一案	辽宁省阜新市中级人民法院	应查明彰武新途文化传媒有限公司的经营内容和模式，主播运营的工作性质和内容，确定崔某是否具备劳动法意义上的主体资格，其提供的劳动是否具备从属性、有偿性的特征，是否为彰武新途文化传媒有限公司的业务组成部分。发回重审

从表1中分析可知，目前涉及新业态劳动者发生交通事故的劳动关系确认案件中大部分不认定或回避劳动关系的存在，只有少数认定劳动关系存在，个别案件认定为雇佣关系。若造成第三人损害时，往往让平台承担连带责任或赔偿责任，这样的裁审结果不难看出法院的综合考量，但不同法院对类似案件有不同的处理结果。由此可见，平台经济从业者劳动安全保障存在劳动关系界定难、劳动标准适用难、劳动权益保障难的问题。

（二）全国总工会发布新业态劳动关系确认争议典型案例

为宣传普及劳动法律知识，指导广大新就业形态劳动者增强法治意识、依法理性维权，引导企业规范用工、履行劳动者权益保障责任，全国总工会法律工作部从近年来各地法院办理的涉及新就业形态劳动者劳动关系确认的案件中精心筛选10个典型案例。案例涉及外卖配送员、网约车司机、货车司机、网络主播、网约厨师等群体，争议内容涵盖工伤认定、工资报酬和赔偿支付、退休离职后社会保险补缴及经济补偿金支付、网络平台离职后的薪酬支付等方面（见表2）。

通过全国总工会发布的典型案例可以看出，被仲裁或法院支持、确认的劳动关系案例中，劳动者和平台企业都具有劳动关系中的人身隶属和经济从属关系。一是劳动者是否受平台企业的劳动用工管理，比如接受平台的指派、调度、考勤、奖惩和其他工作安排，按月领取报酬。劳动者尽量要保

表 2　全国总工会发布的新就业形态劳动者劳动关系确认争议典型案例摘录

序号	案情简介	判决结果	判决结果评析
1	刘某到某配送中心担任平台外卖送餐骑手，双方未订立劳动合同。后刘某派送途中因交通事故受伤。配送中心在事故后为刘某出具《工作证明》《误工停发工资证明》。刘某请求认定工伤。配送中心认为刘某是E平台注册骑手，否认劳动关系。刘某申请仲裁，要求确认劳动关系，后双方诉至法院	仲裁和法院均认定存在劳动关系	某配送中心与刘某均具备法律规定的劳动关系主体资格。刘某接受配送中心的考勤管理和工作安排，按月领取工资。交通事故后，该中心开具的《工作证明》《误工停发工资证明》都记载刘某是其员工，故仲裁和法院一致认定双方存在劳动关系
2	谢某在某集团公司驾驶公司名下的车辆从事毛鸡运输，工作中需佩戴公司发放的《车队司机出入证》并遵守公司规定和员工守则。双方未订立劳动合同。2019年底谢某达到法定退休年龄离职，要求集团公司补缴社会保险、支付经济补偿金等。集团公司以畜禽运输不是其业务范围、系运输业务外包方聘用管理谢某为由否认劳动关系。谢某申请仲裁，请求确认劳动关系、补缴社会保险等，后诉至法院	仲裁未确认劳动关系 法院经历两审和再审最终认定劳动关系	本案争议焦点：一是劳动者提供的劳动是否系用人单位业务组成部分。集团公司工商登记的经营范围是畜禽饲养、收购、屠宰加工和销售，畜禽运输是开展业务的必要辅助性内容，因此谢某的工作是公司业务的组成部分。二是劳动者是否受用人单位的劳动管理 谢某驾驶的车辆归属以及工作中需遵守的有关要求，均体现其实际受到集团公司用工管理。故法院认定劳动关系
3	某珠宝公司与某科技公司签订《电商平台直播合作协议》，约定科技公司为珠宝公司在F平台上开设直播间，珠宝公司提供商品并自行雇人直播讲解、售卖。珠宝公司法定代表人岑某某通知汪某某面试F平台主播工作，双方通过微信约定底薪、提成比例和工作时间等，没有订立劳动合同。汪某某与科技公司签订《主播保密协议》，每月收入由岑某某通过微信或支付宝转账支付。后汪某某离职并要求支付提成等，珠宝公司称汪某某是科技公司员工，否认劳动关系。汪某某申请仲裁，后诉至法院	仲裁和法院均认定汪某某与珠宝公司存在劳动关系	劳动关系是否成立，不能仅凭书面协议内容进行推定，而应依据实际用工管理情况综合判定。虽然汪某某与珠宝公司签订《主播保密协议》，但实际上是珠宝公司法定代表人对汪某某进行招聘、安排其在直播间工作，且按月支付劳动报酬，证明汪某某接受珠宝公司劳动管理，双方构成劳动关系

续 表

序号	案情简介	判决结果	判决结果评析
4	某信息公司运营的“G 厨师”App 可在线预约厨师上门提供烹饪服务。张某经人介绍在“G 厨师”App 平台从事厨师工作，双方签订《合作协议》，未签劳动合同。数月后张某主张信息公司违法解除劳动关系，要求支付工资、经济补偿金和赔偿金等。信息公司否认劳动关系。张某申请仲裁，后诉至法院，请求确认劳动关系并支持相关要求	法院认定存在劳动关系	本案双方虽签订了《合作协议》，但仍应审查双方事实上是否构成劳动关系。App 平台对张某进行指派、调度及奖惩等，按月发放较为固定的报酬，表明张某受信息公司的劳动管理，在公司安排的工作地点从事有报酬的劳动，双方具有较强的从属关系，而这正是劳动关系的本质特征
5	2020 年 2 月起吴某驾驶某物流公司的货车按照固定路线送货，双方未订立劳动合同。2020 年 5 月吴某发生交通事故，向某物流公司请求认定工伤。为认定工伤吴某申请仲裁，请求确认劳动关系，后诉至法院	仲裁和法院均未认定劳动关系	在劳动关系中，用人单位和劳动者之间存在经济和人身从属性。本案证据表明吴某与物流公司按比例分配收入，且吴某不需接受物流公司的日常考勤和规章制度约束，故难以认定双方存在劳动关系意义上的经济和人身从属性
6	许某某与某传媒公司签订《主播经纪合约》，约定为签约艺人与经纪公司的关系，传媒公司每月按比例支付直播劳务收益（主要通过粉丝打赏获得），有权监督和审查许某某的行为 许某某在第三方所有的平台上直播，直播间由传媒公司注册。后许某某以传媒公司未依法支付劳动报酬为由提出辞职，申请仲裁要求支付经济补偿等，传媒公司称双方系合作关系，后双方诉至法院	仲裁和法院均未认定劳动关系	书面合同系当事人对权利义务关系达成合意的表现形式。双方签订《主播经纪合约》而非劳动合同，约定建立经纪关系而非劳动关系。许某某直播所在平台既不为传媒公司所有，直播内容也不属于公司业务事项，双方按比例分配收益，即使公司基于合约对许某某进行必要的管理，也不足以认定构成劳动关系中的人身隶属和经济从属关系

留、提供相关证明材料。二是看劳动者提供的劳动是否系用人单位业务组成部分。比如平台主播的直播内容不属于公司业务事项，双方按比例分配收益，即使公司基于合约对主播进行必要的管理，也被认定建立经纪关系而非劳动关系。

（三）典型案例在新业态劳动关系司法实践中的积极意义

发布典型案例，进行类案比对，一方面给予新就业形态劳动者法律政策指引，方便其运用法律手段维权，另一方面也提示劳动仲裁部门和人民法院在劳动争议案件裁判中避免出现裁判依据不一致、标准掌握不统一的“同案不同判”现象，彰显法律的公平性。进一步而言，典型案例的发布，也成为工会创新普法形式和发出维权声音的另一个载体。通过典型案例的政策指引，新就业形态劳动者在维权时有了更多底气，可以少走弯路，进而让工会普法和维权服务连接得更紧，更具实效性和契合性。对于工会劳动争议组织而言，在主持协商、调解、仲裁新就业形态劳动者劳动争议案件时，可以充分展现工会视角、发出工会声音。典型案例也能促使用人单位重视新就业形态劳动者合法权益，避免损害劳动者合法权益行为的发生。

三、数学经济下新业态劳动关系的顶层设计

2019 年 8 月，国务院办公厅发布《关于促进平台经济规范健康发展的指导意见》中明确指出要“切实保护平台经济参与者合法权益，强化平台经济发展法治保障”“保护平台、平台内经营者和平台从业人员等权益”。2021 年，加强平台灵活就业群体权益保障的工作得到各级政府部门和平台企业的高度关注，相关制度加快完善（见表 3）。

表 3　2021 年以来我国加强新就业群体权益保障政策

签发时间	文件 / 事件	相关要求
2021 年 5 月 26 日	国务院常务会议	做好基本保障兜底，推动个体工商户及灵活就业人员参加社保，放开在就业地参保的户籍限制，探索将灵活就业人员纳入工伤保险范围
2021 年 4 月	国务院常务会议	一系列加强新就业形态劳动者权益保障的政策措施被明确下来：包括以出行、外卖、即时配送等行业为重点开展灵活就业人员职业伤害保障试点，要求企业不得制定损害劳动者安全健康的考核指标等。按照此次会议和相关部门部

续　表

签发时间	文件 / 事件	相关要求
		署，下一步，我国将在部分重点行业开展灵活就业人员职业伤害保障试点，探索用工企业购买商业保险、保险公司适当让利、政府加大支持的机制，为外卖员、快递员、网约车司机等提供与工伤保险待遇接近的保障等
2021 年 4 月	国务院办公厅《关于服务“六稳”“六保”进一步做好“放管服”改革有关工作的意见》	完善适应灵活就业人员参加的社保政策措施，推动方案在就业地参加社会保险的户籍限制，加快推进职业伤害保障试点，扩大工伤保险覆盖面，维护灵活就业人员合法权益
2021 年 7 月	人力资源和社会保障部等多部门《关于维护新就业形态劳动者劳动保障权益的指导意见》	首次明确平台企业对劳动者权益保障应承担相应责任，从多个方面提出了健全劳动者权益保障制度的相关政策
2021 年 7 月	交通运输部等多部门《关于做好快递员群体合法权益保障工作的意见》	重点聚焦保障合理的劳动报酬、完善社会保障增强社会认同、压实快递企业主体责任、强化政府监管与服务 4 个方面，助力解决快递员收入不稳、保障不全、职业认同不高等问题
2021 年 7 月	市场监管总局等多部门《关于落实网络餐饮平台责任 切实维护外卖送餐员权益的指导意见》	针对外卖送餐员的劳动收入、劳动安全、食品安全、社会保障、从业环境、组织建设、矛盾处置 7 个方面提出要求，以保障外卖送餐员正当权益
2022 年	中央网信办出台《互联网信息服务算法推荐管理规定》	算法推荐服务提供者向劳动者提供工作调度服务的，应当保护劳动者取得劳动报酬、休息休假等合法权益，建立完善平台订单分配、报酬构成及支付、工作时间、奖惩等相关算法

在加强社会保障制度创新的同时，相关部门还加强了对算法在调度类平台和新就业形态方面的应用监管，明确要求这类平台的算法设计需要考虑劳动者和消费者的双重约束。同时，行政指导和约谈也是当前我国强化平台监管的重要手段（见表 4）。

表 4　2021 年部分面向平台企业的行政指导和约谈

时间	主要内容
2021 年 4 月	人民银行、银保监会、证监会、外汇局等金融管理部门再次联合约谈蚂蚁集团，提出蚂蚁集团 5 个方面的整改内容
2021 年 4 月	市场监管总局会同中央网信办、国税总局召开互联网平台企业行政指导会，34 家互联网平台企业代表参加。会议明确提出互联网平台企业要知敬畏守规矩，限期全面整改问题，建立平台经济新秩序
2021 年 6 月	市场监管总局价监竞争局会同反垄断局、网监司召开行政指导会，要求哈啰、青桔、美团、怪兽、小电、来电、街电、搜电等共享消费品牌经营企业限期整改，明确定价规则，严格执行明码标价，规范市场价格行为和竞争行为
2021 年 9 月	交通运输部会同中央网信办、工业和信息化部、公安部、国家市场监管总局等交通运输新业态协同监管部际联席会议成员单位，对 T3 出行、美团出行、曹操出行、高德、滴滴出行、首汽约车、嘀嗒出行、享道出行、如祺出行、阳光出行、万顺叫车 11 家网约车平台公司进行联合约谈
2021 年 9 月	人社部会同交通运输部、市场监管总局等部门召开平台企业行政指导会，就维护新就业形态劳动者劳动保障权益，约谈美团、饿了么、滴滴等十家头部平台企业
2021 年 10 月	国家市场监管总局在对美团做出行政处罚决定的同时，还向美团发出《行政指导书》，总共提出 15 点具体要求，以非强制性的方式规范美团的经营行为。

2021 年 7 月，人社部等八部门联合发布《关于维护新就业形态劳动者劳动保障权益的指导意见》（以下简称《意见》），对于如何规范用工、补齐劳动者权益保障短板、优化服务、完善权益保障机制等提出要求。《意见》在未来一段时间里将是规制平台用工的重要依据，在缺乏法律明确规定的前提下，其也将成为人民法院审理平台用工争议的重要参照。但属于“不完全劳动关系”的劳动者如果向仲裁机构及法院申请确认与平台企业之间属于劳动关系，该如何进行裁决？“不完全劳动关系”的劳动者享有哪些具体权益？目前尚无定论。

四、数字经济下新业态劳动者权益保障的工会答案

切实维护新就业形态劳动者劳动保障权益是当前阶段的重要工作，是促

进平台经济长期健康发展的现实需要，也是工会履行好维权服务基本职责的必然要求。对工会组织而言，既要落实好政府出台的相关政策，也应在实践中不断探索，总结出适合新就业形态劳动用工实际并符合地方特色的方式方法，发挥工会在维护新就业形态劳动者权益中的独特作用。

（一）工会组织维护新就业形态劳动者权益的实践探索

2021 年 7 月，全国总工会印发了《关于切实维护新就业形态劳动者劳动保障权益的意见》，与人社部、交通运输部、国家市场监管总局等多个部门出台了这方面的指导意见。这些密集协同的指导性意见，从不同层面回应了社会对新就业形态劳动者合法权益保障的关切，增加了劳动者合法权益保障的精细化制度供给，标志着平台经济走向规范发展的新阶段。

全国各级工会把上述指导性意见转化为推进维护新就业形态劳动者权益工作的重要部署，开展维护新就业形态劳动者权益的实践，通过蹲点调研活动、新就业形态劳动者入会集中行动等，最大限度将新就业形态劳动者组织到工会中来。各级工会积极探索适应货车司机、网约车司机、快递员、外卖配送员等新就业形态劳动者不同特点的建会入会、维权服务方式，集中攻坚克难，取得了明显成效。

一是针对新就业形态劳动者分散、不易组织的问题，强调强化分类指导，明确时间节点，集中推动重点行业企业特别是头部企业及其下属企业、关联企业依法普遍建立工会组织。

二是针对新就业形态劳动者合法权益保护有待加强的问题，强调发挥产业工会作用，积极与行业协会、头部企业或企业代表组织开展协商，维护新就业形态劳动者的劳动经济权益。

三是针对平台单方制定规则以及算法可能存在的问题，督促平台企业在规章制度制定及算法等重大事项确定中严格遵守法律法规要求，通过职工代表大会、劳资恳谈会等民主管理形式听取劳动者意见诉求。

四是针对新就业形态劳动者劳动保障权益立法不完善的问题，积极推动和参与制定修改劳动保障法律法规，充分表达新就业形态劳动者意见诉求，使新就业形态劳动者群体各项权益在法律源头上得以保障。

（二）工会维护新就业形态劳动者权益的着力点

工会组织有覆盖面广、维权服务方式灵活、工作手段丰富等优势。工会组织可以充分利用这些有利条件，维护新就业形态劳动者权益。

一是创新开展“新就业形态劳动者入会集中行动”，最大限度将新就业形态劳动者组织到工会中来。当前，虽然存在一些新就业形态劳动者与平台企业认定劳动关系难的情况，但许多从业者以平台收入为主要生活来源，在政策法律层面并不妨碍其以从业者身份加入工会组织。只有最大限度把新就业形态劳动者组织到工会中来，才能夯实工会维护新就业形态劳动者权益的组织基础。

二是推动建立新就业形态下“多种形式、有利于保障劳动者权益”的劳动关系，以适应灵活就业的发展趋势和从业人员的劳动权益保障需求，建立健全工作时间、劳动定额、争议处理、职业伤害保障等办法制度，促进构建多形式和谐劳动关系的健康发展。

三是多渠道解决新就业形态劳动者的突出难题。首先，畅通集体协商通道，根据不同行业和不同企业的具体情况，将集体协商作为推动改善新就业形态劳动者工作条件、维护其劳动权益的基本途径。其次，破除平台单方面制定规则协议、垄断算法、侵害劳动者正当权益的行为，推动劳动者有序参与规章制度和算法制定，畅通双方争议的申诉解决渠道。最后，推动提高新就业形态劳动者的数字化职业技能水平，使他们既能适应传统产业电子化转型升级过程中带来的就业结构调整，又能适应新业态、新岗位和新工作模式所带来的技术更新。

从实践中来，到实践中去。与破解其他领域的难题一样，破解新就业形态劳动者权益保护困局，必须从改革中找出路，从实践中找答案。可以预见，随着一个个难题的突破，随着各地实践的一步步深入，我们一定能在探寻破解新就业形态劳动者权益保护困局上，不断取得新突破，形成新成果。期待更多创新举措能共同推动并打造出维护新就业形态劳动者合法权益的工会方案。

参考文献：

［1］黄越钦．劳动法新论［M］．北京：中国政法大学出版社，2004.

［2］王全兴．劳动法［M］．4版．北京：法律出版社，2017.

［3］［法］伊莎贝尔・道格林，［比］克里斯多夫・德格里斯，［比］菲利普・波谢．平台经济与劳动立法国际趋势［M］．涂伟译．北京：中国工人出版社，2020.

［4］谢德成．新时代劳动法的功能拓展与制度调适［J］．当代法学，2019（4）.

［5］张波．互联网平台用工劳动关系认定及权益保障［J］．就业与保障，2021（21）.

［6］张欣雨，张思琪，余辰佳．平台型劳动关系模式与认定——以出行平台与司机为例探析［J］．中国商论，2021（20）.

［7］魏靖华．对"互联网+"时代服务业新业态中劳动关系的分析［J］．就业与保障，2020（18）.

［8］王倩．共享经济用工中的劳动关系认定理论研究综述［J］．中国劳动关系学院学报，2020（2）.

［9］吴勇，刘琦．平台用工的劳动关系认定及权益保护［J］．中国劳动，2019（12）.

［10］谢增毅．互联网平台用工劳动关系认定［J］．中外法学，2018（6）.

［11］王全兴，王茜．我国"网约工"的劳动关系认定及权益保护［J］．法学，2018（4）.

［12］王天玉．超越"劳动二分法"：平台用工法律调整的基本立场［J］．中国劳动关系学院学报，2020（4）.

［13］杨海琛．互联网+时代劳动关系认定及劳动争议解决研究［J］．人力资源，2019（10）.

［14］姜永新．应对数字经济劳动关系新变化的工会策略［J］．中国工运，2020（10）.

［15］韩文龙，刘璐．数字劳动过程中"去劳动关系化"现象、本质于中国应对［J］．当代经济研究，2020（10）.

［16］周倩．2021新就业形态劳动者维权新指南［N］．工人日报，2021-12-30.

［17］李继远，韦金雨，罗琳．是合作关系还是劳动关系［N］．广西法治日报，

2021-11-19.

［18］张菁．明确劳动关系 推动平台用工进入法制化轨道［N］．工人日报，2021-11-08.

［19］贾伟．给“外卖骑手们”一个明确的劳动关系［N］．河北日报，2021-11-05.

［20］单国均，李军，王磊．新就业形态下平台用工关系法律性质的界定规则［N］．人民法院报，2021-09-23.

［21］管元梓．北京二中院：在互联网平台服务并非用人单位否认劳动关系理由［N］．人民法院报，2021-07-14.

数字经济背景下温州市工会法律服务创新研究报告

（曾刚毅，温州市总工会；孙正义，温州市职工服务中心）

近年来，我国经济发展中的网络化和智能化转向趋势明显，以网络化和智能化为依托的经济发展“数字经济”之概念，也逐渐为社会公众所熟知。浙江省人力资源和社会保障厅在《关于优化新业态劳动用工服务的指导意见》中提及“新业态”时认为：“近年来，浙江省电子商务、网络约车、网络送餐、快递物流等新业态经济蓬勃发展，吸纳了大批的劳动力就业创业，相伴而生的劳动用工问题也逐步显现。”可见，我国地方人社部门将新业态理解为当前大量存在的借助数字化工具、互联网平台等发生经营、用工的新兴行业。在理论上，学者对于新业态的界定有多种说法。如张成刚从生产力和生产关系角度对新就业形态进行了解读，他提出，从生产力角度看，新业态描述了新一轮工业革命带动的生产资料智能化、数字化、信息化条件下，通过劳动者与生产资料互动，实现虚拟与实体生产体系灵活协作的工作模式。劳动者在生产过程中依托数字化、信息化、智能化的生产资料，主要工作是对程序和系统进行维护和升级。从生产关系角度看，新就业形态是指伴随着互联网技术进步与大众消费升级出现的去雇主化、平台化的就业模式。[①] 再如马越认为，新业态用工是以互联网为基础平台，深度融合云计算、大数

① 张成刚：《就业发展的未来趋势，新就业形态的概念及影响分析》，《中国人力资源开发》，2016年第19期，第86—91页。

据等新技术与实体经济，培育新的经济增长点而衍生出的新型用工模式。[①] 总的来看，学界对于新业态的定义，主要强调了其区别于传统产业、行业、就业形态的特征及网络平台的基础作用等。

温州市地方经济发展中一直存在着非公有制经济发达、小微企业数量多、制造业和建筑业就业人口数量多的特点，[②] 劳动密集型的传统制造业在温州经济中的比重较高。数字经济新业态由于侧重生产经营的科技化含量和用工的灵活性，其势必对上述温州经济模式产生较大冲击，而劳动关系是经济发展的重要侧面，劳动关系的稳定既关涉着经济发展的健康指数，又体现着社会发展的安定和谐，也是我国各地各级工会的重要工作目标。因此，结合经济新业态的背景，对温州市劳动关系的新情况，以及工会法律服务的因应之策进行研究确有必要。

一、数字经济背景下的劳动关系新形势

（一）劳动关系灵活度增强

十八世纪开始的工业革命使得生产组织形式逐渐由传统手工工场转向机器化大生产，保护机器化大生产时代的劳动者权利的现代劳动法也就此产生。劳动法上对于劳动者之保护以劳动者之“从属性”为逻辑起点，[③] 而无论人格从属性、组织从属性抑或经济从属性之要求，均以机器化大生产模式为参照对象，劳动者进行社会化大生产的劳动在时间、空间、劳动条件和环境等各个方面均需依附于单个企业，劳动法律体系中据此发展出一系列协调劳动关系的劳动合同制度、工会组织与活动制度、劳动基准制度、社会保险制度、劳动仲裁与诉讼制度等。随着第三次工业革命的进程，信息技术、互联网技术等又使得传统机器化大生产模式受到挑战，不依赖固定生产车间的服

① 马越：《“优加任务”：综合性新业态用工平台——新科讯与时俱进，实现自我改革》，《中国人力资源社会保障》，2019 年第 11 期，第 47 页。

② 柯宇航：《“枫桥经验”在工会工作中的实践与展望——以温州市总工会的实践为例》，《工会理论研究》，2019 年第 2 期，第 53—54 页。

③ 黄越钦：《劳动法新论》，中国政法大学出版社，2002 年版，第 94 页。

务性行业在经济中的占比越来越大，服务性行业人员越来越多，灵活用工模式开始成为标准劳动合同越来越重要的补充。

数字经济新业态无疑将进一步增强劳动关系的灵活度。“信息化的发展、大数据的应用，基于平台的数据共享等极大地改变了知识的生产方式和传播速度，加快了个人知识的组织化和社会化、隐性知识的表出化和形式化以及离散知识的系统化，由此实现了价值链的重构。”[①] 体现在劳动关系领域，新业态中劳动者借助于跨时空的网络平台，对于固定用人单位的人格从属性和组织从属性越来越少，劳动者与用人单位的可选择空间都越来越大，新业态中劳动者与用人单位的紧密程度变得越来越松散，尤其在平台经济模式下，机器化大生产时代诞生的劳动法所构建的标准劳动关系可能将在实践中一去不复返。

（二）平台就业规模不断增长

相较于第三次工业革命后方兴未艾的服务业，近年来广泛兴起于全球的平台经济模式对于传统工业的影响是更深刻的。在我国，自从互联网技术被成熟应用于商业领域以来，越来越多的传统行业已被或将被“平台化”，如销售领域的网上商城、金融领域的网络信贷平台、劳务服务领域的网约工等。这些平台化经营模式有些并不涉及对大量劳动力的吸纳，如网络购物、网络信贷等，而有些平台化经营模式则是在直接筹措分配劳动力本身，如网约车、网上快递、网上家政、网上外卖、网上厨师、网上医生等平台服务新业态。

以劳务服务为主要经营内容的平台经济模式显然对标准劳动关系的影响更大，因为其能够吸纳大量就业人口，或者说其本质是在逐渐取代传统非平台条件中的劳动用工。近年来，在数字经济大发展的背景下，平台吸纳就业的规模不断增长。根据相关研究，2019 年我国分享经济领域的平台员工数达到了 623 万人，共享经济还创造了 7800 万个灵活就业岗位，同比

① 王聪：《基于知识的新型工业化：内在逻辑与路径选择》，《天津社会科学》，2016 年第 6 期，第 101—105 页。

增长约 4.0%，大幅提升了我国经济运行的就业承载力。[①]2020 年春节复工后一个月内，直播相关兼职岗位数同比增长 166.09%，是全职岗位增速的两倍多。[②]2020 年春节后两个月内，美团骑手新增 33.6 万人，饿了么骑手新增 24.4 万人，新增员工中 30% 来自餐饮、旅游、商场等服务行业，40% 来自制造业工人，20% 来自自由职业者，10% 来自大学毕业生。中国劳动学会 2021 年农民工就地过年"百企万人"调查报告显示，外地农民工在就业地过年者，新业态约占 50%。[③] 值得注意的是，平台经济所吸纳的大量就业人口中，不乏从传统制造业、建筑业分离而来的中生代劳动者，他们投身平台经济也就意味着，传统第二产业的劳动者数量会因此减少。

（三）传统制造业的劳动者质量要求增加

我国传统制造业一直面临着从劳动力密集型向技术密集型跨越的竞争压力，而这种压力在数字经济时代将更为严峻。自从党的十八届五中全会提出"实施更加积极的就业政策，完善创业扶持政策，加大对灵活就业、新就业形态的支持力度"之后，我国各地各级政府在政策层面对于数字经济新业态模式的支持力度越来越大，这也间接促进着数字经济的大发展。

相较于传统制造业，数字经济新业态本就具有技术优势：平台用工模式通过大数据等技术手段使劳务提供方和劳务受领方可以更低成本地分享信息，达成交易，不断提升服务水平和质量，尤其是互联网平台具有的规模效应，更是传统制造业难以企及的。新业态经济的高效率会间接淘汰不具备技术优势、效率较低的传统制造业，再考虑到在现阶段新业态经济的政策红利，传统制造业想要维持竞争水平，则不得不将对劳动力的数量要求变更为质量要求，而考虑到我国高级技术人员占劳动力人口的较低比重（相较于德国、日本等制造业强国），国内传统制造业的人才供需矛盾将更加突出。

① 国家信息中心分享经济研究中心：《中国共享经济发展报告（2020）》，国家信息中心信息化和产业发展部，2020 年 3 月。

② 智联招聘、淘榜单：《2020 年春季直播产业人才报告》，https://baijiahao.baidu.com/s?id=1665846383849302606&wfr=spider&for=pc，2021 年 4 月 5 日。

③ 杨志明：《新业态劳动用工的发展趋势》，《中国人力资源社会保障》，2021 年第 4 期，第 28 页。

（四）新冠肺炎疫情对于数字经济新业态发展趋势的叠加效应

2020年初，新冠肺炎疫情在全球（包括中国）突然暴发，其在极大程度上限制了商品、人员的交易流通，对于传统制造业和新兴服务业的打击程度是相当的，然而在疫情被有效控制、各行业复工复产、国内生产经营恢复常态之后，疫情对于传统制造业和新兴服务业的总体影响却是截然不同的。

其一，疫情防控常态化之后，平台用工等灵活用工形式愈加普遍。在疫情暴发阶段，制造业企业与上下游的贸易往来被阻隔，生产任务大幅减少甚至消失，产业工人闲置导致劳动力资源发生大量重置，弹性用工、临时用工、共享员工、在线工作等新型用工方式大量涌现。疫情暴发阶段，最易生存的是能够最大限度地避免人员聚集和接触的平台经济，而疫情被有效控制之后，最先复苏也是餐饮、物流、市内交通等平台经济涉足的服务性行业。其二，疫情防控常态化后，传统制造业的劳动力供需矛盾愈加不平衡。疫情暴发至今，新业态在吸纳就业方面的巨大贡献是与传统制造业就业人口流失同步发生的，平台经济等新业态在传统制造业被疫情“强制中断”的情况下接收了大量制造业劳动力，在传统制造业复产复工之后，由于就业的惯性、对于疫情再次暴发的担忧以及制造业订单激增的因素影响下，传统制造业的劳动力需求随之陡增，这种劳动力需求不仅是技术上的，甚至也是数量上的。

总之，从新冠肺炎疫情暴发到目前防控常态化的整个阶段，疫情因素对于传统制造业的间接淘汰作用明显，而对于经济新业态的发展趋势客观上反而具有一定的助力作用，非标准就业在劳动关系理论和劳动法理论上都得到越来越多的关注和研究。因此，有人认为“2020年的疫情或将成为我国数字经济催生新业态发展的一个标志性时间节点，成为新业态下的灵活就业和传统灵活就业的分界线、推动劳动管理向二元化发展的转折点”。[①]

---

① 杨志明：《新业态劳动用工的发展趋势》，《中国人力资源社会保障》，2021年第4期，第26页。

二、数字经济背景下温州工会法律服务工作的挑战

浙江省是全国数字经济发展的先行者，而浙江省温州市则是改革开放以来，全国非公经济的探索者、制造业和小微企业的聚集地，在传统制造模式和新业态的碰撞之中，浙江省温州市一马当先。在近年来数字经济的冲击下，尤其是新冠肺炎疫情暴发以来，温州市劳动关系也面临了一些新问题，这些问题在温州市各地各级工会的法律服务工作中也体现明显。

（一）传统制造业企业经营压力大，劳动合同履行能力低

温州市传统经济模式以鞋服、汽摩配、眼镜、机械等制造加工为主，企业规模又以中小型企业为主，融资能力、抗风险能力较弱。新冠疫情暴发以来，受国内外经济环境震动的影响，部分外贸出口企业产能不足、订单锐减、上下游产业链中断、货款回收困难，导致企业陷入经济效益下滑之不利局面。部分企业在疫情严重时期营业收入和利润总额与疫情前相比甚至出现“断崖”式下降。现阶段虽已全面复工，但疫情影响仍然不容小觑，企业恢复活力缓慢，加上企业运营（劳动者工资、社保等）成本较高，导致部分企业效益仍然不佳，竞争力弱。在企业经营压力较大的条件下，部分企业出现劳动合同无法履行，进而导致工资支付迟延、社保缴纳迟延、福利无法兑现等情况，致使劳资双方矛盾进一步加剧。在调研中了解到部分地方出现了因为制造业企业订单锐减导致的劳动者约定保底工资无法兑现，进而出现劳资冲突升级的现象。

（二）结构性就业矛盾严重

1. 制造业劳动力短缺严重

近年来，温州市制造业领域一直存在着劳动力短缺的困境，不论是技术工人还是研发人员，均是供不应求的。而新冠肺炎疫情的暴发进一步加剧了劳动力短缺的状况：一方面，温州市制造业工人多为外来务工人员，疫情暴发于 2020 年春节期间，大多数劳动者均已返乡过年，长期的交通限制导致

温州本地企业即使有生产任务，也因为劳动力不足而难以开工运转；另一方面，疫情被有效控制之后，制造业就业人口也并未恢复到疫情前的水平，如在调研中发现，温州市某区某产业园区的员工数量比疫情之前减少了 15%，企业劳动力缺口严重，究其原因，大量外地劳动者因担心疫情再次发生，而选择在家乡附近就业，并不返回温州务工，又由于全社会（甚至全球）复工复产、物流贸易的恢复，温州市制造业企业订单量大幅回升，劳动力短缺的矛盾更为严重。

2. 数字经济新业态对就业人口的引流

相较于传统制造业劳动力数量的锐减，数字经济背景下，新兴行业的劳动力数量反而在增加，即使同样遭遇新冠疫情暴发的影响，新业态就业人口数量也可能并未减少。

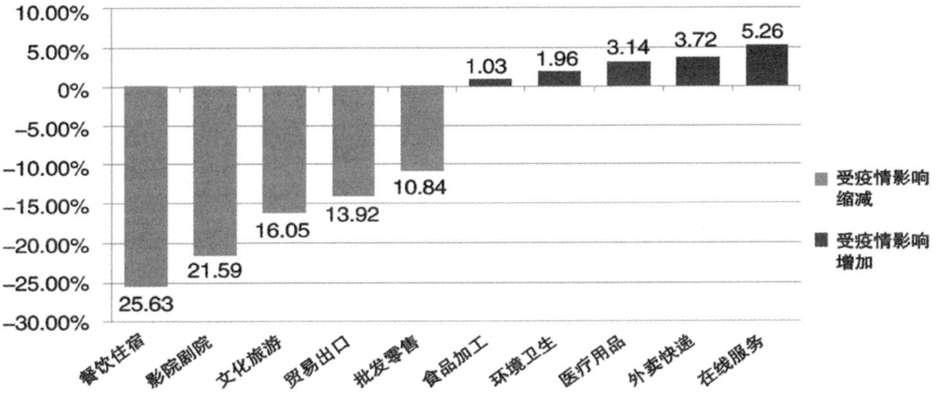

图 1　新冠疫情影响下温州市各行业招聘规模变化 [①]

图 1 统计于 2020 年 6 月 30 日，也即温州市新冠疫情得以有效控制之后不久，在传统服务业的招聘规模出现较大程度下降的同时，温州市“在线服务”“外卖快递”“医疗用品”“环境卫生”“食品加工”等行业反而出现了招聘规模的扩大现象，尤其是“在线服务”和“外卖快递”两大行业招聘规模的增长分别达到 5.26% 和 3.72%，可见新业态中平台经济、互联网经济对于

---

① 王瓯翔：《疫情对温州就业的影响及对策》，《中国人力资源社会保障》，2020 年第 12 期，第 25 页。

就业数量方面的贡献。

此外，即使不考虑新冠疫情的影响，在温州市地方调研中也听到这样一种声音——“现在的年轻人不爱进厂了”。平台司机、平台外卖员、平台快递员、平台直播员等“更自由”的职业成为当下中生代、新生代劳动者更青睐的选择，在制造业企业接受组织与管理、学习磨炼专业技术反而是性价比较低的出路。

（三）维系和谐劳动关系的制度供给不足

新业态催生出许多标准劳动关系之外的用工形式，然而我国当下劳动法律体系并未对诸多新型用工形式提供相应的调整依据，导致新业态下就业人员的劳动权利保护存在法律真空。

1. 平台用工中劳动关系与合同关系的争议

随着基于网络平台的新用工形式大量出现，用人单位与劳动者个人之间r 关系发生了显著变化，出现了不同于传统劳动关系的各种各样的加盟、接单、众包等形式。在实践中，平台一般将自身定位为提供居间服务的居间者，仅仅提供促成服务提供者与接受者之间交易的某种服务，并收取一定的报酬作为服务对价，也有的平台在提供信息服务的基础上会对劳动者进行必要的技能培训。但一旦涉及平台与其从业人员之间的法律关系时，绝大多数平台企业都认为通过平台接单的这些灵活就业人员并不是企业的正式雇员，因而并不存在劳动关系。在司法实践中，法院对于此种争议的裁判结论则是以合同（不论是居间合同抑或劳务合同）关系为主。此外，许多有正式工作的人群利用空闲时间兼职，工作和职业的边界也越来越模糊。总的来看，基于平台的新就业形态，以“互联网为基础的‘网签加盟’‘合作合营’‘利益分成’‘众包模式’等打破了签订劳动合同、建立固定劳动关系的传统用工方式”，[①] 从而形成了区别于传统劳动关系的新型关系。

2. 共享员工的法律适用难题

新冠疫情期间，为了帮助有大量待岗员工的企业缓解成本压力，保障现

① 秦国荣：《网络用工与劳动法的理论革新及实践应对》，《南通大学学报（社会科学版）》，2018 年第 4 期，第 54—61 页。

金流，同时帮助部分企业解决因为业务暴涨的用工荒问题，“共享员工”模式应运而生，成为临时解决不同行业间人力资源供需矛盾的方法。“共享员工”的本质是企业在不同行业之间短期调配劳动力，以应对各行业因淡旺季或特殊事件带来的劳动力需求差异，从而实现多方受益。[①]“共享员工”虽然能够缓解受新冠疫情影响而产生的企业生产经营问题，但对于劳动者劳动权益的保障依然存在诸多漏洞。比如“共享员工”的劳动合同责任归属问题、社保缴交责任主体问题、工伤风险承担问题等均在我国劳动法律体系之外，处于无法可依的状态。

3. 特殊时期涉疫劳动争议规范性文件的适用问题

新冠疫情暴发前，我国《劳动法》《劳动合同法》并未给予诸如“不可抗力”和“情势变更原则”等特别条款的充分适用空间，新冠疫情暴发后，企业因为疫情而停工停产或者劳动者因为疫情而无法提供劳动等情形导致劳动争议增多、劳资矛盾升级。面对此种局面，我国各地各级部门曾纷纷出台相关规范性文件，如人社部发布《关于妥善处理新型冠状病毒感染的肺炎疫情防控期间劳动关系问题的通知》，浙江省新型冠状病毒感染的肺炎疫情防控领导小组发布的《关于支持小微企业渡过难关的意见》，浙江省高级人民法院民事审判第一庭发布的《关于规范涉新冠肺炎疫情相关民事法律纠纷的实施意见（试行）》，温州市中级人民法院《关于强化疫情司法应对保障稳企工作 15 条意见》以及温州市瓯海区法院联合瓯海区劳动人事争议仲裁委出台《关于涉新冠肺炎疫情劳动争议案件处理问题的会议纪要》等。以上从中央到温州市地方的涉疫劳动争议规范性文件主要着力解决感染者工资问题、企业停工工资发放问题、仲裁时效问题、涉疫社保缓交问题、感染者工伤认定问题、稳岗支持与劳资协调机制问题。调研中发现，以上规范性文件在疫情防控常态化的当下均再未适用，其仅具有临时性功能，尚未被我国劳动法律法规体系纳入其常态化规则之中。

---

① 刘秉泉、李文静、赵碧倩：《新冠肺炎疫情对劳动关系的影响与对策研究》，《中国劳动》2020 年第 1 期，第 32—33 页。

三、温州市工会法律服务的新举措

近年来，面对新业态，以及新冠肺炎疫情带来的劳动关系新形势，温州市各地各级工会法律服务工作采取了诸多新举措，对于维护劳动关系的稳定和谐发挥了一定作用。

（一）应对新冠疫情的举措：从抓防控到促复工

在应对突发新冠疫情的过程中，温州市总工会基本经历了从抓防控到促复工两个阶段。

在新冠疫情暴发后，温州市工会系统立即开展“五个一”系列服务活动：每一名工会干部都要带头遵守防控措施、协助党政排查到每一名职工、宣传到每一名职工、企业防控责任落实到每一名工会主席、工会慰问到每一名参与救治医护人员，团结动员全市广大职工坚决打赢疫情防控阻击战。在抗击疫情的同时，温州市各级工会同时开展“稳岗克难行动”，包括：其一，矛盾大化解，全面开展矛盾纠纷大排查、劳动争议大化解、维权帮扶大关爱活动，深入开展“七五”普法、劳动法律监督，确保职工队伍和谐稳定。其二，要共克时艰，普遍开展工资集体协商要约行动，针对疫情提出共渡难关倡议，加强与企业人力部门对接，提出符合经济发展形势共克时艰协商方案，开展工资集体协商工作，维护职工合法权益、促进企业健康发展。其三，减费惠万企，从 2020 年 1 月 1 日起到 2021 年 12 月 31 日，对全市小微企业工会经费实行全额返还，并继续实施企业拨缴上级工会经费缓减 20% 政策。

在新冠疫情被有效控制之后，温州市各级工会将工作重心转移至促复工。温州市总工会成立深化“三服务”活动、助力企业疫情防控和复工复产工作组。工会干部由市总领导带队组成 5 个工作组，分赴 25 家复工企业，开展“送慰问、送政策、送法律、送安全、送保障”活动，精准掌握企业和职工在复工复产过程中遇到的问题，协助企业解决面临的实际困难，指导企业制定疫情防控和复工方案，协助企业建立健全疫情防控工作体系，为企业复工复产和职工健康安全带去强有力的保障和工会“娘家人”的关心。此外，温州市各地各级工会还与外地工会合作，实行“点对点”专车形式，安全有序组织务工人员返岗复工，并开展帮助职工就业和企业招聘的服务工作。

（二）推行线上工会服务新模式

随着数字经济背景下互联网用户下沉，网络技术运用的普及，温州市各地各级工会充分利用工会网站、微信公众号、专业招聘网站等线上平台资源，多渠道服务就业。在互联网时代，立足实际、创新做法，把既有的“春风行动”“就业援助月招聘会”等活动通过网络形式开展，及时发布、对接企业招工信息和职工求职需求，帮助企业解决用工紧缺，帮助劳动者早日到岗，实现就业。

（三）构建“工会＋仲裁”一体化维权模式

劳动关系是否和谐，事关职工群众和企业的切身利益，是构建和谐社会的关键。温州市总工会、温州市劳动人事争议仲裁院积极探索职工维权新方法，形成了“工会＋仲裁”一体化维权模式，集“法律援助、纠纷调解、源头预防”三大功能于一体，提供包括业务咨询、法律援助、案件调解、仲裁确认的“一站式”服务，减少当事人维权成本，避免了职工维权“多头跑路”的烦恼，做到职工劳动维权“只进一门”。而针对集体性劳动争议，启动联合预警机制，由工会、仲裁、援助律师提前介入，将“无序冲突”的矛盾通过公开化、正常化、制度化解决方式加以疏导，使劳动者群体的合法权益得到维护，使企业的正常经营秩序也得到了保障。2018 年成立至 2022 年，温州市总工会法律援助工作站参与劳动仲裁案前调解 1471 件，调解金额 1244 万元，调解成功率达 100%。

（四）开发运行民营企业工会健康监测系统

数字经济背景下的工会工作也应当充分利用互联网和大数据两大工具，温州市总工会成功开发民营企业工会健康监测系统，通过监测指标的设置，对民营企业基层工会组织的工作开展情况进行动态监测、预警督办和过程回溯，并及时形成温州市民营企业工会健康指数。另外，根据企业工会发展阶段和监测的需要，系统除设置基础型监测项目，反映民企工会的基本状况外，对发展较好的民企工会还设有高阶版的监测项目，如提升型监测项目，通过工会自评、职工评分、上级认证 360 度评价方式，公正地体现标准化示范性工会创建的成效。2020 年 12 月 11 日首发运行，从运行情况来看，监测项目的设置客观，系统运行逻辑相对合理，框架结构、数据抓取方式、预警处置模式切合温州工会工作实际，健康指数比较客观地反映了当前温州民企工会现状。

（五）探索数字经济新业态从业人员入会路径

新业态从业人员规模逐渐庞大，然而我国劳动法律体系对于其劳动者身份尚未有定论，因而导致实践中平台劳务提供人员如网约车司机、平台送餐员、平台快递员等群体的基本劳动权利无从保障。温州市总工会响应全国总工会、省总工会关于推进“三新”领域和八大群体建会入会的要求，积极探索温州市新业态从业人员的入会路径。目前已充分调研网约车、快递员、房地产中介员等平台行业的就业人员数量、单位情况、劳动者权利诉求等，力争 2021 年底，打造“亿元体”工会 100 家、行业工会 50 家、发展八大群体会员 20000 人。

总之，面对数字经济新业态和新冠疫情叠加作用下劳动关系的不稳定因素，温州市总工会锐意创新，既能在新时代新背景下一一应对劳动关系的新变化所带来的考验，又善于利用新技术手段不断完善工会组织形式与工作手段，以上经验值得总结与推广。

四、完善工会法律服务的思路与建议

（一）职工维权工作的总体思路：以促进就业为重点

就业是最大的民生工程，是党“以人民为中心”的执政理念的重要体现，稳就业是党中央“六稳”工作之首，保居民就业亦是党中央“六保”工作之首，2019 年、2020 年连续两年的政府工作报告均将就业相关数据作为宏观经济形势研判中的重要衡量指标。新冠疫情虽然已被有效控制，但停工停产所带来的民生损失应被牢记，进入疫情防控常态化之后的工会工作依然应当将促进就业作为重点。从促进就业的角度而言，新业态下平台经济模式并不应当因其对温州传统制造业的冲击而被排斥或否定，相反地，因为其在吸纳就业方面的天然优势，平台用工中的劳动关系应当被规范管理以促使其健康发展。

工会法律服务的固有宗旨是职工维权，而工会长期的维权工作往往以终结劳动关系为基本形态（如帮助劳动者讨薪、请求经济补偿金、赔偿金、工伤索赔等）。以促进就业为重点的工会法律服务工作则对于维权工作提出更高的要求，工会维权不仅应当帮助劳动者为当下的损失寻求救济，更应当从劳动者就业这一长远利益出发，在保证劳动者基本权益的基础上，努力修复劳动者与企业之间的关系，维系劳动关系的存续，或者在劳动关系不可修复的情况下，积极为劳动者再就业提供帮助。

（二）进一步推进平台从业人员入会工作

平台从业人员与平台的个别劳动关系虽然暂未为我国劳动法理论与司法实践所认可，但将平台从业人员纳入集体劳动关系法律体系却与我国工会法律制度并不冲突。将平台从业人员吸纳入工会，通过工会组织集体协商的形式提升其与平台议定劳动基本条件和基本待遇的能力，以此来保障该群体的基本劳动权利，此方案在我国当下颇具可行性和有效性。温州市工会系统已经对此方案进行了深入调研和工作筹备，在全国总工会和省总工会的领导下，吸纳广大新业态从业人员入会的工作应当持续推进。

（三）构建应对公共卫生事件的三方协商预警机制

协调劳动关系三方机制的重要职能之一就是研究解决劳动关系方面的重大问题，处理劳动关系领域的重大事件。新冠疫情暴发之际，劳动关系面临的问题有一部分属于既有法律法规没有明确规定，需要采取应急性、临时性应对措施的特殊情况，需要发挥三方协商机制的功能予以协调解决。当前新冠疫情虽然已被有效控制，但考虑到国外疫情的严重程度以及国内疫情的反复可能，工会应当协同企（行）业组织、政府三方在既有法律框架下，构建起应对未来可能再次发生的公共卫生事件的三方协商预警机制，形成常态化沟通协商渠道，准备好突发公共卫生事件后的三方工作预案，通过协商协调的方式解决劳资双方的可能冲突与矛盾。

（四）鼓励支持劳动者自主创业

鼓励劳动者自主创业也是促进就业的方式之一。工会组织应当调研劳动者创业意愿，告知地方政府的创业政策，鼓励有创业意愿的劳动者充分利用政府贷款、税收优惠政策等自主创业，同时各地各级工会可以设立劳动者创业专项资金，为自主创业劳动者提供资金支持和创业策划支持。

（五）积极参与优化营商环境、稳定劳资关系的相关立法或政策制定活动

工会法律服务工作一般直接面对劳动争议本身，而并不直接面对劳动争议的产生根源：如前文提到的数字经济背景下温州市劳动关系呈现出的传统制造业竞争压力大、新业态从业人员劳动权利保障法律缺失等问题。温州市各地各级工会应当积极行使《工会法》第五条、第三十三条赋予的对国家事务管理的参与权，对国家发展计划的建议权，在温州市各地各级决策部门制定涉及企业发展和劳资关系的地方性法规、规章、政策时结合工会工作的实际情况，积极建言献策，为数字经济背景下温州市优化营商环境、稳定劳资关系方面的立法或政策出台，尽地方工会应尽之职责。

参考文献：

1. 王全兴 . 劳动法［M］. 北京：法律出版社，2017.

2.［德］沃尔夫冈・多伊普勒 . 数字化与劳动法：互联网、劳动 4.0 和众包工作［M］. 王建斌，等译 . 王倩校 . 北京：中国政法大学出版社，2022.

关于维护新就业形态劳动者劳动保障权益促进新就业形态持续健康发展的思考

（黄茂兴　张宝英　张花妹，福建省总工会政策研究室）

作为数字中国建设的思想源头和实践起点，福建始终牢记习近平总书记嘱托，用数字化赋能高质量发展，数字福建建设取得显著成就，数字经济发展迅速，依托互联网平台的新就业形态不断壮大，大量新就业形态劳动者成为福建省职工队伍的重要组成部分。为加大新就业形态劳动者权益维护力度，2021 年，福建省总工会政策研究室联合福建师范大学经济管理学院开展新就业形态劳动者工作生活状况调查。本次调查采取线上调查和实地调研相结合的方式，调查范围涵盖全省九个地市，调查对象包括快递员、外卖送餐员、直播销售、网约车司机、在线培训、在线家政、自媒体作者、微商、在线医生等，共收回有效问卷 4269 份。

一、福建省新就业形态劳动者基本状况

随着数字经济的繁荣发展，依托互联网平台的新就业形态不断成长壮大。这些新就业形态将松散的灵活就业组织起来，就业容量大、进出门槛低、灵活性和兼职性强，赋予灵活就业新的内涵，已成为福建省新增就业的重要组成部分。特别是福州、厦门、泉州和莆田等沿海城市由于经济发展水平较高，吸引了众多资本和劳动者流入，新就业形态发展更为活跃，相关从业人员更多，在就业人员中的比重更高。

相比传统就业，新就业形态呈现匹配效率高、组织方式新、就业观念新

等特点。在匹配效率方面，由于新就业形态依托互联网、大数据等新技术来组织劳动力资源，极大地降低了交易成本，提高了劳动者与消费者的匹配效率，实现了劳动供需快速对接。在组织方式方面，劳动者不再固定于一个特定的单位，而且自己提供劳动工具，同时对接多个平台，很多是由传统的雇佣关系转变为合同关系。在就业观念方面，新就业形态的劳动者与工作岗位的关系不再像传统产业模式下那样紧密，而且凭借自身特长实现灵活就业，在薪酬、工作时间、工作地点等方面更加自主。

（一）新就业形态劳动者工作状况

新就业形态最大的特点是灵活性，灵活就业使得新就业形态从业者可以同时受雇于多个雇主，雇佣关系具有很大的不确定性，随之带来劳动关系的变化，以及与之相关的劳动方式、劳动时间、社会保障等各方面的变化。

1. 劳动者工作年限普遍较长，收入待遇较高

从业人员最多的五大行业分别是在线培训（677 人，占 16%）、外卖送餐员（616 人，占 14%）、直播销售（582 人，占 14%）、自媒体作者（545 人，占 13%）和网约车司机（541 人，占 13%）；从业人员相对较少的行业分别是在线家政（306 人，占 7%）和微商（289 人，占 7%）。此外，劳动者在本单位或本岗位的从业年限普遍较长。工作年限低于 2 年的人数仅为 928 人，占比 22%，意味着工作年限高于 2 年的人数达到 3341 人，占 78%，其中，工作年限处于 2~5 年、5~10 年的劳动者比例最高，分别为 37% 和 32%。收入方面，新就业形态劳动者的月平均收入为 5200 元，年平均收入 62400 元，比 2020 年全省居民人均可支配收入 37202 元高出 67.7%，比城镇居民人均可支配收入 47160 元高出 32.3%。

2. 劳动关系总体上较为和谐稳定，劳动者满意度较高

虽然新就业形态的形式比较灵活，但是劳动关系较为和谐稳定，劳动者满意度较高。如图 3 所示，有 2436 位受访者认为劳动关系和谐稳定，占比达到 57%；其中，从行业来看，在线培训的人数最多（438 人），以下依次为自媒体作者（347 人）、外卖送餐员（297 人）、直播销售（263 人）、网约车司机（261 人）、快递员（246 人）、其他（230 人）、微商（188 人）、在线

家政（166人）。只有1233位受访者认为劳动关系不太稳定和比较紧张，占比为29%。

此外，60%的受访者对目前的工作表示非常满意，还有16%的受访者表示基本满意，表示不太满意和很不满意的受访者比例仅分别为4%和3%。其中，从行业来看，表示满意和基本满意人数最多的行业是在线培训（537人），以下依次为外卖送餐员（452人）、自媒体作者（430人）、直播销售（414人）、网约车司机（396人）、快递员（290人）、其他（264人）、在线家政（225人）、微商（206人）。

除了对工作满意度较高外，劳动者对所在城市就业机会的满意度也比较高。55%的受访者对就业机会表示很满意，还有21%的受访者表示基本满意，表示不太满意和不满意的受访者比例仅分别为6%和2%。其中，从行业来看，表示满意和基本满意人数最多的行业是在线培训（548人），以下依次为外卖送餐员（469人）、自媒体作者（444人）、直播销售（430人）、网约车司机（379人）、快递员（296人）、在线家政（231人）、微商（226人）、其他（218人）。行业分布情况与劳动者的工作满意度行业分布情况相似。

3. 用人单位重视安全卫生教育，劳动者培训学习诉求强烈

有3687位受访者表示接受过安全卫生教育，占比达到86%，仅有14%的受访者表示未接受过安全卫生教育。此外，有3650位受访者表示用人单位提供过安全防护措施或用品，占比达到88%，仅有13%的受访者表示用人单位未提供过安全防护措施或用品。为了实现职业目标，劳动者还希望获得各类职业技能培训。共有4189位受访者愿意接受培训和学习。其中，希望得到专业知识类培训的人数最多，达到2040人；希望得到技能类培训、管理类培训、互联网技术培训的人数也非常多，分别达到1899人、1868人和1506人。此外，还有998人希望到先进地区培训和学习。

4. 劳动者维权意识普遍较高，维权方式多样化

针对出现的劳动纠纷问题，劳动者普遍选择采用各种方式进行维权，维权意识较强。仅有367位受访者在遇到劳动纠纷时选择“自认倒霉，忍忍算了”。其中，“寻求工会帮助”“找主管人员协商”“向劳动保障部门投诉”是

劳动者最倾向于使用的维权方式，分别有 2058 位、1943 位、1922 位受访者选择使用。还有 1145 位受访者倾向于通过媒体反映来解决纠纷。

（二）新就业形态劳动者生活状况

1. 从业者社会认同状态总体较好，不同年龄段从业者感知有异

随着信息技术的不断进步和广泛运用，劳动力市场正在发生前所未有的改变，新就业形态蓬勃发展，职业种类日趋多样，从业人员的社会认同也伴随着劳动者规模的增加而不断改善，但是在不同行业间仍然存在对社会认同感知的一定差异。调查显示，在全部样本中，57.7% 的从业者认为社会认同度很高，21.6% 的从业者认为社会认同度较高，16.0% 的从业者认为社会认同度一般，仅有少数从业者选择了较低（3.1%）和很低（1.6%）。

不同年龄段的从业群体在社会认同自我感知和评价方面具有一定差异。在不同年龄段从业者群体中，19 岁及以下和 60 岁及以上两个群体对新就业形态的社会认同感知水平是最低的，相较而言，中青年群体感知到的社会认同水平明显更高。这一现状说明，少年和青年对新就业形态存在一定的认识不足，老年人则受到传统思想的影响较大。

2. 心理健康状态存在行业差异，网约车行业心理状态最差

新就业形态是去雇主化和平台化的灵活用工形式，很多劳动者的工作时间并不固定，工作业绩和工资待遇的相关性较大，这往往给劳动者带来了一定的精神负担和心理压力。虽然大部分从业者认为其心理健康状态在“一般”以上，但是“直播销售”和“网约车司机”的心理健康状态显著落后于其他新就业形态从业者，如 47.38% 的快递员认为其心理健康状态很好，然而只有 34.09% 的直播销售人员和 33.07% 的网约车司机认为自己的心理健康状态很好，差异达到近 14%。这一现状说明不同行业从业者的心理健康存在差异，经常深夜工作的网约车司机心理健康状态亟待关注。

3. 大量从业者未与未成年子女共同居住，子女教育成为生活隐忧

很多新就业形态的从业者工作在城市，但是来自农村地区，是异地就业状态。美团平台连续 3 年的跟踪分析显示，农民工是骑手中最大的群体，有 75%~80% 的骑手来自农村。子女教育是各个行业的新就业形态从业者较为

关注的问题之一。问卷调查显示，大量异地就业的新就业形态从业者未与其未成年子女共同居住。接受调查的各类从业者中仅有约 57% 的人群未成年子女与其共同生活，其余约 31% 的从业者子女常住地位于从业者家乡，另有约 12% 的从业者子女寄居在异地亲友家。

此外，子女教育也成为从业者对未来生活的最大忧虑。在受访者中，2171 名受访者表达了对子女教育的普遍忧虑，占总人数的 53%，其次依次是疾病（1708 人，占受访者总人数的 42%）、失业（1576 人，占受访者总人数的 39%）、收入（1416 人，占受访者总人数的 35%）、养老（989 人，占受访者总人数的 24%）、住房（608 人，占受访者总人数的 15%）。这一现状说明，子女教育问题已经超越疾病、失业等风险与保障问题，成为影响新就业形态从业者的主要隐忧。

4. 大部分从业者对生活状态较为满意，外卖送餐员生活满意度有待提升

目前，新就业形态从业者对生活状态满意度总体较高，不同行业从业者对生活状态满意度差异较小。在全部受访者中，超过半数受访者对生活状态非常满意，大部分受访者对生活状态较为满意，近七成受访者明确表示对生活状态“非常满意”或“比较满意”，对生活状态“不太满意”或“不满意”的受访者总和仅占受访者总人数的 10%。这一现状说明大部分从业者对生活状态是满意的。但是，不同行业的从业者对生活满意度存在显著的态度差异，外卖送餐员的生活满意度显著低于其他行业。对新就业形态从业者而言，避暑取暖等服务设施、福利和住房补贴等相关政策对满意度均产生影响。

二、新就业形态劳动者工作生活中面临的困难和问题

新就业形态劳动者工作生活中面临的困难，是保护新就业形态劳动者的权益保障的难点与痛点。解决好福建省新就业形态劳动者面临的困难和问题，是落实习近平总书记重要指示和党中央决策部署的必然要求，是福建工会履行好维权服务基本职责、构建和谐劳动关系的题中应有之义，也是福建工会维护劳动领域政治安全的重要着力点。

（一）社会保险参保率不高，有效保障不足

新就业形态劳动关系的特殊性使得新就业形态从业者无法与我国目前用人单位、劳动者和国家三位一体的社会保障体系相匹配，导致劳动者的社会保险参保率较低，许多人游离于社会保障体系之外，得不到有效保障。如图9所示，在受访者中，有456人没有办理五项社会保险（基本医疗保险、基本养老保险、生育保险、工伤保险、失业保险）中的任何一项，占比达到11%；办理全部五项社会保险的人数只有2283人，比重只有53%，还有较大的提升空间；有1338人办理了部分社会保险，占比为31%；还有193人不清楚是否办理了保险。在受访者中，希望获得基本医疗保险、基本养老保险、生育保险、工伤保险、失业保险的人数分别达到1874人、2088人、1419人、1303人、1050人，占比分别为44%、49%、33%、31%、25%。

（二）工作时间非常长，严重影响身体健康

当前我国劳动领域立法仅覆盖传统就业领域，对于像新就业形态就业这类具有复杂劳动关系的灵活型就业尚未出台有关适用政策。已出台的政策对新就业形态从业人员劳动权益的保护又缺乏一定的弹性，而且对工作时间等方面的保护都没有做细分说明，导致新就业形态劳动者的工作时间非常长，将严重影响劳动者的身体健康。从工作日平均每天实际工作小时数来看，受访者中，有273人实际工作13个小时以上，占比6%；有834人实际工作11~12个小时，占比20%；仅有1092人的实际工作时间低于8小时（含），这意味着共有3177人的实际工作时间超过8小时，占比高达74%。从每月休息时间来看，有2395人的休息时间低于4天（含），占比达到560%；休息时间低于8天（含）的人数达到4026人，占比高达94%。

（三）工资收入偏低，拖欠现象普遍

新就业形态劳动者的工资收入偏低，拖欠现象较为普遍，劳动者利益受到损害。如图12所示，在受访者中，有335人的月到手收入低于2000元（含），1355人低于4000元（含），2779人低于6000元（含），占比达

65%。因为收入高选择新就业形态的人数仅为 631 人，占比仅为 15%。同时，有 2521 人最关心的是增加收入，占比高达 59%。此外，劳动者还经常面临拖欠工资的情况，在受访者中，有 1975 人遇到经常拖欠工资的情况，占比高达 46%，而 765 人偶尔遇到拖欠工资的情况，占比 18%，两者占比达到 64%。

（四）职业技能培训不足，不利于劳动者能力提升

新就业形态劳动者接受的职业技能培训普遍不足，不利于劳动者能力提升。如图 14 所示，在受访者中，2020 年没有参加过职业技能培训的人数达到 968 人，占比高达 23%；培训时间在 5 天（含）以内的人数达到 1894 人，占比达到 44%，这意味着有 67% 的受访者没有参加过培训或者培训时间非常少。而培训时间在 16 天（含）以上的人数仅为 255 人，仅占 6%。此外，有 668 人认为“单位不重视，没有良好环境”是能力素质和技术水平提高的最大障碍，占比达到 16%；有 1615 人认为“不知道怎样提高技术，不知道从哪里得到帮助”是最大障碍，占比达到 38%；还有 680 人认为“工作与学习时间相冲突”是最大障碍，占比达到 16%，这说明单位对职业技能培训不够重视和工作时间过长是阻碍职业技能培训的主要原因。

（五）陪伴时间少，子女教育担忧多

每个劳动者家庭状况不一样，选择消费的方向也不一样，但普遍会向孩子教育投入倾斜，给孩子争取更优质的教育资源。在受访者中，对于子女教育上的忧虑，有 2037 人认为教育支出多，占比 47.72%；有 2059 人认为工作忙，家庭教育缺失，占比 48.23%；有 1634 人认为入学入托难，占比 38.28%；有 1317 人认为作业多，学习任务重，占比 30.85%。这意味新就业形态劳动者面临着两难抉择的困境：一方面为了满足子女教育支出需要，利用业余时间从事副业或投入更多时间跑单；另一方面，由于工作时间拉长，陪伴子女的时间变得越来越少，导致无暇顾及家庭教育。

（六）心理健康状况随年龄增长而发生恶化，不利于劳动者长期从业

在此次受访者中，新就业形态的青年从业者心理健康状况总体表现比较好，但仍存在一些心理隐患。在19岁及以下、20~29岁、30~39岁这三个群体分别有10.14%、7.1%、7.98%的人认为自己心理健康状况不太好或者不好。调查结果显示，从业者心理健康状况会随着年龄增长而发生恶化，50~59岁年龄段有6.25%的人认为自己心理健康不好，可能有点疾病倾向；40~49岁和60岁及以上这两个群体分别有9.18%和15%的人认为自己心理健康不太好，经常有情绪困扰。其中的原因可能是，这些群体没找到好的心理疏导途径，或者没有时间去考虑解决。

三、关于切实做好新就业形态劳动者权益保障，推动新就业形态规范健康有序发展的对策建议

新就业形态对创新就业管理方式、规范就业市场秩序、保障就业者权益、激发就业者积极性等提出了新考验、新要求、新任务。要坚持支持与规范并重、鼓励与约束并举、调整和完善现有政策、补齐法律短板、创新社会保障体系、明晰平台企业与就业者的法律关系和权益关系，督促、引导、推动平台企业切实做好劳动者的管理、保障工作，推动新就业形态规范健康有序发展。

（一）改善福建省新就业形态劳动者工作生活质量的对策建议

一要保障劳动者合法收入。增加收入是劳动者关心的问题之一，平台企业要建立与工作任务、劳动强度相匹配的收入分配机制，确保新就业形态劳动者的正常劳动所得不低于当地最低工资标准。要在征求劳动者代表意见的基础上，制定和完善订单分配、抽成比例、报酬支付办法、奖惩办法等制度规则和算法，维护和保障劳动者合法收入。建立健全新就业形态劳动者工资支付保障机制和正常增长机制，一方面，企业要按时足额支付工资报酬，不得克扣或者无故拖欠。在发生克扣或者无故拖欠工资的情况下，劳动者应积

极寻求工会帮助或通过法律手段，维护自身合法权益。另一方面，要引导企业建立劳动报酬合理增长机制，逐步提高劳动报酬水平，从而进一步调动劳动者的工作积极性。

二要完善劳动者休息休假制度。要加快推动行业明确劳动定员定额标准，科学确定劳动者工作量和劳动强度，保障劳动者的休息休假权利。平台企业不得将“最严算法”作为考核要求，要通过“算法取中”等方式，合理确定订单数量、准时率、在线率等考核要素，让新就业形态劳动者有足够的休息时间，避免因工作时间过长、劳动强度过大、心理压力过重等问题对劳动者的身心健康造成负面影响。同时，要充分保障新就业形态劳动者休假的权利，对于在法定节假日工作的劳动者，平台企业应依法支付高于正常工作时间劳动报酬的合理报酬。

三要加强对劳动者的职业技能培训。针对新就业形态劳动者职业技能培训不足、能力素质和技术水平提升困难等问题，要进一步加强职业技能培训，建立适合新就业形态劳动者的职业技能培训模式，为新就业形态劳动者提供专业知识类培训、技能类培训、管理类培训、互联网技术培训等各方面的培训与学习机会，保障其平等享有培训的权利，提升职业素养，拓展发展空间。具体操作层面，一方面，可以依托规模较大的平台企业开展职业技能提升行动，给予企业相应的培训补贴资金；另一方面，可以统筹社会各类培训资源，吸引社会各方投入力量，规范培训市场，优化培训方式，推动新就业形态劳动者朝着职业化、专业化方向发展。优化职业技能培训补贴申领、发放流程，提高劳动者参加职业技能培训的积极性。

四要构建更加和谐稳定的劳动关系。新就业形态的劳动者通常收入按单计算、工作时间自主、劳动场所不固定，劳动者与客户通过平台进行交易，与平台的劳动关系从属性不强。对于符合确立劳动关系情形的，企业应当依法与劳动者订立书面劳动合同。对于不完全符合确立劳动关系情形但企业对劳动者进行劳动管理的，平台企业与劳动者可以签订服务合作协议，或通过第三方公司签订劳务派遣协议，合理确定企业与劳动者的权利义务。加快研究确立适合新就业形态的新型劳动关系，建立适应新就业形态的劳动工时、劳动定额、最低工资等多样化劳动标准体系，更好维护劳动者权益，提高就业质量，并在实践中不断完善，增强新就业形态劳动者的获得感、幸福感、安全感。

五要建立内部沟通对话机制。就业平台作为新就业形态下连接劳动力供求市场的关键一环，需要不断完善自身的服务质量。调查发现，新就业形态劳动者对就业平台的众多做法存在不满，反映平台在高温补贴、社会保险、心理健康调节等劳动权益保障方面存在缺失现象。因此，平台可以建立内部沟通对话机制，通过由平台工作人员及平台新就业形态劳动者按照合理比例组成机制成员结构，成立相应的争议调解组织，专门核实和处理平台不合理行为，力图在萌芽期化解矛盾或纠纷，为新就业形态劳动者在公平就业、劳动报酬、休息、劳动安全、社会保险等方面保障权益。进一步完善新就业形态劳动者诉求表达机制，将有助于降低新就业形态劳动者工作的风险和心理压力，提高就业形态劳动者的劳动积极性，从而提高平台新就业形态劳动者的工作生活质量，促进社会的和谐发展。如近年来对于受疫情影响长时间未能就业的新形态劳动者，给予一定的生活补贴。此外，就业平台服务分配效率与公平性是直接影响新就业形态劳动者心理的关键因素，就业平台需要保证就业者工作的分配效率，保证奖惩分明。可以通过平台内部沟通对话机制，积极推动新就业形态劳动者参与平台规则与奖惩措施的制定，关注新就业形态劳动者在平台上的工作反馈，保障新就业形态劳动者的知情权、监督权、民主评议权以及话语权等相关权利，以进一步提升新就业形态劳动者的决策参与度。

（二）促进福建省新就业形态规范健康发展的政策建议

一要加强新就业形态管理，完善新就业形态健康发展的良好政策环境。政府部门要创新就业管理方式，统筹考虑新就业形态的新特征、新方式、新变化，完善就业政策，把新就业形态纳入正常的就业管理中，形成规范有序的就业市场。首先，结合互联网平台经济运营模式和灵活就业特点，福建省人力资源和社会保障局应会同市场监督、税务、司法、公安等部门共同出台有关规范新就业形态下各平台组织劳动用工的指导意见，对用工类别、用工关系、劳动权益保护、行业规范管理、维权渠道等进行明确规定和规范指引，督促平台建立良好的集体劳动关系和规范的用工制度。同时，政府部门要引导相关行业协会、行业企业代表等通过集体协商制定行业劳动定额标准等行业规范，督促新业态企业规范用工管理。其次，针对新就业形态中新出现的争议和纠纷，各级人力资源和社会保障部门要成立专门的新就业形态行业调解和处理部门，及时解决相关的劳动争议，并建立一套规范的劳动争议和纠纷处理程序与方法。同时，可以建立“线上+线下”双调解模式，及时处理劳动者与平台及消费者之间的纠纷，特别要注重建立在线解决机制，最大限度地降低劳动诉讼处理的时间成本和经济成本。最后，在加强对福建新就业形态市场调查基础上，针对福建新就业形态的特点，制定有关就业规范、社会保障、失业保险、工伤保险等地方性法规和条例，特别是要把为企业平台提供服务但未建立劳动关系的弹性就业人群纳入体系，建立健全就业风险防范机制，完善新业态劳动者的法律保障制度。

二要加大新就业形态劳动者权益保障力度，提升新就业形态劳动者的就业质量。针对新就业形态劳动者权益保障真空，福建省要在健全就业、劳动报酬、社会保险、技能培训等方面大胆探索、先行先试、补齐短板，为促进灵活就业、高质量就业积累经验。首先，政府部门要对新就业形态劳动关系进行明确界定。明确新就业形态劳动者的类别，制定适合新就业形态发展的平台企业劳动用工、劳动契约、工资支付、工作时间、休息休假等有关劳动基准，确立新就业形态人员劳动权益保护的劳动标准。其次，政府部门要出台相关文件对平台企业的责任进行明确规定。督促企业向提供正常劳动的劳动者支付不低于当地最低工资标准的劳动报酬，按时足额支付，不得克扣或者无故拖欠。督促企业制定科学的劳动量和劳动强度，不得制定损害劳动者安全健康或者有较大安全健康风险的考核指标，在法定节假日支付的劳动报酬高于正常工作时间劳动报酬。要求平台企业在制定和完善计件单价、订单分配、抽成比例、报酬构成等制度规则和计算方法时，要充分考虑劳动者的利益，听取工会和劳动者的意见建议，最后由主管政府部门核准后实施。最后，要充分关注新业态劳动者的工作生活条件和身心健康。政府部门要求平台企业必须为劳动者提供公共停车、充电、饮水、临时休息区等工作生活便利，同时政府部门也要为劳动者住房、子女教育等提供便利。此外，政府部门和企业要免费为劳动者提供心理咨询服务，缓解工作压力，保障劳动者身心权益。

三要完善新就业形态劳动者社会保险制度，减少新就业形态劳动者的后顾之忧。新就业形态的多样化要求调整以标准化劳动关系为基础的社会保险制度，应根据不同类型的劳动用工关系实施不同的保险策略，实现各类新就业形态劳动者应保尽保。首先，以兼职或合作方式为平台企业提供劳务的就业人员，可以实行平台与从业者共同缴纳社会保险的方式，根据平台就业的特征，平台企业分担的比例可以低于职工社保中由单位缴纳的份额。其次，从事独立或自营劳动，或与平台企业之间纯劳务关系的灵活就业人员，可以根据平均收入等确定合理的社会保险缴费水平，对就业转换中可能出现的暂时性失业实行自主选择社会暂停等断保处理方法，适当延长缴费周期。针对灵活就业人员存在多重用工关系的情况，积极探索社会保险各自缴费、分别计算、合并纳入的政策体系。再次，要放开新就业形态人员参加基本养老、基本医疗保险的户籍限制，在工作地参保的从业者，社会保险可以按规定转移至户口所在地或新工作地，实行异地顺利对接。实行全省社会保险参保联网和数据共享，并与其他省份的网络对接，为新就业形态人员流动的社保缴纳、转移、接续和支付提供便利。最后，要适时出台新业态从业人员参加工伤保险政策，特别是以出行、外卖、即时配送、同城货运等行业的平台企业为重点，借鉴广东、浙江、江苏等沿海省份通过以地方立法或规范性文件的形式将新就业形态人员纳入工伤保险覆盖范围的经验，在确保参保行为不作为确认双方存在劳动关系依据的前提下，允许平台经营者以单险种形式为从业人员提供工伤保险，也可以探索平台用工企业为从业人员购买人身意外险、雇主责任险等方式提供与工伤保险待遇接近的保障。

四要重视新就业形态劳动者的职业技能培训与教育，提升新就业形态劳动者的就业能力。提升新就业形态劳动者的素质是新产业、新业态发展质量和效益的重要保证，同时也可以使就业者不断适应新技术发展所需的技能要求，保障就业者的稳定性和持续性。首先，要加强新就业形态劳动者职业技能培训。各级人社部门可以通过补贴的形式鼓励职业技术院校或社会培训机构定期开展新业态岗位职业技能培训，推动从业人员朝着职业化、专业化方向发展。平台企业可以根据自身需求开展对员工职能技术能力的对口精准培训，政府可以根据实际情况给予平台企业相应的培训资金补贴。其次，鼓励省内大中专院校和职业院校根据科技和产业革命发展的趋势开设与数字经济发展相关的专业，系统培养与新技术、新业态、新模式发展衔接匹配，懂经营、会管理、有技术的高素质创新创业人才，从源头上提升新形态就业者的整体素质水平。再次，健全新就业形态从业人员职业资格、职称、职业技能等级制度，支持符合条件的企业按规定开展职业技能等级认定，实现技能等级与管理、技术岗位序列相互比照，并把工资分配、薪酬增长与技能素质、岗位价值、实际贡献等挂钩，拓宽新就业形态从业人员的上升通道。最后，要提升新就业形态从业人员职业素养，增强其法律意识和自我权益保护意识，在职业培训中增加有关行业性质、行业政策、法律法规的内容，培养就业者职业操守，提升从业人员的行业服务能力，增强其服务意识和安全意识，畅通劳动者自身利益的诉求渠道，共同营造良好的行业发展环境和就业环境。

五要有序引导新就业形态劳动者加入工会组织，构建和谐劳动关系。积极开展“新就业形态劳动者入会集中行动”，有序引导新就业形态劳动者加入工会，提高组织化程度，通过集体协商、民主管理等形式维护保障劳动者合法权益，建立和谐劳动关系。首先，在建会方式上，可根据不同新产业、新行业、新业态劳动者的职业特点，通过单独建会、行业建会、区域建会等多种方式扩大工会组织覆盖面，特别是要把行业工会和区域工会作为吸收新就业形态劳动者入会的主渠道，最大限度地吸引零散从业、灵活就业的新就业形态劳动者加入工会。可以选择网约车、快递物流、外卖配送等若干个从业人员较多、发展较好的区域和行业作为建会和新就业形态劳动者入会试点单位，总结经验后向全省推广。其次，在入会方式上，采取线上与线下入会方式相结合，开发手机 App 软件，各级工会组织依托软件开辟网上入会申请通道，实行网上申请、网上审核。也可以在劳务市场、帮扶中心等从业者较为聚集的区域建立流动入会窗口，方便、快捷地组织新就业形态劳动者加入工会，可以个体入会，也可以团体入会。再次，在会员管理上，要运用信息化手段，将会员信息纳入数据库实行动态管理，同时可以实行财政、行业、企业按一定比例缴纳的方式形成多元化的投入机制，为新就业形态劳动者入会提供工作经费保障。最后，在会员服务上，积极推进各行业“工会之家”建设，加大省总工会网上普惠政策宣讲宣传力度，让新就业形态劳动者应知尽知、应享尽享。也可以开展线上节日庆祝、文体活动等，让新就业形态劳动者切实感受到工会组织的关爱和温暖。

参考文献：

［1］袁朝辉．新就业形态人员社会保险状况研究［J］．中国劳动关系学院学报，2021（1）．

［2］王一鸣．为新就业形态创造更大发展空间［N］．人民日报，2020-9-29.

［3］王宝杰．织起新业态劳动者权益“防护网”［J］．中国社会保障，2022（5）．

［4］原瑞阳，关聪，钱童，等．互联网劳资焦虑［J］．财经周刊，2021（6）．

［5］单羽涵．新型灵活就业形态中的劳动关系认定及其法律保障研究［J］．法制博览，2022（3）．

［6］郝赫，陈晓燕，张菁．制定平台算法，“小哥”们的声音不应缺失［N］．工人日报，2022-03-09.

［7］鲍春雷．发展新就业形态和灵活就业的政策建议［N］．中国经济时报，2020-09-21.

［8］李春生．建议完善“新就业形态”劳动者法律保障制度［EB/OL］．人民政协网，https://www.rmzxb.com.cn/c/2020-12-08/2731780.shtml.

关于数字经济下切实保障快递物流从业人员劳动经济权益的探索与思考

——以三明“3+3+3”做法强化快递员权益保障和关心关爱工作机制建设为例

（刘有端，三明市总工会）

快递员联系千城百业、服务千家万户，据国家信息中心发布的《中国共享经济发展报告》中披露，目前快递物流从业者已达到了 8400 万人，他们在畅通经济循环、方便生产生活、促进社会和谐方面发挥着不可或缺的作用。保障快递业从业人员劳动经济权益，既涉及国家和社会的和谐稳定，又关系广大群众的民生。由于快递业经营模式的多样性，以及相关劳动保障法律政策还在完善过程中，快递业从业人员的劳动保障权益侵害事件仍有发生，快递员职业风险高、劳动合同签约率低、基本社会保险参保率不高，这些造成快递员群体面临着劳动权益保护缺失的问题。本文以强化快递员权益保障和关心关爱工作机制建设为切入点，通过对近年来三明快递行业基本情况、劳动经济权益维护存在的问题和推行“3+3+3”做法等方面进行深入分析，积极探讨有益的经验和实践做法，以期为更切实地保障快递物流从业人员劳动经济权益提供参考。

一、三明快递行业基本情况、快递员队伍就业形态和工作现状

（一）快递行业基本情况

三明共有 49 家主体快递企业、125 个分支机构、219 个末端网点，5100

多名一线从业人员。其中，揽投人员 2300 余人，分拣人员 500 余人，客服人员 1200 余人，其他人员 1100 余人。

（二）快递员队伍的就业形态

随着行业竞争的日益激烈，快递行业的劳动强度和工作压力与日俱增，行业一线人员性别比例出现失衡，男性在企业中的占比达 90%，女性不足 10%，此附《三明市快递行业从业人员分类（动态数据）情况表》（见表 1）。

表 1　三明市快递行业从业人员分类（动态数据）情况表

类别	分项数据及占比（人）				
按人员类别分类	经营管理人员	专业技术人员	技能人员	其他	
	375 7.3%	51 1%	2335 45.7%	2345 45.9%	
按用工方式分类	全日制	非全日制	劳务派遣	其他	
	3709 72.7%	126 2.4%	672 13.1%	592 11.6%	
按学历分类	研究生	本科	大专	高中	初中
	5 1%	847 16.5%	1206 23.6%	1776 34.7%	1272 24.9%

二、快递员劳动经济权益侵害的现实状况

（一）经济待遇不够高

三明市绝大部分企业经营规模较小，生产效益较低，业务收入主要来源于收件和派件，且受各品牌快递企业价格战影响，快递收、派费用存在压价现象，造成快递员待遇不断降低。

（二）工作时间比较长、强度比较大

三明快递行业从业人员的平均每天工作时长 8~10 小时占六成以上；平均每天业务量 80 票以下占两成，81~100 票占三成，100 票以上占五成，快

递人员的工作强度较大。

（三）工作不稳定，离职率比较高

三明属于山区工业城市，由于业务量、送单价格等与沿海差距较大等原因，快递员从业年限，工作时间3年以内的人占六成以上，超过5年的人占比仅两成，且向沿海城市从事快递工作意愿的越来越多，基层工作队伍的离职率、流动性依然较高。

（四）社会对快递员的理解和尊重不足

快递员这类职业在社会整体认可度较低，客户不了解快递行业的运作，对快递服务的过程存在理解上的误解偏差。企业培训机制不够完善、工作环境和配送配置的相对简陋，由于工作压力原因快递员也缺少正常的社会交往和必要的休闲娱乐，社会融入程度比较低，造成快递员社会认可度不高。

（五）个人成长空间比较有限

快递员总体上个人文化素质不高，学历水平较多集中于高中、职高学校，甚至在基层存在初中以下学历水平的情况，且员工培训系统化、规范化程度较低。从事体力劳动的人员比例较大，企业机械化和自动化程度不高，在较大程度上仍依赖人工操作，职工职业生涯发展受到限制，取得高职称、高职务的难度较大。

此附《三明市快递行业职工平均收入水平分布情况表》《三明市快递行业职工企业用工和职工保障情况表》《三明市快递行业职工生活、职业发展的诉求和困难调查汇总表》（见表2、表3、表4）。

表2　三明市快递行业职工平均收入水平分布情况表

快递员调查基数（人）	平均收入水平（人数）及占比			
	5000元以下	5000~8000元	8000~10000元	10000元以上
4049	1793 44.2%	1398 34.5%	640 15.8%	218 5.3%

表 3　三明市快递行业职工企业用工和职工保障情况表

快递员调查基数（人）	企业用工情况			快递员调查基数（人）	职工保障情况	
4049	与快递企业直接签订劳动合同人数	与劳务派遣公司签订劳动合同人数	其他用工人数	5100	社保参保人数	人身意外险等商业保险购买人数
	1980 48.9%	1237 30.5%	832 20.5%		2004 39.3%	3090 60.6%

表 4　三明市快递行业职工生活、职业发展的诉求和困难调查汇总表

诉求、困难分类	工作环境	素质能力	福利待遇	其他
	社会待遇不高，职业认同度低，企业培训机制不够完善、工作环境和配送配置的相对简陋，造成快递员社会认可度不高，部分快递员对企业粗放的管理方式不满	快递企业管理层水平欠缺，一线人员素质水平参差不齐，企业机械化和自动化程度不高，在较大程度上仍依赖人工操作。快递企业招录人员要求较低，高学历员工比例偏低，学历水平较多集中于高中、职高学校，甚至在基层存在初中以下学历水平的情况	三明市绝大部分企业经营规模较小，生产效益较低，业务收入主要来源于收件和派件。受各品牌快递企业价格战影响，快递收、派费用也不断降低，造成快递员待遇不断降低	企业归属感不强，企业除工资外的福利待遇差，无职业发展空间，同时对家庭无法兼顾等

三、存在以上问题的原因分析

（一）快递企业主体责任不到位

仅有京东、EMS、顺丰等大型直营企业的快递网点劳动权益保障相对健全，但三明部分快递企业属于加盟性质，此类经营形式普遍有门槛过低、层层分包、管理混乱等现象，加盟商与用人企业快递公司之间仅是合同契约关系，在一定程度上存在法律意识比较薄弱、劳动关系责任意识不强等问题，对落实快递员劳动经济权利保障工作不重视，劳动管理制度不健全。

（二）劳动关系认定存在一定难度

三明地区有的快递员是由加盟商自行招用未签订劳动合同，企业对快递员没有实行考勤制度，快递工作实行按件计价，多劳多得，对工作时长不做规定，导致部分快递企业主观认为快递员与公司之间为雇佣关系、承揽关系，进而导致劳动报酬、休息休假等劳动权益保障缺乏维权载体。

（三）自身权益维护的意识比较欠缺

快递企业虽然与快递员之间签订了劳务合同，但制式合同所规定的双方权利义务、利益分配、劳动纠纷处理等事项均已由快递企业事先设定，而快递员由于受自身文化水平限制以及与公司沟通渠道不畅等原因，导致往往只能被动接受，同时由于文化水平不够高、信息获取较狭窄、自己怕惹麻烦等原因，对维权的法律法规、途径渠道不了解，缺乏维护自身权益的自主意识和专业能力。

（四）劳动保障监察力度还有待加大

快递行业从业人员劳动保障法律法规不够健全完善，当快递业从业人员遇到劳动纠纷、劳动保障被侵权等事件时，劳动保障监察存在盲点，各地各企业快递员权益侵害情况多种多样、纷繁复杂，处理标准难以统一，这也给维权工作带来难度。

四、近年来三明创新工作机制推动快递员劳动经济权益保障的有益尝试

近年来，三明市以搭平台、建机制、提素养、重关爱为工作重点，加大探索并创新推出“3+3+3”（三项行动抓维权、三项举措抓素质、三项服务抓关爱）做法，着力构建快递员权益保障和关心关爱工作机制，有力促进全市快递行业健康发展和劳动关系和谐稳定，相关工作得到全国政协调研组的充分肯定，并在全省推广“三明市率先开展快递从业人员群体权益保障”

实践。

（一）三项行动抓维权

1. 突出常态化维权，搭建全方位权益保障平台

一是聚合邮政、人大、政协、法院、心理咨询、高校、律师、媒体等多方面的维权力量，成立了全省首个快递从业人员权益维护中心，督促快递企业签订劳动合同，明确与快递员劳动关系，强化劳动保障监察，深度参与法律援助、心理咨询、纠纷调解等工作，为全市快递从业人员提供综合性的维权指导和帮助。二是市邮政管理、人社、司法、总工会和团市委等部门联合印发《关于进一步促进快递从业人员权益保障工作的通知》，以促进快递行业健康发展、保障从业人员合法权益为主线，细化 9 项措施，形成政府牵头推动、社会力量共同参与、行业自律发展的工作格局。三是加大依法维权宣传力度，结合“园区枫桥”机制提升推广和“尊法守法・携手筑梦”法律服务工作，有针对性地开展普法活动，深入推进法治和集体协商宣传进园区、进企业，向快递企业和从业人员宣讲《劳动法》、《劳动合同法》、新《工会法》等劳动法律法规，不断提高快递员用好法律武器能力，增强依法维权、科学维权、理性维权意识。2022 年来，维权中心接待法律咨询服务 4 次，维权咨询服务 5 次、心理健康辅导和疫情防控知识指导 6 人次，并妥善解决了三明通世达欠薪事件，帮助 100 余名从业人员讨回薪资 150 余万元。

2. 突出权益保障，建立劳动经济矛盾纠纷处置反应机制

一方面大力推动创建以信用监管为基础的新型市场监管模式。加强事中事后监管，建立纠纷预警和协同处置工作机制，加强行业信用管理、劳动用工诚信评价，督促企业落实主体责任，加强对快递从业人员权益保障，杜绝“以罚代管”等简单粗暴管理方式，明晰服务质量责任、均衡寄递承载能力，保证快递员工作量不严重超负荷，及时获取合法收入。另一方面持续深化快递行业集体协商机制。每年年初，专门制定并向全市各快递企业发出《三明市工会劳动法律监督提示函》，督促企业签订集体合同、劳动合同，落实快递员社保、工伤保险待遇等；连续多年指导快递企业开展集体协商，并围绕快递员最低工资标准、总部企业对末端网点上调派费以及工会福利等，举办

了全省首个市级快递行业集体协商现场观摩会，形成协商议定事项 7 项，有力呼应了基层一线快递职工诉求，三明市快递行业集体协商案例入选全国“稳就业促发展构和谐”行动计划十佳案例。

3. 突出安全保障，推动安全生产责任落实到位

一是组织安全教育和应急演练。加大安全生产宣传教育培训力度，引导快递从业人员熟练掌握消防设备使用，提升消防应急处置能力，开展道路交通安全培训，讲解道路交通安全形势、常见的驾驶违法行为、道路交通事故处理简介、道路交通事故预防对策、防御性安全驾驶技术等内容，有效提高快递员安全行驶水平。二是开展安全生产专项整治。深入开展电动车充电、三合一场所、安全设施设备、消防、车辆安全等专项检查，及时消除隐患，为快递从业人员提供安全的工作环境。三是着力降低作业风险。推广智能快件箱投递和服务站投递，加大新科技、智能自动化设备投入力度，降低一线从业人员作业强度和作业风险。积极推广邮件快件自动消毒设备，要求各寄递企业分拨中心、网点在生产流水线安装配备简易式自动消毒设备，加强对邮快件的消毒管理，特别是加强对来自境外或中高风险地区的邮快件的消毒管理，确保邮件快件消毒落实到位，切实保障快递员的人身安全和身体健康。

（二）三项举措抓素质

1. 加强职业教育培训，力促能力提升

注重思想政治教育和职业技能培训，举办快递员职业技能培训班，并大力开展政府补贴性培训。同时充分考虑快递作业服务特点，增加线上培训比例，将邮政行业法律法规、安全生产、职业道德、服务规范、作业规程等内容贯穿职业技能培训全过程。加强快递员职业道德教育，加大力度强化信用建设，开展“诚信快递，你我同行”主题宣传，利用局网站、微信、QQ 等多渠道开展诚信宣传，积极建立行业诚信教育培训机制，督促全市邮政快递企业对从业人员开展诚信宣传教育，实施个人“黑名单”制度，让诚信成为快递员的基本道德规范。

2. 开展劳动和技能竞赛，力促以赛提技

围绕“中国梦 · 劳动美”和“劳动创造幸福”主题，每年组织开展全市邮政行业职业技能竞赛暨快递员技能比拼大赛，采取理论知识考试和技能操作考核相结合的方式，在多物品收寄、派送路线设计及快件装车、快件分拣及建立总包等竞赛比武内容的基础上，特别增加了智能化快件收寄操作、疫情防护操作规范、快递过机安检等竞赛比武内容，共有 30 多支队伍 450 多名职工参加。同时，积极融入全市经济建设主战场，开展快递行业劳动竞赛，组织三明快递员建立 12 支服务疫情防控物资配送保障青年突击队，共 650 名快递小哥坚守在岗位一线，参与到民生物质保障配送工作中，为全市疫情防控和经济稳定发展提供了重要支撑。

3. 完善队伍管理机制，力促人才培养

围绕高层次、高技能人才培养，建立从业人员技能人才库，定期通过走访慰问、召开座谈会、电话回访等形式，详细了解行业技能人才的职业发展、生活状况，并认真听取企业对人才培养的意见和建议，引导企业提升优秀人才经济待遇、岗位职务并明确培养规划方向，形成重视人才、培养人才、使用人才的良好氛围。大力推行代学徒制、校企合作等产教融合制度，鼓励、引导 18 名快递从业人员参加三明医学科技职业学院物流管理专业（邮政快递方向）的“二元制”技术技能人才培养，为行业高质量发展积蓄人才力量。

（三）三项服务抓关爱

1. 围绕归属感，抓好阵地建设服务

召开三明市快递物流行业工会联合会成立大会，建立了全市快递物流行业工会联合会，并举办了全市快递员等群体集中入会活动启动仪式，共有 40 多家快递物流企业加入工会组织中，220 多名快递员代表参加。制定下发《2022 年全市工会户外劳动者驿站（新就业形态劳动者“暖心驿站”）建设方案》，推动建立三明市兄弟物流公路港等共享职工之家示范点 20 个，向快递员开放职工文体中心和职工书屋，并在全市设立 80 个快递员爱心驿站，驿站内设有桌椅、微波炉、饮水机、急救箱、工具箱、雨伞、空调等设施，主要为快递员提供饮水、休息、热饭、雨具租借等服务，有效解决快递员“喝水难、热饭难、休息难、如厕难、补给难”等问题，其中有5个站点被全国总工会确认为“最美工会户外劳动者服务站点”。

2. 围绕幸福感，抓好暖心关爱服务

一是在稳就业上下功夫。积极为邮政快递企业争取专项扶持资金，共为全市16家邮政快递企业争取获得政府政策资金补助1061.285万元。同时，针对疫情返岗难的问题，为符合条件的快递小哥报销春节返乡车票，并协调专车对具有一定规模、省外员工比较集中地区采取“点对点”包车方式，统一组织省外员工返岗，并指导企业用好《三明市全力支持中小微企业共渡难关十二条措施的通知》的政策利好，落实稳就业补助，加大失业保险稳岗返还力度，减轻用工负担，为快递员提供稳定的工作岗位。二是在强保障上下功夫。疫情防控期间协调将快递纳入保障民生服务和应急物资供应需求，严格落实“一断三不断”要求，保障检疫检测合格从业人员及车辆手续完备的邮政快递运输车辆正常通行，并要求各村（社区）为邮政快递等投递物品提供临时指定存放区域，确保投递顺畅，切实解决快递员进门难、投递难的问题。三是在优服务上下功夫。每年定期为50名优秀快递员开展公益健康体检活动，并针对快递行业专门定制体检项目，医务人员一对一解答行业常见病、多发病预防和诊治方面问题，并予以相应诊断。将快递物流行业职工作为工会慰问的重点对象，经常性组织“冬日递暖”“夏季送凉”“战疫暖情”等爱心慰问活动，在今年“法治护航新就业形态劳动者专项行动”中，为他们送上5.7万个口罩、320盒酒精片、200瓶免洗手消毒液、400瓶酒精消毒液等疫情防控物资。工会、邮政、卫健等部门加强协作联动，联合组织开展“塑造健康人格，享受美好人生”关心关爱“快递小哥”心理健康知识讲座，覆盖快递从业人员120多人。举办首期新就业形态群体疗休养示范专班——快递员疗休养示范专班，共有32家快递企业40多名一线快递员参加，时任省总工会主席梁建勇等领导到场看望慰问。

3. 围绕荣誉感，抓好正向宣传服务

一是市邮政、工会、人社等部门联合开展寻找“最美快递员”活动和行业优秀企业及优秀快递员评选表彰，袁继辉等快递小哥获得新一届“快递榜样人物”荣誉，并被授予“最美快递员”荣誉称号，陈美嵩等9名快递员获得福建“最美快递小哥”荣誉称号。二是深入挖掘三明市一线优秀快递从业人员典型，并联系电视台、报社进行专题报道，增强社会对快递员群体的认同感和快递群体荣誉感。三是策划主题宣传活动，多渠道挖掘行业中在快递服务各环节的业务尖兵、先进典型，引导舆论更多客观关注全市快递员工作和生活状态，呼吁全社会更加关爱一线快递员；及时把握媒体舆情热点，强化与媒体的沟通，针对年初大雪、冷冻天气，夏季高温、暴雨天气，有针对性地发布消费提示，有效引导社会舆论对快递小哥的理解和尊重；组织开展随手拍活动，多角度记录基层快递员们辛苦工作的瞬间，展现一线投递员、快递员工作、生活状态和精神面貌，努力为广大快递员减压送暖。四是广泛动员、引导快递从业人员创先争优，并在加大力度做好优秀快递员表彰工作的基础上，积极向上级推荐评选，表彰了“快递旺季主题”优秀快递员30名，5名青年快递员获评“市级青年岗位能手”，1名快递员获评全国交通运输系统抗击新冠肺炎疫情先进个人；另有1家企业获评“市优秀青年突击队”，1家集体被评为省级青年文明号，8家集体被认定为市级青年文明号，2家企业获全国邮政业先进集体，2家企业获三明市疫情防控期间突出贡献表扬，树立和展现了快递行业的优良形象。

五、在新时期持续做好快递物流从业人员劳动经济权益保障工作的对策建议

三明市通过“3+3+3”工作做法，在维权、服务、关爱等工作中持续发力，快递员劳动经济权益保障取得了一定成效，但也还存在着快递企业法律意识不够高、基层工会依法维权能力不够强、基层快递职工主动维权观念还比较薄弱、依法维权的平台载体作用发挥还不够充分等问题，需要我们立足新发展阶段数字经济下快递物流行业发展的新形势、新情况，正视难点堵点问题，加大调查研究力度，主动听取快递企业和基层快递职工意见建议及诉求，因地制宜、因企制宜地制定措施办法，为进一步做好快递物流从业人员劳动经济权益保障工作作出新的努力。

（一）进一步强化平台建设，加大对快递企业劳动保障监察力度

要持续调整充实三明市快递从业人员权益维护中心功能和内容，不断整合、用好、用活邮政、人社、工会、法院、司法等各部门各渠道维权资源，围绕帮助指导快递员与企业签订并履行劳动合同，强化法律监督手段，不断拓宽维权途径、范围和方式，力争更加有效地发挥出维权平台的综合效益。比如，可在园区的快递企业探索借鉴“园区枫桥”维权机制，视频设备健全的快递企业可探索开展“线上维权”方式，符合人大执法检查工作安排的可纳入劳动法律执行情况监督检查，可定期组织开展快递企业专项劳动保障监察，等等。

（二）进一步改善从业环境，加大对快递职工劳动经济权益保障力度

在积极发挥行业协会保障快递从业人员权益作用的基础上，邮政、工会、人社等部门要认真执行行业集体协商制度，督促、引导快递企业根据工作岗位、劳动强度等具体情况，结合地区、行业薪酬水平，公平合理地确定职工薪酬福利水平，满足职工的个人需求，提升职工工作的积极性和对企业的忠诚度，以待遇留人。积极争取党委、政府政策支持，将快递一线人员纳入各级各类“争先创优”“劳动奖章”的评选范围，提高快递员社会地位，营造尊重尊敬氛围，推动员工的职业发展和自我价值的实现，促进员工和企业的良性互动和共同发展，以事业留人。要引导快递企业建立健全更加科学的绩效考核机制，充分考虑网点和一线员工的差异，从一线人员上门服务的个性化和现场运作的复杂化出发，制定与绩效评估标准相适应的反馈机制和具体环节绩效考核标准，不断强化员工对操作流程规范性掌握，努力推动规范服务和经济效益的目标相统一。

（三）进一步加强技能培训，加大对快递职工职业生涯规范帮扶力度

要结合产业工人队伍建设改革，把快递员作为重点对象纳入职工素质提升工程中，采取“送教上门”“送教入企”形式开展各业务、各岗位劳动技能培训；要发挥高等院校、职业学校、技工学校、职工业余学校作用，深化

“二元制”“校中厂、厂中校”产教融合培训模式，通过岗前培训、师傅带徒弟等灵活多样、线上线下相结合的形式培养引导，提高快递职工技能水平。要持续规范人力资源管理模式，有针对性地对快递员的招聘、分配、使用、培训、晋升等工作进行研究，为快递职工量身定制与其自身发展相适应的职业生涯规划，帮助其找准在企业中的位置和未来的发展方向，增强快递职工职业认同感和事业心。

（四）进一步强化日常服务，加大对快递职工关心关爱力度

要做好困难快递职工的帮扶工作，深入开展“送温暖”“金秋助学”“女职工关爱行动”等活动；要持续办好为职工办实事项目，加大力度推动“四季四送”慰问活动、快递行业职工疗休养、青年职工婚恋交友、快递职工微心愿等服务工作；要扎实推进基层工会“会、站、家”一体化建设，加强与邮政、文明办、妇联、团委、司法等部门沟通协作，积极做好快递企业工会“职工之家”“职工书屋”“暖心驿站”建设，开放“职工驿站”“妈妈小屋”等服务阵地，强化各级工会职工服务中心功能向快递从业人员有效覆盖。要加强快递企业文化建设，积极主动关怀、帮助一线职工，培育良好企业文化，积极营造团结和谐、积极向上的工作环境和人际氛围。

（五）进一步突出智能管理，加大对快递职工数字化信息化建设支持力度

要加强快递行业从业人员的守法承诺、标准执行、行业准入和退出等指标考评，明确从业人员的信息管理内容；要建立人才信息系统，实行人才培养、失信监控和信息发布动态管理，维护快递市场人员流动秩序，完善从业人员信息发布制度；要建立信息互通和联合执法机制，开展从业人员背景核对和数据对接工作，逐步建立快递行业从业人员信息监管系统和面向快递市场的监管体系，为全程化、动态化、信息化市场监管打好基础。

数字经济下平台劳动者权益保障调查研究

（纪荣凯，福建省总工会权益保障部）

福建数字经济发展走在全国前列，数字经济发展催生的新产业、新业态、新模式、新平台，“平台 + 从业者”的互联网平台用工模式应运而生。这种新型用工模式实现了工作指令、业务信息、资金结算的数据化、信息化，传统固定作息和工作场所的时空条件被淡化。与此同时，劳动者权益保障等问题也逐渐涌现，为了解互联网平台这种新就业形态的劳动者权益保障现状，有针对性地推动政府相关部门进一步出台权益保障相关政策，助推平台经济健康发展，省总工会于近期组织开展互联网平台劳动者权益保障专项调查，有关情况如下。

一、调查基本情况概述

本次采取抽样调查，调查对象涵盖发展势头较好、从业人数较多的网约车平台、快递物流平台、外卖商超平台、网络家政平台等互联网平台企业劳动者，劳动者职业主要包括货车司机、网约车司机、快递员、网约配送员、网约家政服务员等类型。调查重点围绕互联网平台劳动者基本情况、工作特征、职业伤害风险及保障情况等内容展开。本次调查采用定点拦截调查和网络调查相结合的方式，累计完成有效样本 1529 人，其中网约车司机（含货车司机）400 人、快递员 400 人、网约配送员 500 人、网约家政服务员 200 人。深入 T3 出行、曹操出行、达达快送、饿了么、美团、顺丰、申通等多家平台代表企业开展访谈。

二、平台劳动者基本情况

从性别上看，以男性居多，占 73.6%，数量远多于女性（26.4%），其中男性司机占比高达 86.0%，而家政服务员中女性占比较高，为 52.0%，远高于其他职业。从年龄上看，主要集中在 26~40 岁，占 55.0%，其中快递员群体该年龄段占比最大，占 62.5%。从户籍上看，农民工超过半数，占 57.2%。劳动者主要来源于省内各地，占 88.4%，仅有一成左右来源于省外（11.6%）。从学历上看，绝大多数为高中（中专）及以下，占 74.4%，其中高中（职高）、中专（中技）学历占比最高，为 45.8%（见表 1）。

表 1　互联网平台劳动者基本特征

单位：%

		总计	网约车司机	快递员	配送员	网约家政服务员
性别	男	73.6	86.0	78.8	71.8	48.0
	女	26.4	14.0	21.3	28.2	52.0
年龄	25 岁及以下	17.3	8.0	15.3	22.2	24.5
	26~40 岁	55.0	52.0	62.5	56.0	44.5
	41~50 岁	20.7	28.8	18.0	15.8	23.5
	51~59 岁	6.5	10.8	3.5	5.6	7.0
	60 岁及以上	0.5	0.5	0.8	0.4	0.5
学历	初中及以下	28.6	29.3	22.3	30.8	37.5
	高中（职高）、中专（中技）	45.8	45.8	52.8	44.8	36.0
	大专（高职）	16.9	16.5	17.8	15.4	17.5
	大学本科及以上	8.8	8.5	7.3	9.0	9.0
来源	省内	88.4	91.0	89.3	85.8	87.0
	省外	11.6	9.0	10.8	14.2	13.0
户籍类型	城镇居民户口	42.8	46.3	40.0	40.0	47.5
	农村居民户口	57.2	53.8	60.0	60.0	52.5

三、平台劳动者工作现状

（一）平台用工灵活多样，各类平台模式不一

与传统用工方式相比，当前以互联网平台为媒介的共享经济用工方式更加灵活、多样。具体来看，快递企业经营模式主要分为直营和加盟两种，其中直营代表企业包括顺丰、EMS和京东，加盟制企业代表主要包括中通、申通、圆通、百世汇通、韵达、极兔等。快递行业用工成分复杂，员工流动性大，采取第三方用工外包和劳务派遣的用工方式较多。外卖平台如美团、饿了么，主要采用专送和众包两种用工方式，专送由第三方物流与外卖平台企业签署业务合作协议，自行对骑士进行招募、培训和管理；众包骑士是由有意愿进行外卖配送服务的个人通过App自主进行注册成为平台配送员典型的灵活用工模式，与平台合作的人力资源服务公司与之形成相关的协议，劳动者自由上下线，自由接单。网约车平台既有自聘员工，也有合作型“员工”，后者还分为自带车辆与租用平台车辆，加入平台进行营运。目前福建多为“合作型”网约车，包括滴滴出行、曹操出行、货拉拉等。网络家政平台用工模式主要分为员工制和中介制，其中员工制家政服务员与平台企业系雇佣关系，作为企业员工被派遣到雇主家中服务；中介制家政服务员不属于企业正式员工，与企业关系较为松散，企业、家政服务员和客户签订三方协议。员工制网络家政代表企业有好慷在家、海派家政，中介制网络家政代表企业有58同城在家、阿姨帮、阿姨到家。

（二）平台派单为主要方式，可自由接单比例较低

平台派单是互联网平台劳动者工作任务分派的主要方式。调查结果显示，平台强制派单的占到60.6%，仅有13.9%的人表示可自由接单。分职业看，网约车司机100%由平台派单，且不能拒绝；网约家政服务员自由接单比例较高，有27.0%的人可自由接单，12.0%的人自由接单为主、平台派单为辅。

（三）平均从业年限超两年，时间自由是从业主因

1. 超六成劳动者首次从事平台行业

调查结果显示，全职占 67.8%，兼职占 32.2%，全职从事快递物流行业的比例最高，占 84.3%；平均每人打 1.5 份工；有 65.1% 是首次从事平台职业，其中网约车司机的占比最高，达 71.5%。

2. 平台从业平均年限超过 2 年

仅 1.8% 的人从事平台行业在 1 年以内，2/3 的人在 1~3 年；劳动者平均平台从业年限为 2.4 年。分职业看，快递员相对稳定，平均从业年限最高，为 3.1 年，从事超过 3 年及以上的占比超过四成，明显高于其他人群。

3. 工作时间相对自由是从业主因

68.1% 的人因工作时间相对自由选择平台职业，对学历要求低、工作上手快、收入比较高也是劳动者主要考虑的因素。

（四）月收入有所增加，报酬按月发放

1. 月均收入主要集中在 4001~8000 元

全职劳动者月平均收入 5471 元，其中网约车司机 / 代驾月均收入最高，为 6223 元，然后依次是配送员 5575 元、快递员 5072 元；网约家政服务员月均收入相对较低，为 4659 元。与 2020 年相比，43.1% 劳动者表示月均收入无明显变化，表示有所增加和有所下降的分别占 36.7% 和 20.3%。收入增加的群体主要是快递员和网约家政服务员，分别有 40.3% 快递员和 43.5% 网约家政服务员表示月均收入相比上年有所增加。

2. 报酬多按月发放，以纯计件工资为主

报酬结算方式方面，纯计件工资是平台劳动者报酬结算主要方式，占 53.1%，快递员纯计件占比最大，达 63%；四分之一劳动者报酬结算方式为基本工资 + 计件提成，有一定保底收入。报酬发放周期方面，69.1% 的劳动者按月发放报酬，其中快递员占比最高，达 94.8%；17.7% 的劳动者按单发放报酬，其中网约车司机占比最高，达 37.3%。报酬发放渠道方面，平台主要通过银行转账方式发放报酬，占 53.4%，超七成快递员为银行转账；平台

直接提现也是劳动者获取报酬的重要方式，占 26.7%。38.5% 的网约车司机从平台直接提现。

（五）较多采取岗前培训，综合采用线上线下

绝大多数劳动者表示有接受过岗前培训，培训内容涉及规章制度、岗位职责、服务标准等多方面。其中配送员和快递员培训比例相对较高，分别为 84.6% 和 83.5%。就培训内容来看，规章制度学习是劳动者培训主要内容，比例高达 91.1%；岗位职责次之，为 84.5%；其后依次是服务标准、交通安全、业务知识、职业道德、突发事件的应急处理、商务礼仪，比例在 56%~80%。网上学习 + 现场实训是劳动者岗前培训主要形式，占 41.9%。

此外，不足四成劳动者表示平台有提供小轿车、电动车等劳动工具，其中 EMS 和朴朴公司为劳动者提供劳动工具占比最高，分别为 81.8% 和 74.2%。

四、劳动者权益保障存在的问题

平台处于制定劳动规则的优势地位。在当前的平台用工环境下，平台较之员工具有绝对的用工规则制定优势，面对激烈的市场竞争，为了追求最大的效率和业绩，平台凭借制定用工规则的优势，将经营压力不断传导到平台员工上，或是想方设法规避用工责任，或是将对效率的追求转变为员工的工作强度，导致平台用工超负荷运转。

（一）平台企业规避用工责任

1. 劳动合同签订率低

平台劳动者只有 30.3% 签订劳动合同。有 36.6% 劳动者与平台或外包企业签订合作协议、劳动派遣合同、劳务合同等类型协议，有 22.7% 未签订任何协议，有 10.4% 不知道 / 不清楚有无签订协议。就协议期限看，劳动者主要签订短期协议，一年及以内期限的占 44.2%。

2. 部分平台企业通过与劳动者签订合作协议或将业务外包给第三方企业，以规避与劳动者建立劳动关系

例如，网约车平台普遍采用《服务合作协议》或《车辆租赁协议》，美团、饿了么外卖平台采用《软件使用协议》，均强调与劳动者仅为合作关系，不存在劳动或雇佣关系。外卖平台、外卖配送商甚至要求骑手注册个体工商户后才能送外卖，从而规避用工主体责任。

3. 劳动者对签订的协议缺乏知情权和决定权

签订协议的劳动者中，三分之一表示没有收到协议文本。不足三成的劳动者表示与平台企业签订协议时有经过协商，造成签订的协议容易出现附带一些对劳动者进行约束和惩罚的显失公平条款。以某外卖平台与众包骑手之间签订的劳务协议为例，平台在展示劳务需求信息、配送时间、订单单价、奖惩规则、社会保障参保方式等方面具有决定权，骑手在全部接受情况下才能注册，不具有决定权和协商权。骑手必须遵守平台制定的配送服务规范，否则劳务公司有权予以处罚。

（二）劳动者工作强度总体较大

1. 工作时间长

调查的全体劳动者平均每天工作时长近 10 小时，月休息天数不足 4 天。劳动者近一个月平均每天工作时长为 9.7 小时；其中网约车司机 / 代驾平均工时最长，达 10.0 小时；其次是配送员和快递员，分别为 9.7 小时和 9.6 小时。从休息时间上看，劳动者月平均休息时间仅为 3.3 天，其中有 6.8% 的劳动者全月无休，主要集中在快递员和网约车司机。

2. 大量平台劳动者被算法精准掌控，为完成工作任务承受着巨大身体负担和精神压力

超四成劳动者 2021 年有出现被平台扣款情况。48% 的外卖配送员，38% 的快递员反映曾由于超时、投诉等原因遭遇平台扣款。以外卖平台为例，平台通过大数据建模可以给出订单配送的最快方案，不断迫使骑手缩短配送时间、提升配送效率，从而构成巨大的工作压力。这种基于算法的对效率的无限追求不仅损害员工的身心健康，也构成重要的公共安全隐患。一些

外卖骑手被迫超速行驶、逆行乃至闯红灯，大大增加了交通安全风险。

（三）社会保险覆盖比例低

1. 为劳动者办理社会保险的平台比例较低

调查结果显示，平台有为劳动者办理企业职工养老保险、医疗保险、工伤保险和失业保险的分别占 28.6%、25.2%、28.6% 和 36.0%。个人以灵活就业人员身份缴费参加职工养老保险、城乡居民养老保险、职工医疗保险、城乡居民医疗保险的分别占 7.4%、15.7%、8.8%、34.3%。分别有 15.7% 和 34.3% 的劳动者参加了城乡居民养老保险和医疗保险。没有参加任何社会保险的占 30.1%。值得一提的是，79.8% 的外卖配送员、75.3% 的网约车司机都没有参加工伤保险，对参加工伤保险的呼声最高。

2. 商业保险多为个人缴费

部分平台企业通过购买意外伤害保险等商业保险的方式减轻雇主责任。调查结果显示，有为劳动者办理意外险的占 52.5%，办理健康险 / 疾病险和人寿保险的分别占 27.3% 和 21.1%，办理其他商业保险的占 4.5%。总体上看，商业保险的保费需要劳动者承担，占 55.1%，由平台承担的不足两成。如部分快递员、外卖员参加商业保险的保险费来源于劳动者每日首单费用扣缴，羊毛出在羊身上。

（四）职业伤害保障明显不足

1. 意外伤害风险高

67.9% 的人认为意外伤害是平台劳动者面临的最大风险，尤其是配送员（81.8%）和快递员（74.0%）。18.1% 的人表示 2021 年遭遇过交通事故等方面的职业伤害。

2. 遭受职业伤害后保障明显不足

在遭遇职业伤害的劳动者中，仅有 25.6% 的人表示可申请到工伤保险赔付，这部分人主要是有签订劳动合同的劳动者；没有启动工伤保险和没有工伤保险的分别占 7.6% 和 66.8%。有 73.3% 的人表示需要暂停工作接受医疗，但有享受停工留薪待遇的不足半数；65.0% 的人表示需要进行康复治疗。

“互联网平台的劳动者多为短期用工，流动性大，参加工伤保险手续复杂”（有 56.8% 的人选择）和“互联网平台不愿意为劳动者缴纳工伤保险”（有 55.9% 的人选择）是互联网平台劳动者职业伤害难以得到有效保障的主要原因。

（五）工会组织尚未健全

当前平台经济工会组织暂未健全，劳动者对工会的感知率和认可度较低。35.4% 的人表示没有成立工会，44.7% 的人表示不知道是否有成立工会。13.2% 的人明确自己是工会会员。

五、对策建议

党的十九届五中全会提出了“促进平台经济、共享经济健康发展”的总要求。对平台经济、平台用工的政策思路要坚持支持与规范并重、鼓励与约束并举，实现经济效益和社会效益的最大化。明晰不同情形下平台企业与劳动者的法律关系，调整和完善现有政策，把企业对效率和效益的无限追求约束在劳动制度范围内，引导、推动、督促平台企业切实做好劳动者的劳动权益保障工作，推动新就业形态规范健康有序发展。

（一）加强对平台的用工管理，明确用工情形

各平台的行业主管部门要进一步牵头制定各平台劳动者权益保障指导意见，对行业规范管理、用工关系、劳动权益保护、维权渠道等进行明确规定和规范指引。要创新管理方式，统筹考虑互联网平台的新特征、新方式、新变化，集合各部门的资源，打造互联互通的平台企业网络监管系统，这个平台最好是能够实现全国自上而下一张网，实现对平台的规范化、标准化、信息化监测和管理。建立健全网络平台部门间协同监督机制，加大劳动保障监察力度，每年开展平台企业劳动者权益维护专项检查，督促平台企业强化用工主体责任、规范用工行为、化解用工风险。

（二）完善适应新业态的社会保障制度，消除后顾之忧

根据平台用工中存在的多种类型用工关系，实施不同的社会保障策略，实现对符合建立劳动关系的各类平台劳动者应保尽保。一是放开新就业形态人员参加基本养老、基本医疗保险的户籍限制，为流动劳动者的社保缴纳、转移、接续和支付提供便利，实现异地顺利对接。允许劳动者按照灵活就业人员身份在户籍地、居住地、就业地参加或接续企业职工基本养老保险、城镇职工基本医疗保险。二是扩大平台就业人员职业伤害保障试点范围。目前国家只在几个省份开展试点，福建虽积极参与，但受阻于平台头部企业无法回传数据而无法开展。建议尽快扩大试点范围，特别是要鼓励有工作积极性的省份参与试点，为逐步将平台就业人员纳入职业伤害保障提供更多成功经验。三是积极引导平台企业购买人身意外险、雇主责任险等商业保险，提高劳动者抵御职业伤害风险能力。

（三）优化企业民主管理，畅通诉求渠道

行业主管部门和协调劳动关系三方四部门督促平台企业建立健全劳动关系协商协调机制，在制定修订计件单价、订单分配、抽成比例、劳动定额、报酬支付办法、进入退出平台规则、工作时间、休息休假、劳动保护、奖惩等涉及劳动者权益的规章制度和平台算法时，充分听取工会或劳动者代表的意见建议，并将结果进行公示。工会或劳动者代表提出协商要求的，企业应当积极响应，并提供必要的信息和资料。行业主管部门要遏制“以罚代管”，指导平台企业完善考核机制，优化算法规则，不得将“最严算法”作为考核要求，要通过“算法取中”等方式，合理确定考核要素和劳动者报酬；建立健全劳动者申诉机制，加强对恶意投诉的甄别处置，畅通“好差评”申诉救济渠道，保障劳动者申诉得到及时回应和客观公正处理。

（四）建立适应新业态的职业技能培训模式，提升就业能力

鼓励职业技术院校或社会培训机构开展新业态岗位职业技能培训，鼓励平台企业根据需求开展职业技能培训，政府加大培训补贴资金直补企业工作

力度，对各类新就业形态劳动者在就业地参加职业技能培训、技能人才评价的，进一步优化职业技能补贴申领、发放流程。健全职业技能等级制度，支持符合条件的企业、行业协会按规定开展职业技能评价和等级认定，引导平台企业实现技能等级与管理、技术岗位序列相互比照，并把工资分配、薪酬增长与技能素质、岗位价值、实际贡献等挂钩，拓宽新就业形态劳动者的上升通道。

（五）及时提供优质服务，引导加入工会

开展新就业形态劳动者入会集中行动，集中推动平台行业企业特别是头部企业及其下属企业、关联企业依法普遍建立工会组织。在建会方式上，通过单独建会、联合建会、行业建会、区域建会等多种方式扩大工会组织覆盖面。以货车司机、网约车司机、快递员、外卖配送员等为重点群体，最大限度地吸引其加入工会。采取线上与线下相结合的入会方式，积极开辟网上入会申请通道，实行网上申请、网上审核；在平台劳动者较为聚集的区域建立流动入会窗口，方便、快捷地提供入会服务。在会员服务上，积极推进各行业职工之家建设，规范和做好工会户外劳动者服务站点建设。加大工会普惠服务工作力度，丰富工会服务平台劳动者的内容和方式，让平台劳动者切实感受到工会组织的关爱和温暖。

数字赋能提升工会劳动关系治理能力现代化研究报告①

（吴红列　黄镇　木春琳，浙江大学城市学院）

党和国家历来高度重视构建和谐劳动关系。2015 年，中共中央、国务院出台了《关于构建和谐劳动关系的意见》，为构建和谐劳动关系工作提供了根本遵循。当前浙江省数字化改革加快推进，杭州作为数字经济第一城，杭州工会在“智慧工会”建设的基础上大力推进“数智群团”建设。

在此背景下，结合杭州市“深化构建和谐劳动关系　推进劳动关系治理能力现代化”推进会议的工作部署，按照《新时代推动高质量构建和谐劳动关系的实施意见》的文件要求，杭州市总工会着力打造了工会劳动关系治理数字化改革的“一体三化多精强”模式，暨依托“数智工会体系”，凸显劳动关系治理“数智化、专业化、品牌化”的构建理念，实现“多场景、精平台、强品牌”的特色劳动关系数字治理模式。

一、杭州市数字赋能提升工会劳动关系治理能力的做法与成效

为贯彻数智化、专业化、品牌化的“三化”构建理念，聚焦数字赋能的手段，进一步深入推动劳动关系治理能力现代化，杭州市总工会着力打造了“多精强”特色劳动关系数字治理模式：多场景——高效能运用劳动关系数字场景，推动工会服务精准化、工会工作智能化；精平台——高标准建设劳

① 本文系杭州市总工会委托课题“数字赋能提升劳动关系治理能力现代化”的研究成果。

动关系预警平台，实现风险“早发现、早预警、早处理”；强品牌——高质量培育和谐劳动关系品牌，探索形成工会有效参与基层治理的实践做法。

（一）多场景——高效能运用劳动关系数字场景

为构建和谐劳动关系，实现数字场景高效能运作，杭州市总工会于2017年上线了“智慧工会”系统，包含工会会员卡、“智慧工会”管理平台、“杭工e家”App、网上服务大厅、“杭州工会”微信公众号和工会大数据系统6大板块。通过“智慧工会”平台，基层工会可实现网上办公、网上建会、互助保障、困难帮扶、教育培训等服务；全市职工可通过“杭工e家”App在线办理高技能人才激励申请、外来务工人员上大学报名、“杭工学堂”报名、法律援助申请等事项，还可办理医疗互助、“春风行动”反哺救助等多项补助。通过劳动关系数字场景的构建，推动实现了工会服务精准化、工会工作智能化。

（二）精平台——高标准建设劳动关系预警平台

为提升劳动关系预警实效，杭州市总集成工会维权职能和资源，为所有区县（市）总工会配备了法律服务一体机，常态化开展法律直播课、线上法律咨询等活动。研发投用全市工会劳动关系监测预警系统和信息网络直报平台。建立健全基层工会劳动关系监测预警体系，数字赋能运用智能化平台，完善工会劳动关系发展态势监测和分析研判机制，加强劳动领域风险隐患梳理排查，形成劳动关系信息“每周报送、每月汇总、每季分析、半年报告”常态化工作模式，切实形成来源可靠、覆盖广泛、运行顺畅、反应迅速的劳动关系监测队伍。进一步加强劳动关系突发事件处置应急机制，发挥好工会组织“第一知情人、第一报告人”作用，防范劳动领域的苗头性、倾向性风险。做到数据收集靠前、数据分析靠前、数据处置靠前，真正实现“早发现、早预警、早处置”，形成工会系统内部闭环处置链条，确保工会能够第一时间发现不稳定因素和突发事件，切实保障职工合法权益。

（三）强品牌——高质量培育和谐劳动关系品牌

在数字化改革的大背景下，依托杭州数字经济第一城的产业优势，杭州市总工会根据各区县总工会自身工作特点，重点培育了一批适应数字经济发展、凸显数字治理理念的高质量和谐劳动关系品牌。例如，在市总工会的培育下，萧山区总工会开发了适应数字经济特点的线上协商平台——“云协商”。萧山信息港小镇是萧山经济转型升级的产物，具有新经济业态的独特属性，不论是岗位工种的构成还是工资体系的设立，都有别于一般传统行业。信息港工会委员会牵头，组织成立了杭州湾信息港工资集体协商工作小组，创新途径、畅通听取各方意见和建议的通道，通过在线问卷的形式，通过大数据的信息采集和人工智能分析，精准识别一系列信息港人最关心的工资、绩效、福利等问题，更好地体现人人参与的民主性和意见征集的普遍性。在市总工会的试点指导下，西湖区总工会形成了聚焦劳动纠纷化解的掌上应用平台——“工情码”。为让每一名有诉求的职工随时找到理性维权的窗口，让企业工会第一时间了解职工所需、化解职工困惑，让上级工会精准掌握企业职工信息、实施有效指导，让广大职工随手获取必需的、常用的法律政策，本着“可亲可信可用”的理念，按照便捷、易操作的要求，运用数字化工具，研发多功能劳动争议化解掌上应用平台——西湖工情码。西湖区总工会聚焦企业内部劳动纠纷研发西湖工情码，数字赋能，线上线下齐发力，推进劳动纠纷化解，探索形成工会有效参与基层社会治理的实践做法。

二、杭州市数字赋能提升劳动关系治理能力存在的问题

杭州市总工会在着力打造工会劳动关系治理数字化改革“多精强”的同时，也积极学习和借鉴在相关领域有所创新的改革经验。例如，省内宁波奉化区总工会针对劳动关系复杂化、争议主体多元化、法律诉求多样化导致劳动争议处理难度日益增大的情况，构建了以 3 道防线、6 项举措、调裁诉闭环机制为主要内容的“360”劳动争议多元化解模式。湖州市总工会以“工人驿站”这个“小切口”，建成包罗购物、金融、快递、文体等多项普惠服

务的数字工会“大场景”。在省外：四川省成都市构建了“1+23+N”劳动关系多元解纷“一张网”综合管理体系，劳动纠纷化解“分、调、裁、审、执”全过程可通过信息化“一站式”完成，劳动纠纷维权实现“只跑一次”。江苏省苏州工业园区探索运用信息化技术，整合劳动关系各项业务流程，园区开发上线全国首个劳动关系运行管理平台，50余项劳动管理业务应网尽网、一网通办，企业和职工足不出户即可办妥全部业务。通过纵向和横向的比较与思考，杭州市数字赋能提升劳动关系治理能力可在以下三大类六小点中进一步完善。

（一）整体智治的能级方面

1. 劳动关系预警平台建设的数字化问题

市总工会依托数智赋能，研发杭州市工会和谐劳动关系监测预警平台，探索形成了信息监测数字化、研判分析科学化、预警处置智能化、职工队伍稳定风险排查化解长效化的工会劳动关系监测预警和排查化解生态体系，取得了较好的社会效果。在平台建设的数字化方面存在的主要问题是：第一，数据采集方式有待优化（企业数据依赖样本企业每季监测数据，来源窄、不及时）。第二，数据利用效率较低（仅为数据汇总，缺少模型分析）。

2. 劳动争议多元化解机制的数字化问题

市总工会坚持以基层工作为导向，通过健全纠纷调处组织、构建部门联动制度、建设专业化调处队伍三项措施，切实将矛盾解决在当地、化解在一线。在多元化解机制数字化方面存在的主要问题是：第一，基层劳动争议调处活动数字化程度较低（未能实现在线视频调解、线上文书送达确认等功能）。第二，跨部门联动机制场景化程度较低（跨部门联动不仅止于建立制度，更应当体现在职工维权的真实场景中）。第三，基层调处组织实效待提升（各级工会建立调解组织18370个，相关调处人员33977人，2020年以来处理劳动纠纷案件1899件，人均不足0.06件，可通过提升调处工作数字化程度，加强调处数字基础设施建设，提高工作效率）。

（二）数字化的专业程度方面

1. 数字化专业队伍建设问题

当前工会数字化改革过程中面临着专业人才错位的问题，即懂工会具体工作的人才不懂数字化，懂数字化的人才不懂工会具体工作，以至于有些工作只好外包给第三方技术公司。这往往导致在工会数字化改革过程中出现需求方对数字化改革可能带来的变化缺乏必要的认识，同时技术方对需求的理解偏离工会改革本意。因此，工会的数字化改革，不能仅仅依靠“工会＋技术公司”的模式，而应当注重培养熟悉工会工作的数字化人才。

2. 数字赋能基础设施完善问题

数字化改革的方向是脱实向虚，因此数字赋能的基础设施不仅包括空间、设备、机构等硬设施，更包括网站、App、数据、算法等软设施。目前杭州市总工会的“智慧工会”系统已经集成了网站、小程序、App、微信群、公众号、一体机等软硬件基础设施。主要问题体现在：第一，与和谐劳动关系相关的数据库建设有待提升（工会由于职权限制，尚未打通公共数据入口，导致工会主要依靠自身去收集企业经营状况等相关数据，效率与准确率都有待提升）。第二，工会业务的算法开发存在较大的发展空间（算法是数字化改革的核心生产力，目前工会数字化改革对数据的利用仍处在较初级的阶段，而深度利用数据，需要根据工会业务的需求，开发相应算法）。

（三）协同机制方面

1. 程序衔接问题

市总工会与主管部门沟通，推动建立了市和区县（市）两级工会劳动纠纷调解中心，推进乡镇（街道、园区）和企事业单位建立健全劳动争议调处组织，形成全方位、多层次、广覆盖劳动争议调处网络。然而，在劳动纠纷多元化解机制中，核心问题是工会与司法局、人民法院、人社等行政部门之间的程序衔接问题。例如，劳动争议案件委派委托调解等工作机制、工会调解协议的司法确认问题等。

2. 数据协同问题

目前，获取劳动关系预警的相关信息主要依靠劳动关系舆情信息系统实时抓取、劳动关系信息员不定期报送以及上级工会、相关职能部门通报。虽然与以往相比，信息获取的渠道已经大大拓宽。但在数字化改革的背景中，数据协同的能力仍有待提升。例如，企业的工商数据、水电缴费数据等都可能为劳动关系预警提供帮助。能否打通公共数据资源接入壁垒，是工会构建劳动关系监测预警平台工作的重点和难点。

三、对策与建议

（一）锚定工会参与数字治理的角色定位

数字工会将工会参与社会治理的能力推向一个以数字形态为基本特征的新阶段，为更好地将工会联系职工群众的制度优势转化为治理效能，首先应当从理论上锚定工会在当前数字治理中的角色定位。工会在社会治理中扮演着四个角色：职工利益的代表者、党和国家政策的坚定维护者和推动者、社会组织的枢纽运行者和劳动关系的协调者。因此，在工会参与数字治理的过程中，应当更加凸显其群众性、先进性、政治性的角色特征，在数字化改革过程中更好地发挥桥梁纽带作用。

（二）加强工会服务数字化改革队伍建设

第一，培养“工会服务”数字化改革的“双懂型”专业化人才队伍。工会服务数字化改革，不能仅仅依靠“工会＋技术公司”的模式，而应当注重在工会内部培养熟悉工会工作的数字化人才，建设一支既懂工会工作痛点，又懂数字技术应用的“双懂型”专业人才队伍。第二，拓展“服务工会”的专业化支撑队伍。工会自身的专业化人才队伍，重心在“懂”，而不在“做”，其核心工作在于分析工会数字化改革痛点、提出数字化改革参考方案、对接改革涉及的各方单位等。因此，具体的项目承接仍需要专业化的第三方机构予以支撑。

（三）夯实劳动关系工作数字化基础设施

进一步拓展数据来源，扩大劳动关系预警数据采集的覆盖面。第一，打通公共数据接入壁垒，建设高频更新、海量处理的劳动关系预警数据库；第二，根据和谐劳动关系构建的指标体系，进行算法开发，深挖数据资源的决策价值。进一步夯实数字基建、打造数字生态，推动工会职能数字化转型，通过一盘棋设计、一张图布局、一体化推进，形成数字强会建设的强大合力，为全面开创新时代现代化工会和谐劳动关系建设提供有力的数字化基础设施支撑。

（四）提升基层调解组织数字化改革实效

进一步细分劳动关系治理的落地场景，整合基层调解组织线上线下资源，把调解工作涉及的各类事项进行数字化分类，可以共用的数字资源绝不重复建设，可以线上处理的工作绝不要求职工线下跑路，做到资源统筹、精准施测。提升劳动关系治理能力现代化，在探索数字赋能可行方案的同时，应当注重提升工会数字化服务应用的实际效能，避免出现“事倍功半”的数字化改革。

（五）提高劳动关系监测预警系统整合度

劳动关系监测预警系统的整合度包括两个方面的内容：一是系统自身的完整性，真正实现信息汇集（数据库建设）、监测分析（模型算法）、分级预警（程序衔接）；二是预警系统与其他数字化治理平台之间的适配，这需要系统在设计之初做好与其他平台的数据对接规划。

（六）完善劳动争议多元化解数字化方案

2020 年中华全国总工会联合最高人民法院共同发布了《关于在部分地区开展劳动争议多元化解试点工作的意见》，其中明确提出要充分应用信息化平台，将大数据、人工智能等现代科技手段与劳动争议预防化解深度融合，提升工作的信息化、智能化水平。因此，在现有工作的基础上，下一步应当建设劳动争议调解信息化平台，推动与人民法院调解平台的对接，调解组织和调解员信息全部线上汇聚，调解过程与诉讼程序的“无缝式”衔接，实现调解员菜单式选择和在线调解、在线司法确认，方便当事人参与纠纷解决。

智慧工会：工会业务与技术发展趋势探讨

（孙晓，中国东方航空集团有限公司）

智慧工会是具备显著互联网化和智能化特征的新技术平台，是在信息化工会和数字化工会基础上实现的更高一级工会组织管理方式。它将更进一步提升工会组织引领劳动者、赋能劳动者、服务劳动者的能力；通过扎根基层、高效联动，彰显工会群团系统围绕中心服务大局的独特优势。

智慧工会的建设过程，将为幸福企业建设和职工生活品质提升提供扎实的内涵、丰富的外延和无限的可能。

一、智慧工会的时代背景和现实意义

习近平总书记强调，要把网上工作作为工会联系职工、服务职工的重要平台，增强传播力、引导力、影响力。中央群团工作会议明确要求工会组织“去四化、强三性”，尤其是加强群众性这个基础，指出要“打造网上网下相互促进、有机融合的群团工作新格局”。

中华全国总工会也明确提出，要围绕党中央“十四五”规划建议提出的理念、战略、目标、任务、重大举措，研究制定“十四五”时期我国工运事业和工会工作发展规划。要准确把握形势要求，大胆创新实践，切实加强网上工会工作，加快智慧工会建设步伐，从而推动工会改革创新向纵深发展。

职工在哪里，工会建设就要跟进到哪里；职工需求在哪里，工会服务就要覆盖到哪里。国家统计局发布的《2021 年国民经济和社会发展统计公报》

显示，我国互联网上网人数已达10.32亿人，其中手机上网人数10.29亿人，互联网普及率为73%。在这10亿网民中，工会会员和广大职工占相当比例。工会组织要持续增“三性”、去“四化”，确保工会事业持续健康发展，必须得过互联网这一关。

随着国务院《关于加强数字政府建设的指导意见》的出台，智慧工会建设也随之进入了发展快车道，其作为全域数字生态的重要组成部分，对于推进国家治理体系和治理能力现代化、适应人民日益增长的美好生活需要，具有重要的现实意义。

二、智慧工会的初心使命和建设宗旨

在谈论用新技术手段满足人民群众具体的需求之前，我们应当意识到智慧工会建设的首要任务，是利用新技术手段的去中心化特点，加强群团组织政治性、先进性、群众性，去除机关化、行政化、贵族化、娱乐化，不断加强工会联系群众的纽带作用，提升职工群众自我管理、民主管理的能力，为打造一支和谐稳定的生产者大军打下扎实的技术基础和组织基础。

持续发展的科技一直在试图把“便捷、高效、省心、省力”推向极致。在会员群众已经习惯于外卖上门、发单打车、信息定制、一网通办的时代，如果工会组织还仅仅停留在填表报送、油米自提、板报宣传的工作状态，无疑会让会员群众产生心理落差。通过对新技术能力的充分掌握和应用，可以大幅扩大工会组织引领、服务、维权、帮扶能力的覆盖面，极大地提升会员群众的满意度。

党的十九大报告强调，中国特色社会主义进入新时代，我国社会主要矛盾已经转化为人民日益增长的美好生活需要和不平衡不充分的发展之间的矛盾。建设智慧工会正是为致力于解决组织对新技术能力的发展运用，滞后于会员群众对美好生活品质的期待之间的矛盾。智慧工会将减轻工会干部行政工作的压力，同时充实大家群众工作的精力，为大家深入基层一线，提供跨越时间、超越空间的技术支持，拉近组织与群众之间的距离。

所以，智慧工会建设应当弥合而非甩开对新技术能力认知不足的群众，应当削减而非叠加组织与群众之间的层级壁垒。

三、智慧工会的技术发展趋势

随着近些年工会信息化程度的不断提升，大家对于工会工作“上系统”“上云”也有了许多直观的体验和认知。从一些体验来看，升级了技术手段之后的工会工作有时候反而让工会干部和会员群众显得有点无所适从——感觉到太复杂、不方便、不会用等。这是否与我们所期待的“智慧工会”南辕北辙了呢？其实也不尽然。需要指出的是，智慧工会作为最终目标也需要分阶段实现，其过程中将会不可避免地经历一个“复杂化、多样化系统集群”的阶段。究其原因是最终目标的实现需要满足两个前提：建设和积累。

建设是指如叠木垒砖一般，把工会的政策措施、服务能力等转化为一个个信息系统，并最终实现系统间的打通和全域数据流动；积累是指在工会各个业务条线完成基本数据库的建设，通过一段时间的业务运行实现规模化数据的收集，并最终实现多数据库之间的信息匹配。因此，信息化工会建设和数字化工会建设，是在智慧工会建成之前必然经历的两个技术发展阶段。

信息化工会建设，是把传统的纸面材料升级替换为标准化、规范化的电子文档，将各类台账、流程信息电子化，实现大规模数据的存储可靠、传递高效、提取便捷。在这一阶段，专业 IT 人员的介入需求不高，具备一般电脑基础的工会干部都可以完成信息化建设工作。信息化工会的建成，使得工会干部管理、检索本地数据的效率得到极大提升，规范化意识进一步增强，业务资料交接传递中的信息损耗被降得极低。

数字化工会建设，是在信息化工会的基础上把单一业务体系内原本规范各异的同类型表单、数据进一步作标准化统一，有效提升业务条线上下级之间的信息处理效率，建立线上办事流程，并提升大数据的分析能力。在这一阶段，“复杂化、多样化系统集群”开始形成，由于信息系统建设的需求不断涌现，专业 IT 人员开始介入，并进行各类型的系统开发，如报名系统、审批系统、发布系统等。数字化工会的建成，使得无纸化办公成为现实。业务系统的上线实现了多人、多地、实时共享和处理信息，各条线业务的大数据库开始汇总建立，工会干部探索业务发展的规律和趋势变得日益简便和清晰。

不过直到数字化工会的终章，技术所着眼的依然是为工会干部提供决策辅助、大数据支持和云管理平台。但是对于智慧工会而言，它不仅是信息技术能力再一次升级，更是业务形态的一次全新转变。因此，思维方式的转变在其中起到了至关重要的作用。信息化工会的创新主轴是技术，业务跟着技术走，技术能做到哪一步，业务的信息化就升级到哪一步；数字化工会的创新主轴是业务，技术围着业务转，业务需求到哪一步，技术就实现到哪一步；智慧工会的创新主轴则是人，业务和技术都以人为本，人的需求到哪一步，业务就升级到哪一步，技术也随之跟进到哪一步。

我们从工会和会员两个角度各举一个例子。

比如，工会组织了一个文艺会演，有一些特邀观看的名额。组织上考虑上一轮疗休养几位劳模因为忙工作没参加，想着邀请他们一下；还有，上次慰问的时候领导鼓励了一些困难员工多出来参加社会活动，也想问问他们是否愿意参加；另外，业务骨干很辛苦、新进员工有空闲，还有工种间、岗位间平衡等这些因素都想加以考虑。

如果要办成这件事，在信息化阶段，演出组织者需要劳模、保障、组织等多个业务口配合，各自出具一份备选人员名单，最后综合平衡，圈定被邀请人；在数字化阶段，演出组织者只需要一台电脑，就可以自己查询到符合条件的备选人员；在智慧工会阶段，我们希望只需要演出组织者提供圈定范围的条件，就由系统直接生成备选人员名单，并注明人员基本情况。在确定被邀请人之后，邀请信息一键发送到位，由被邀请人回复确认即可。

再如，一位职工想问问今年高温送清凉的慰问品是什么，表述为“最近工会打算发点什么福利”。

在信息化阶段，这类信息完全是单向的，所以职工需要“打听”。如果该单位工会管福利和管慰问的不是同一个人，职工一时半会儿恐怕打听不到他想要的信息；在数字化阶段，可以做到让职工在网上根据个人需求自选慰问品的组合，但对于他问的问题，答复多数是“先等通知，到时候你自己扫码上去看”。在这两个阶段，职工对于工会服务的体验都是被动的，他的问题都被回避了，而且由于工会内部对于福利品和慰问品界定的区分，面对职工“不专业”的提问，很可能最终答非所问。

我们希望智慧工会能够更敏感地体察职工需求，将信息主动推送到会员群众面前。面对职工的问题，首先由AI客服做出即时回应，根据他提问的时间段（夏季），把送清凉慰问品和中秋福利品的相关信息都给予联想提示，并在他明确真正询问内容之后，直接推送相关慰问品的自选网页，甚至根据他的需求，直接推送匹配的、定制化的产品链接——尽可能简化职工操作步骤。

智慧工会的建设过程将进一步拉近工会组织和会员群众之间的距离，它的建成将完美契合马克思主义关于人类社会是螺旋式上升发展的理论。新时代的工会组织将在一个更为宏观的维度上，实现它诞生之初、人员规模较小时的样子——组织与会员的高度融合。会员只要打开手机，就可以随时随地找到组织。

四、智慧工会的主要评价指标

智慧工会的最终形态会是多样的。正所谓一千个读者眼中会有一千个哈姆雷特。但我们仍然应当尝试锁定一些维度，以便为其建设发展提供量化评估标准。我们可以将其归纳为“四力”：传播力、感知力、号召力和凝聚力。技术手段能在多大程度上帮助加强群团工作中的“四力”，即为智慧工会建设和应用成功与否的主要指标。

（一）传播力

传播力，是由内而外的信息传递。信息化平台建设首先应当做到的就是提升信息传播能力，从时效性、广度、深度、精度上能够达成核心信息的传播意图。

信息传递从时效性来讲可以分为延时传播、实时传播和定时传播；从传递广度上可以分为全域广播、区域广播和点对点通信；从传递深度上可以分为通告发布、层层转发和全员直达；从传递精度上可以分为无差别信息轰炸和定制化精准推送。

智慧工会建设需要全面实现上述所有需求，在供给侧做足技术储备，把想象空间留给需求侧。否则技术功能的缺失必然导致后续业务的开展不得不“委曲求全”。当然，不同的需求，对技术实现的要求也各不相同，但高标准的技术实现可以向下兼容其他的“简易”需求。因此，我们对智慧工会在传播力建设方面的需求做一个提炼，可以概括为定时、定量、定向、定制的传播。

（二）感知力

感知力，是由外而内的信息传递。智慧工会形态下的信息传递是双向交互的，而且感知力建设要求的信息回收不是个别信息的传递，而是对宏观形势和大数据的感知。

感知力的高低取决于两大因素：一是信息传递的通畅度，二是最终信息的有效性。这里需要强调的是，并不是获取基层信息的数量越多，组织的感知力就越强。当信息总量超过一定的阈值，或者信息数据的含金量不高，都有可能造成回传信息量越大，组织感知力反而越低的情况。在这样的悖论下，智慧工会建设必然需要通过信息技术手段一方面不断拓宽信息上传的渠道，确保通路通畅；另一方面设置合理的信息识别处理机制，在阈值范围内传递最具重要性和含金量的关键信息，提升信息有效性。

（三）号召力

号召力，是由内而外的行动一致。换一个说法，也就是“用户响应度”，即会员在平台上参与工会相关活动的积极程度。号召力不应是单纯依靠行政指令驱动的，智慧工会建设也正是为了提供一种行政指令之外的解决方案，使得会员群众能够积极地以主人翁的姿态参与到工会活动中来，并通过平台实现会员群众的自我管理。

组织的号召力通常来自三个方面：核心引领、共同目标和激励反馈。智慧工会应当致力于加强先进选树、模范引领过程中的民主管理，鼓励群众公推公荐身边的先进典型，既可以提升会员群众的参与感，又可以打下模范引领的民意基础，也可以成为各级工会推荐选树劳模的人才库储备。智慧工会应当致力于在更大的范围、更深的层次上形成更加多样、具体的共同目标。共建幸福企业是目标、共同完成年度工作任务是目标，一起打赢一场球赛也是目标。智慧工会更应当致力于构建起一套完整的激励反馈体系。劳动模范是行业翘楚，先进典型也是千里挑一。对于更多的、没有站在聚光灯下的劳动者，我们应当依托智慧平台建设，降低获奖评奖的阈值，丰富奖励激励的手段，让更多的人都能从劳动、活动中获得成就感，让“人人争当劳模”的理念深入人心。

（四）凝聚力

凝聚力，是由外而内的行动一致。有点类似于“用户黏度”。凝聚力来自忠诚 / 信任、依赖 / 习惯以及体验 / 期待。因此，智慧工会建设应当关注会员群众的三类需求，作为打造凝聚力的主要抓手，即情怀记忆、成长阶梯和未来期许。

这要求我们建立一个“积跬步以至千里”的机制。日常的付出、小小的贡献，我们可能连自己都看不见、记不住、说不出，我们需要智慧平台来看见、记住、说出每个人一点一滴的付出和进步，并且在个人的等级、称号、评奖、推优、疗养、培训等其他领域形成反馈激励。

由此可见，建构智慧工会既是建设信息化平台和大数据库的过程，也是条线业务深度整合的过程。其目的都在于对内提升服务能力，对外提升服务体验。

五、智慧工会的技术组成探讨

智慧工会建设不是一蹴而就的，但也不需要将之视为从零启动的浩大工程——之前所有的数字化工会建设成果，都将成为智慧工会的建设基石，例如会员数据库、各类业务系统等。此外，智慧工会区别于数字化工会的技术特征至少应当包含三个部分：数字资产、用户主页和灵巧界面。

（一）会员数据库

很多业务系统都有自己的数据库，劳模先进、合理化建议、职工互助等，业务、人员数据信息综合存储，不同条线之间，数据库互不相通。这不符合智慧工会建设需求。一个安全、精准、动态、简洁的会员数据库——包括会员基本个人信息和组织关系信息——应当被明确为智慧工会的核心系统，所有其他业务系统、界面、功能都应当锚定会员数据库，以人和组织为基准，对业务数据进行分类关联，以利于后续数据的整合和应用。

（二）业务系统集群

尽管工会各项业务内容千差万别，规范要求也各不相同。但在系统建设中依然可以实现模块化管理。不同的业务系统选择一个或多个模块组合，形成符合实际生产要求的业务系统。例如，负责处理申报和审批的上行数据管理模块，负责维护社团和社群的下行数据管理模块，负责信息集散的信息发布模块、投票和问卷模块，以及财务系统等。模块化建设的好处在于可复制、可推广，可兼容、可定制，易整合、易维护，为全面数字化建设铺平道路。

（三）数字资产

要从广义上理解智慧工会中的数字资产，它不仅包括可转移、可衡量的具备物质价值的非货币性资产，也包括一切可转移、可衡量的具备精神价值的成就评定。数字资产来自现实存在的福利、奖励、称号、评选、聘任等，也来自在智慧工会建设过程中逐渐形成的线上独有的奖励激励体系。数字资产从业务系统集群中产生，与会员个人紧密绑定，为个人价值提供越来越完善的数字化呈现。可以畅想一下，随着技术手段的不断升级，数字资产建设将最终推动“工会元宇宙”的实现。

（四）用户主页

用户主页在其他各类网络应用中已成为一项常规配置，即“我的”页面。主页集各类用户信息和用户功能于一体，方便用户“一站式”实现平台上的数据通览和个人管理。虽然只是一个简单功能，却是提升用户体验、实现数据整合的重要一步。

（五）灵巧界面

灵巧界面是会员群众与组织和平台的交互、对话窗口，旨在解决大家咨询、办理工会业务时，不得不面对“复杂化、多样化系统集群”的局面。

我们可以明确的是，会员用户在一个时间点里只会关注一个重点事项。智慧平台所需要做的，是在最短时间内确认用户的关注重点，并且将相关业务/服务/系统界面推送到对话页面；或者是在面对复杂问题的时候，以“派单”的形式提醒负责相关业务的工会干部，帮助建立会员与组织的咨询服务联系。灵巧界面也将帮助组织收集近期群众集中反馈的热点问题，对于共性内容或是共性服务需求，统一推送至相应的用户主页，形成互动。好比直播平台、电商平台在互动主页根据话题内容“点亮”相关商品和服务，用户可以在同一个界面里获得一目了然的信息；又好比某手机推出的“灵动岛”设计，则是系统主动“点亮”用户当前应当关注的服务内容，实现免跳转的直接操作。

智慧工会建设对于信息技术的深度运用，绝非将一切工作都交给系统去实现，而是要使之成为服务群众的平台、贴近群众的窗口、凝聚群众的阵地，让大家感受到工会组织、工会干部就在自己身边。在当前网络新技术新业态加快迭代、百年未有之大变局磅礴展开的历史背景下，以科技创新团结引领广大劳动者听党话、跟党走，既是工会组织在新时代对新发展理念的积极探索和生动实践，更是工会的政治责任和历史使命。

后　记

为深入学习贯彻习近平新时代中国特色社会主义思想和党的二十大精神，认真学习领会习近平法治思想，贯彻落实习近平总书记关于工人阶级和工会工作的重要论述，落实全国总工会党组、书记处关于深化工会在劳动法治建设中的作用研究的部署要求，中国工运研究所在全国工会系统开展了“数字经济下的劳动关系与劳动法治研究”理论征文活动。参评论文经专家严格评审筛选，最终择优选出一等奖3名、二等奖6名、三等奖11名、优秀奖11名共31篇获奖论文。我们将获奖论文编辑出版，以期引起理论界和实务界同仁的深切关注，深入探讨数字经济背景下劳动关系面临的新问题新趋势，持续研究工会参与推进劳动法治现代化的新课题新任务，共同谋划探索新时代新征程上工会参与劳动法治建设的新路径。

本书内容分理论篇、制度篇和实践篇三个专题，包括前沿理论探索、法律制度构建及专题政策研究等。全书内容由中国工运研究所徐璐所长把关审定，劳动法律研究室同志们承担了统稿和编校等工作，研究所其他同志也为之付出了努力。中国工人出版社总编室和职工教育分社的同志们为本书出版付出了大量精力。对于书中存在的缺漏不足，我们期待着大家提出宝贵的批评意见。

中国工运研究所

2023年9月19日

图书在版编目（CIP）数据

数字经济背景下的劳动关系治理研究 / 徐璐主编. —北京：中国工人出版社，2023.8
ISBN 978-7-5008-8240-4

Ⅰ. ①数… Ⅱ. ①徐… Ⅲ. ①劳动关系－管理－研究－中国 Ⅳ. ①F249.26

中国国家版本馆CIP数据核字（2023）第146797号

数字经济背景下的劳动关系治理研究

出 版 人　董　宽
责任编辑　李思妍
责任校对　张　彦
责任印制　栾征宇
出版发行　中国工人出版社
地　　址　北京市东城区鼓楼外大街45号 邮编：100120
网　　址　http://www.wp-china.com
电　　话　（010）62005043（总编室）
　　　　　（010）62005039（印制管理中心）
　　　　　（010）62046408（职工教育分社）
发行热线　（010）82029051　62383056
经　　销　各地书店
印　　刷　宝蕾元仁浩（天津）印刷有限公司
开　　本　710毫米×1000毫米　1/16
印　　张　20.75
字　　数　320千字
版　　次　2023年9月第1版　2023年9月第1次印刷
定　　价　55.00元